Dein Reich komme

W0096213

lauu u. Zdehuu

24. co. 2014

Peter Neuner / Paul M. Zulehner

Dein Reich komme

Eine praktische Lehre von der Kirche

Matthias Grünewald Verlag

VERLAGSGRUPPE PATMOS

PATMOS
ESCHBACH
GRÜNEWALD
THORBECKE
SCHWABEN

Die Verlagsgruppe
mit Sinn für das Leben

Für die Schwabenverlag AG ist Nachhaltigkeit ein wichtiger Maßstab ihres
Handelns. Wir achten daher auf den Einsatz umweltschonender Ressourcen und
Materialien. Dieses Buch wurde auf FSC®-zertifiziertem Papier gedruckt.
FSC (Forest Stewardship Council®) ist eine nicht staatliche, gemeinnützige
Organisation, die sich für eine ökologische und sozial verantwortliche Nutzung
der Wälder unserer Erde einsetzt.

Bibliografische Information der Deutschen Nationalbibliothek
Die Deutsche Nationalbibliothek verzeichnet diese Publikation in der
Deutschen Nationalbibliografie; detaillierte bibliografische Daten sind
im Internet über http://dnb.d-nb.de abrufbar.

Alle Rechte vorbehalten
© 2013 Matthias Grünewald Verlag der Schwabenverlag AG, Ostfildern
www.gruenewaldverlag.de

Umschlaggestaltung: Finken & Bumiller, Stuttgart
Druck: Himmer AG, Augsburg
Hergestellt in Deutschland
ISBN 978-3-7867-2990-7 (Print)
ISBN 978-3-7867-3004-0 (eBook)

Inhalt

Vorwort

Der Titel dieses Buches bedarf einer Erläuterung. Auf den ersten Blick mag es vermessen erscheinen, eine praktische Lehre von der Kirche, wie sie hier vorliegt, in einem Atemzug mit der Vater-Unser-Bitte »Dein Reich komme« zu nennen. Die Kirche, so wird man vielleicht entgegenhalten, ist nicht das Reich Gottes, auch nicht das Reich Gottes auf Erden. Wir können die Kirche in Theorie und Praxis bedenken und gestalten, zum Reich Gottes wird sie auch in der besten Gestalt nicht, die wir auszumalen und zu bedenken vermögen. Wir können das Reich Gottes nicht machen, auch nicht durch die vorzüglichste Ekklesiologie, weder in der Theorie noch in der Praxis.

Aber andererseits hat Kirche mit dem Reich Gottes zu tun. Das Zweite Vatikanische Konzil formuliert, »Jesus machte den Anfang seiner Kirche, indem er frohe Botschaft verkündigte, die Ankunft nämlich des Reiches Gottes« (LG 5). Die Kirche wurzelt in der Botschaft Jesu vom Reich Gottes und sie ist stets auf diesen Ursprung zurückverwiesen. Sie ist Kirche Jesu Christi, insofern sie sich unter diesen Anspruch stellt und die Herausforderung ernst nimmt, die sich mit ihm verbindet. Sicher wird sie auch dann nicht zum Reich Gottes und die weitere Vater-Unser-Bitte »Vergib uns unsere Schuld« gehört bleibend zu ihrer Existenz. Aber zumindest muss sie vermeiden, eine Gestalt anzunehmen und Formen auszubilden, die dem Reich Gottes widersprechen und die Botschaft Jesu selbst unglaubwürdig machen. Es ist Aufgabe der Theologie darauf hinzuweisen, wenn kirchliche Formen und Ordnungen die Botschaft Jesu zu verdecken drohen, wenn Gewohnheiten wichtiger werden als der Ruf zur Umkehr zum Reich Gottes. Sie muss die Hoffnung Jesu verkünden und sie lebendig halten, vor allem durch ihre eigene Existenz. In aller Bescheidenheit hat sie sich darum zu bemühen, als Volk Gottes in dieser Welt unter den Völkern etwas von dem konkret werden zu lassen, was Reich Gottes und seine Herrschaft bedeutet. »Dein Reich komme« wird so zum Aufruf und zum Bußruf für die Kirche.

In diesem Sinne ist die Vater-Unser-Bitte als Titel für dieses Buch zu verstehen. Es verdankt sein Entstehen Vorlesungen, die die Autoren in Peking gehalten haben, wo die Kirche sich müht, in Bedrängnis und in einer für sie eher fremden kulturellen Situation als Sauerteig und als Salz der Erde die Hoffnung darauf deutlich zu machen, dass das Reich Gottes kommt und dass es anfanghaft schon gegenwärtig ist. Beide Autoren wurden vom Studiendekan des Nationalen Priesterseminars der Katholischen Kirche in China, Herrn Dr. Chen Binshan, seit mehreren Jahren immer wieder zu Vorlesungen und Vorträgen eingeladen. Hörer waren Priesteramtskandidaten, aber in zunehmendem Maße auch Priester, die seit Jahren in der Seelsorge stehen und von denen einige wichtige Aufgaben in der Kirche in China übernehmen. Als eine dritte Gruppe sind Ordensschwestern zu nennen, die in der schnell wachsenden Kirche in China in vielfältiger Weise in sozialen Feldern arbeiten und wegen der komplizierten und für Europäer oft schwer verstehbaren, dramatischen Herausforderungen in der chinesischen Gesellschaft hohes Ansehen genießen. Nicht wenige dieser Schwestern müssen derzeit auch verantwortungsvolle Aufgaben in Seelsorge, Verkündigung und kirchlicher Administration übernehmen. Die Tatsache, dass die Kirche in China über Jahrzehnte hinweg der wohl schwersten Unterdrückung der Kirchengeschichte ausgesetzt war, hat nicht zuletzt dazu geführt, dass die Ausbildungssituation oft sehr zu wünschen übrig lässt. Hier können neben einigen – aber immer noch zu wenigen – hervorragend ausgebildeten einheimischen Kräften europäische und amerikanische Theologinnen und Theologen einen Dienst leisten.

Die Unterdrückung hat nicht zuletzt auch zu der unseligen Spaltung der Kirche in die offene, offiziell anerkannte, und in die bei den Behörden nicht registrierte Untergrundkirche geführt. Es ist eine besondere Herausforderung für Theologen aus dem Westen, sich dieser Thematik zu stellen, und angesichts der Tatsache, dass bei den Vorlesungen zumeist Mitglieder von beiden Flügeln der Kirche anwesend waren, das Verhältnis der chinesischen Ortskirche zur universalen Kirche angemessen zu interpretieren. Wo sind hier Möglichkeiten der Verständigung, wie könnte die Spaltung überwunden werden? Die Verhärtung des Verhältnisses zwischen der chinesischen Regierung und dem Vatikan, die seit einigen Jahren zu beobachten ist, hat diese Frage für viele Teilnehmer existentiell brennend werden lassen. Wie kann man angesichts dieser Herausforderungen von der Einheit der Kirche sprechen, welche Möglichkeiten sind theologisch denkbar, diese dem Wesen der Kirche widersprechende Situation zu überwinden? Ekklesiologische Fragestellungen sind von hoher praktischer Relevanz.

Kirche steht im Dienst der Botschaft vom Reich Gottes, das sie verkündigt und das sie, nach dem bekannten Wort des II. Vatikanischen Konzils, gleichsam als Sakrament schon jetzt und heute vorwegverwirklicht.

Wie kann die Kirche diese Aufgabe heute erfüllen, wie kann sie ihre Botschaft auch in Kulturen lebendig werden lassen und zum Leuchten bringen, die ganz anders geprägt sind als die abendländische Welt? Das Konzil hat die Eigenständigkeit der Ortskirchen betont und nachkonziliare Dokumente haben unterstrichen, dass die christliche Botschaft in jeder Gesellschaft und Kultur verkündet werden kann. Die Theologen aus dem Westen, die hier ihre Überlegungen präsentieren, sind nicht mit dem Anspruch aufgetreten, die Fragen, die sich in China stellen, aus ihrer Kompetenz beantworten zu können. Aber sie haben sich bemüht zu zeigen, wie die Inkulturation in der abendländischen Kirche abgelaufen ist, wie die Kultur und die biblische Botschaft immer wieder zu einer neuen Synthese zusammengewachsen sind und so lebendig und fruchtbar wurden für die Verkündigung der Botschaft in jeweils neuer Zeit und Fragestellung. Und sie wollten darstellen, wie die Theologie in den westlichen Ländern auch heute wiederum eine solche Synthese zu entwickeln sucht, die in unserer schnelllebigen Zeit mit ihren dramatischen Umbrüchen die Möglichkeit gibt, die Botschaft auch heute ursprungsgetreu und situationsgerecht zu verkünden. Dass Erfolg und Scheitern hier oft nahe beieinanderliegen, ist jedem vertraut, der die Entwicklung von Religion und Kirche verfolgt.

Wir hoffen, es ist uns gelungen zu zeigen, dass wir keine fertigen Antworten haben, dass wir auf dem Weg sind und durch trial and error dem Ziel näher kommen wollen. In unserem Dialog mit chinesischen Christen wurden wir in vielfältiger Weise angeregt und bereichert. Wir haben mehr gelernt als wir lehren konnten, wir waren mehr Nehmende als Gebende. Dafür wollen wir uns bedanken bei unseren Hörerinnen und Dialogpartnern, bei denen, die uns eingeladen haben und bei den Mitgliedern des Kollegiums der Dozenten, mit denen wir viele Gespräche führen konnten.

Vor allem die Ordensschwestern haben darauf gedrängt, dass wir unsere Gedanken und Überlegungen zu Papier bringen. Sie wollten das Gehörte und Diskutierte nochmals nachlesen. Dr. Chen Binshan, der bei den Vorlesungen als Dolmetscher die Brücke zwischen Hörerinnen und Hörern einerseits und den Dozenten zu schlagen verstand, hat sich spontan bereit erklärt, die Texte zu übersetzen. Beide Autoren konnten auf Arbeiten zurückgreifen, die sie im deutschen Sprachraum für ähnliche Herausforderungen formuliert hatten. Sie haben sie auf die chinesische Problem-

stellung und auf die Fragen hin, die sich in diesen Begegnungen heraus-
kristallisiert hatten, zugespitzt und konkretisiert. Entstanden ist eine
Koproduktion, von der wir hoffen, dass sie für die Kirche in China Frucht
bringt.

Was wir nicht erwartet haben: Theologinnen und Theologen vorwiegend
aus dem osteuropäischen Raum fanden das Ergebnis auch für ihre Situation anregend. In mancher Hinsicht gibt es Parallelen in den gesellschaftlichen Bedingungen: eine jahrzehntelange Unterdrückung durch
kommunistische Regime, die auch in den Kirchen von heute ihre Spuren
hinterlassen hat und die eine Neuorientierung der Botschaft unaus-
weichlich macht, will man nicht einfach an der vorkommunistischen Gestalt der Kirche anknüpfen und dabei die Herausforderungen der Gegenwart verpassen. Die Gefahr einer solchen Entwicklung ist durchaus
gegeben. Theologische Fachleute aus diesen Ländern und Kulturen haben den Text übersetzt, nicht damit die vorgelegten Beispiele imitiert
würden, sondern dass sich Theologen und Gemeinden an ihnen abarbei-
ten und gestärkt werden in ihrer Bereitschaft und ihrem Mut, die alte
Botschaft heute in ihrem jeweiligen gesellschaftlichen und kulturellen
Kontext neu zu sagen.

Und letztendlich erscheint das Buch auch in deutscher Sprache. Es erhebt
nicht den Anspruch, neue wissenschaftliche Erkenntnisse aufzuzeigen.
Aber die Autoren sind überzeugt, dass der Weg zu einer Neuformulie-
rung der Botschaft auch in Europa über die jungen Kirchen erfolgen
wird. So wie dort heute neue inkulturierte Theologien und Gemeinde-
modelle entstehen, so wird dieser Prozess auch in Europa an Dynamik
gewinnen. Deshalb gehen wir davon aus und hoffen, dass das, was wir
für die Kirche in China bedacht haben, auch für unsere ganz anders gear-
tete westeuropäische Situation fruchtbar sein könnte.

Unser Dank gilt allen, die direkt und indirekt am Entstehen dieser »Praktischen Ekklesiologie« mitgewirkt haben: unseren Dialogpartnerinnen
und -partnern in China, Dr. Chen Binshan, der uns eingeladen und als
Dolmetscher fungiert hat und der auch den deutschen Text ins Chinesische übersetzt hat.
Dieses Buch erscheint nicht nur in chinesischer, sondern auch in russi-
scher, kroatischer, slowakischer, ungarischer und polnischer Sprache.

Wir danken allen Übersetzerinnen und Übersetzern, die diese mühsame Aufgabe in den verschiedenen Sprachen wahrgenommen haben. Und nicht zuletzt gilt unser Dank den Geldgebern, die die Veröffentlichung in den oftmals finanziell sehr armen Ländern und ihren Kirchen möglich gemacht haben.

In der Ekklesiologie wird die Theologie praktisch, konkret und anschaulich. Wir hoffen, dass unsere Überlegungen sich als herausfordernd und als nützlich erweisen.

November 2012

14 München   Wien
    Peter Neuner   Paul M. Zulehner

Ouvertüre

16

Abbildung 1

Der Spielmann und Sänger Orpheus, so erzählt ein alter griechischer Mythos, verliert Eurydike, die er liebt. Eine Schlange biss sie in den Fuß, deren Gift tötete sie.

Mythische Geschichten befassen sich mit dem, was immer und überall der Fall ist, gerade weil es sich – zumindest in der erzählten Form – nicht zu einem bestimmten Zeitpunkt und an einem bestimmten Ort zugetragen hat. Darum kann diese uralte Sage, die in der Malerei, der Dichtkunst, der Musik immer wieder aufgegriffen wurde, auch heute noch und über die abendländische Welt hinaus Erfahrungen deuten und Einsichten vermitteln, die letztlich allen Menschen offenstehen und auf Fragen antworten, die über Zeit und Raum hinweggestellt werden. Die Orpheusgeschichte kreist um die menschheitsalte Frage, was am Ende stärker ist – der Tod oder die Liebe.

Abbildung 2

Orpheusmythos

Der Liebende, so erzählt also der Mythos, fand sich mit dem Tod der Eurydike nicht ab. Er will sie aus dem Totenreich zurückführen in das Land des Lebens und der Liebe. So macht er sich auf den Weg und gelangt zum Todesfluss, den Sterbliche nur einmal ohne Rückkehr überschreiten können. Er kommt vor die Götter der Unterwelt, Hades und Persephone. Diese sind von seinem Gesang, vom Spiel seiner Laute, die er vom Gott Apollon selbst erhalten hat, und von seiner Liebe so berührt, dass sie ihm gestatten, Eurydike mit sich zurückzuführen. Sie machen freilich eine Auflage: Auf dem langen Weg zurück dürfe er sich nicht umwenden.

So geht Orpheus und geht. Und je länger der Weg währt, umso stärker wird sein Zweifel, ob Eurydike, das lautlose Schattenwesen, ihm denn wirklich folgt. Schließlich schaut er sich um – und verliert sie für immer. Es ist ein tragisch-depressiver Mythos. Dessen Antwort auf die Frage, was am Ende siegt, der Tod oder die Liebe, lautet klar: Der Tod hat das letzte Wort.

Christus-Orpheus

Die junge Kirche hat diese alte Geschichte aufgegriffen, liest sie nun aber auf dem Boden des Evangeliums. Für sie ist Christus der wahre Orpheus. Er ist der liebende Spielmann Gottes. Als solcher wird er auch in den Römischen Katakomben[1] in wertvollen Fresken dargestellt.

Abbildung 3

Eurydike wiederum, die Geliebte des Christus-Orpheus, ist die Menschheit. Wie die Eurydike der griechischen Erzählung ist sie hineingeraten in den Herrschaftsbereich des Todes und den Machtbereich der Sünde. Den liebenden Spielmann lässt das nicht ruhen. Er steigt aus dem Raum Gottes (vgl. Phil 2,6–11) herab, geht durch den Tod (am Kreuz) und kommt so in die Unterwelt. Durch seine Botschaft und durch das Spiel seiner Laute holt er Eurydike (die geliebte Menschheit) zurück in das Leben. Und er hat dabei Erfolg. Denn seine Lebensdevise war, entsprechend dem Auftrag an den griechischen Orpheus, nicht umzuschauen: »Keiner, der die Hand an den Pflug gelegt hat und nochmals zurückblickt, taugt für das Reich Gottes.« (Lk 9,62)

Bis heute lehnen sich die christlichen Kirchen dem Orpheusmythos an, wenn es im Credo heißt: »hinabgestiegen in das Reich des Todes«.

Das ist die auf den Kopf gestellte Antwort des Evangeliums auf die Frage, was am Ende stärker ist, der Tod oder die Liebe: Gott – also die Liebe – hat das letzte Wort. Im Tod Christi wird der Tod besiegt. Deswegen stimmt die Kirche unentwegt in all ihren Liturgien den österlichen Jubelgesang an. In poetischer Form finden wir solchen Jubel über diesen mächtigen Zweikampf zwischen Tod und Liebe in der alten Sequenz »Victimae paschalis laudes immolent christiani« der Osterliturgie:

>»dux et vita duello
>conflixere mirando
>dux vitae mortuus
>regnat vivus.«[2]

In mystischer Weise besingt der heilige Johannes vom Kreuz in seinem Gedicht »Lebendige Liebesflamme« (»Oh llama de amor viva«) diesen wundersamen Vorgang, dass der Tod durch den Tod aus Liebe besiegt wurde:

»Matando, muerte en vida la has trocado.« – Tötend hast Tod du in Leben getauscht.[3]

Kirche als Lyra in der Hand des Christus-Orpheus

Der Christus-Orpheus in den Römischen Katakomben trägt in der Linken eine Lyra. Der gebildete Leiter der alexandrinischen Katechistenschule, Clemens von Alexandrien, verbindet den griechischen Mythos mit dem Evangelium. Die Lyra, die Orpheus gemäß der alten Sage vom Gott Apollo selbst erhalten hatte, wird in dieser Interpretation zum Bild für die Kirche. Auf ihr lässt Christus für die Eurydike-Menschheit das rettende Lied erklingen, ein Lied des Lachens, der Hoffnung und der Auferstehung.[4]

Im Zentrum der christlichen Botschaft, so lehrt uns diese vertiefende Auslegung des Orpheus- und Eurydike-Mythos aus der Perspektive des Evangeliums, steht nicht die Kirche, sondern die Melodie der Liebe des göttlichen »Spielmanns« zu seiner Eurydike-Menschheit. Er geht der verlorenen und toten Geliebten nach bis ins Äußerste, bis in den Tod. Es geht also um nicht weniger als um Gott und die Welt. In diesem Schauspiel, in dieser Geschichte, das die Theologie »Heilsgeschichte« nennt, spielt die Kirche eine wichtige, aber doch deutlich relativierte Rolle. *Sie ist nicht mehr und nicht weniger als ein »Instrument«.* Sie kommt von Gott und Christus spielt auf ihr. Aber nicht die Kirche macht die Musik, sondern der göttliche Künstler. Das Lied, das auf der Kirchenlyra erklingt, wird vom auferstandenen Christus gespielt. Es wird für die gesamte eine Eurydike-Menschheit gesungen: aus Liebe, damit Eurydike aus der Herrschaft des Todes in den Raum der Liebe, in den Machtbereich Gottes zurückgeführt werden kann.

Kirche ist doppelt relativ

Kirche wird in dieser Allegorese in einem doppelten Sinn relativiert im tiefsten Sinn des Wortes: Sie ist »bezogen«, d. h. relativ auf das Handeln Gottes in seinem Spielmann Christus und »bezogen« auf die Welt, die Menschheit, die durch dessen Gesang zu neuem Leben geführt werden soll.

Das Zweite Vatikanische Konzil (1962–1965) hat diese Bezogenheit und Instrumentalität der Kirche in seiner Dogmatischen Konstitution über die Kirche verdeutlicht: »Die Kirche ist ja in Christus gleichsam das Sakrament, das heißt Zeichen und Werkzeug für die innigste Vereinigung mit Gott wie für die Einheit der ganzen Menschheit.«[5]

Auch hier zeigt sich ganz klar: Nicht die Kirche steht im Zentrum der christlichen Botschaft, sondern Gott und die ganze Menschheit. Näherhin geht es um die Einung der Menschen mit Gott und darin um die Einheit der Menschen untereinander. Oder mit Worten Jesu: um Gottes- und Nächstenliebe in ihren vielfältigen Facetten. Dabei konkretisiert sich die Liebe zu den Nächsten in besonderer Weise in der Liebe zu den Armen und Leidenden aller Art. Wer die Menschen mit den Augen Gottes sieht, dessen Empfindsamkeit für die Leidenden wächst. Ein Pastoralplan aus der kleinen deutschen Diözese Passau hat das so formuliert: »Eine Kirche, die um sich selbst kreist und dabei Gott vergisst, wird leidunempfindlich. Wer hingegen in Gott eintaucht, taucht neben dem Menschen auf. Dabei kann der Weg auch in der anderen Richtung verlaufen: Wer den Menschen begegnet, findet in diesen auch Gott (vgl. Mt 25).«[6]

In der hier vorgelegten »praktischen Ekklesiologie«, die an der Schnittstelle von systematischer und praktischer Theologie entwickelt wird, steht nun doch die Kirche im Mittelpunkt. Das darf aber nicht vergessen machen, dass es dem Christentum nicht um die Kirche, sondern um das Heil der ganzen Menschheit und der Welt geht. Daher werden die folgenden Ausführungen zur Kirche eingebettet in die große Geschichte Gottes mit der Menschheit und mit der Welt. Alles, was über die Kirche, ihren Aufbau und ihr Leben und Wirken ausgeführt wird, muss auf diese umgreifende Geschichte bezogen, ja ausgerichtet bleiben und sich an ihr auch kritisch messen lassen. Darum müssen wir, bevor wir auf die Kirche und ihre angemessene Gestalt zu sprechen kommen, den Rahmen zunächst erheblich weiter fassen. Einfacher können wir es uns und kann es sich die Kirche nun einmal nicht machen.

Die ein(swerdend)e Welt

Schon das Neue Testament betont, dass diese Geschichte Gottes mit der Welt/der Menschheit in ihre finale Phase gekommen ist. Wir leben am »Ende der Zeiten« (1 Kor 10,11; Lumen gentium 48). Das ist zunächst keine evolutionstheoretische Aussage, sondern eine gläubige Sicht unserer Zeit als »Heilszeit«: Mit Jesus dem Christus hat die Vollendung der Welt unwiderruflich begonnen.

Dabei müssen naturwissenschaftliche Evolutionstheorie und Geschichtstheologie kein unauflösbarer Widerspruch sein.[7] Heilsgeschichte betrachtet den Verlauf der historischen Ereignisse unter dem Gesichtspunkt des Gottesbezugs und der Heilssehnsucht der Menschen aller Zeiten und aller Orte, also aus dem Blickwinkel der Religion. Sie stellt die Frage nach dem Sinn: nach dem umfassenden »Warum?« und »Wozu?«. Das ist eine andere Sichtweise als die der Naturwissenschaften und der Evolutionstheorie, welche die Frage nach den kausalen Zusammenhängen, also nach dem »Wie?« stellt. Von wenigen fundamentalistischen

Gruppen abgesehen, siedelt heute niemand mehr die Schöpfung der Welt wissenschaftlich in einem Sieben-Tage-Werk an. Vielmehr werden die beiden Schöpfungslieder in den beiden ersten Kapiteln des Buches Genesis am Anfang des Alten Testaments als Beschreibung des Verhältnisses des Menschen zu Gott verstanden. Die Evolutionstheorie dagegen ist aus einem anderen Frageinteresse formuliert als die biblische Botschaft, die Gottes Wirken in der Geschichte und mit seinem Volk nachzeichnet. Ein Kreationismus, der die biblische Botschaft im Sinne einer naturwissenschaftlichen Beschreibung der Entstehung des Kosmos, der Lebewesen und des Menschen versteht, kann diese Botschaft nur unglaubwürdig machen. Im Gegensatz zu solchen Versuchen hat etwa Teilhard de Chardin versucht, beide Sichtweisen in Einklang zu bringen. Nach ihm mündet die Entwicklung in einen Punkt Omega: einer Vollendung der Welt mit einer tiefen Einung und gleichzeitigen Differenzierung – eine Einheit in Vielfalt, also die eine Menschheit mit einer unglaublichen Buntheit und Vielfalt, Ausdifferenzierung und Individualisierung.[8] Diese Konzeption muss sich in der interdisziplinären Diskussion bewähren, während ein naiver Kreationismus angesichts heutiger gesicherter wissenschaftlicher Erkenntnisse nur als absurd abgetan werden kann.

Die derzeitige Entwicklung der Welt- und Menschheitsgeschichte ist gekennzeichnet sowohl durch ein stetiges und unaufhaltsames Einswerden und zugleich eine wachsende Differenzierung. Der Freiburger Biologe und Evolutionstheoretiker Carsten Bresch nennt sie die wachsende »Durchmusterung der Welt«.[9] Das Einswerden der Welt, ihr Zusammenwachsen wird in zeitgenössischen Wissenschaften zumeist beschrieben als Globalisierung[10] oder auch als Universalisierung[11]. Genau diese zusammenwachsende Welt wird aber zugleich auch immer bunter und komplexer: kulturell, wirtschaftlich[12], sozial, medial[13]. Durch Reisen und Bildung[14], durch freiwillige oder erzwungene Migration[15] erleben Menschen hautnah die Vielgestaltigkeit unserer Welt, nicht zuletzt auch die weltanschauliche Vielfalt in der Pluralität der Religionen.

Weltanschauliche Verbuntung

Die großen Religionen der Menschheit hatten in der Regel ihre angestammten Gebiete. Zumeist waren sie in jenen Räumen beheimatet, in denen sie auch entstanden waren. Der Buddhismus blühte in Asien, das Christentum, ausgehend von Kleinasien im gesamten Mittelmeerraum und zunehmend in ganz Europa. In Europa wiederum gab es über Jahrhunderte eine Zuordnung von Konfession und politischer Einheit: Auf diese Weise sollte, nachdem die religiöse Einheit der abendländischen Kultur in der Reformation zerbrochen war, nach den blutigen Religionskriegen der religiöse Friede wiederhergestellt und gesichert werden. Bei der Etablierung dieser Bindung von Konfessionen an ein Territorium kam es nicht selten zu »religiösen Säuberungen«. Die orthodoxe Christenheit legitimiert bis heute diese Bindung von Räumen an die Kirche theologisch. Die Menschen in traditionell orthodoxen Ländern wie z. B. in Russland »gehörten« gleichsam von Geburt an zur orthodoxen Kirche. Erst in den letzten Jahrzehnten trug die erzwungene Migration vieler orthodoxer Menschen aus »kanonischen Territorien« zu einer modifizierten Lockerung dieser Raumbindung der orthodoxen Christenheit bei.[16]

Inzwischen hat freiwillige wie erzwungene Mobilität in der zusammenwachsenden Welt zugenommen. Mit den Menschen wandern auch die Religionen. Die herkömmlichen religiösen Monokulturen verbunten sich dadurch rasch.[17] In lange Jahrhunderte hindurch katholischen Ländern leben heute mit Katholiken Protestanten, Orthodoxe, aber auch Juden, Moslems, Buddhisten, Hindus zusammen.

Dazu kommen, gerade in Europa, immer mehr Menschen, deren »Konfession« die (kaum organisierte) Nichtkonfession ist. Der Anteil der Atheisten und Atheisierenden nimmt zu. In einigen ehedem protestantischen Kulturen Europas (wie Estland, Ostdeutschland, Tschechien) sind Christen eine kleine Minderheit geworden.[18] Die Mehrheit der Bevölkerung gehört zu keiner religiösen oder weltanschaulichen Gemeinschaft, auch wenn oder gerade weil in atheistischen Kulturen religionsähnliche Riten und den christlichen Sakramenten nachempfundene Übergangsrituale (wie etwa die Jugendweihe) geschaffen wurden, die sich bis heute einer beachtlichen Beliebtheit erfreuen.

Zunehmend ist auch der Anteil jener Menschen, die ohne Bindung an eine Religionsgemeinschaft spirituelle »Pilger«[19] sind. Gerade in säkularen Kulturen breitet sich solch spirituelles Suchen aus. Das sind die Dimensionen dieser Suche: die Reise ins Ich, die Verzauberung[20], Heilung, Gemeinschaft, Festigkeit, die Reise ins Weite, die Sehnsucht nach einer neuen Welt.[21]

Diese weltanschauliche Verbuntung fordert die Theologie massiv heraus. Denn einerseits betont die zeitgenössische Theologie, gestützt auf biblische Quellen, dass die gesamte Geschichte auf ein gemeinsames Ziel hinreift: auf ihre Vollendung in Gott. Andererseits leben in der einen Welt vielfältige Weltanschauungen – auch durchmischt – miteinander. Nicht nur auf den großen Kontinenten, auch innerhalb der einzelnen Länder, ja bis in die Familien, Arbeitsstätten und Freundeskreise hinein haben die eng zusammenlebenden Menschen unterschiedliche Anschauungen. Daraus ersteht die bedrängende theologische Frage, ob und wie bei derartigen Unterschieden die Geschichte des einen Gottes mit der einen Welt auf eine gemeinsame Vollendung hin unterwegs sein kann. Dabei haben in der Geschichte die einzelnen Religionen zumeist selbstbewusst die Ansicht vertreten, dass ihr Weg der richtige, ja der einzig richtige sei – und dies oftmals in kämpferischer Absetzung von den Wegen der anderen Religionen. Zugleich gab es vor allem unter den mystisch begabten Menschen in den unterschiedlichen Religionsgemeinschaften ein Wissen um eine große Nähe zueinander. Die Mystikerin Teresa von Àvila (1515–1582)[22] oder der Mystiker Johannes vom Kreuz (1542–1591)[23] pflegten enge Beziehungen zur islamischen Mystik der Sufis[24]. Der Jesuit Aiunken Hugo Makibi Enomiya-Lassalle (1898–1990) wiederum versuchte Zen-Buddhismus und Christentum aufeinander zu beziehen.[25]

Das Zweite Vatikanische Konzil hat in dieser Frage im Dokument »Nostra aetate« (»In unserer Zeit«) eine vertiefte und zugleich weite Position bezogen. Gleich zu Beginn wird auf dem Hintergrund der Erfahrung des Zusammenwachsens der Menschheit auf jene Fragen eingegangen, die wir soeben gestellt haben:

»In unserer Zeit, da sich das Menschengeschlecht von Tag zu Tag enger zusammenschließt und die Beziehungen unter den verschiedenen Völkern sich mehren, erwägt die Kirche mit umso größerer Aufmerksamkeit, in welchem Verhältnis sie zu den nichtchristlichen Religionen steht. Gemäß ihrer Aufgabe, Einheit und Liebe unter den Menschen und damit auch unter den Völkern zu fördern, fasst sie vor allem das ins Auge, was den Menschen gemeinsam ist und sie zur Gemeinschaft untereinander führt.

Alle Völker sind ja eine einzige Gemeinschaft, sie haben denselben Ursprung, da Gott das ganze Menschengeschlecht auf dem gesamten Erdkreis wohnen ließ; auch haben sie Gott als ein und dasselbe letzte Ziel. Seine Vorsehung, die Bezeugung seiner Güte und seine Heilsratschlüsse erstrecken sich auf alle Menschen, bis die Erwählten vereint sein werden in der Heiligen Stadt, deren Licht die Herrlichkeit Gottes sein wird; werden doch alle Völker in seinem Lichte wandeln.

Die Menschen erwarten von den verschiedenen Religionen Antwort auf die ungelösten Rätsel des menschlichen Daseins, die heute wie von je die Herzen der Menschen im tiefsten bewegen: Was ist der Mensch? Was ist Sinn und Ziel unseres Lebens? Was ist das Gute, was die Sünde? Woher kommt das Leid, und welchen Sinn hat es? Was ist der Weg zum wahren Glück? Was ist der Tod, das Gericht und die Vergeltung nach dem Tode? Und schließlich: Was ist jenes letzte und unsagbare Geheimnis unserer Existenz, aus dem wir kommen und wohin wir gehen?« (Nostra aetate 1)

Wie das Konzil die Antworten auf diese Fragen aller Menschen findet, ist auch für unsere weiteren Überlegungen wegweisend. Das Konzil zeigt einen tiefen Respekt vor dem Wirken Gottes in allen Menschen und in allen Religionen, ohne deshalb die Einzigartigkeit des Christusgeheimnisses zu leugnen. Die Vielfalt der Wege wird gewürdigt, ohne das gemeinsame Ziel all dieser vielfältigen Wege preiszugeben:

»Die katholische Kirche lehnt nichts von alledem ab, was in diesen Religionen wahr und heilig ist. Mit aufrichtigem Ernst betrachtet sie jene Handlungs- und Lebensweisen, jene Vorschriften und Lehren, die zwar in manchem von dem abweichen, was sie selber für wahr hält und lehrt, doch nicht selten einen Strahl jener Wahrheit erkennen lassen, die alle Menschen erleuchtet. Unablässig aber verkündet sie und muss sie verkündigen Christus, der ist ›der Weg, die Wahrheit und das Leben‹ (Jo 14, 6), in dem die Menschen die Fülle des religiösen Lebens finden, in dem Gott alles mit sich versöhnt hat.« (Nostra aetate 2)

Übersicht

Der Denkweg, der in der hier vorgelegten Praktischen Lehre von der Kirche gegangen wird, sieht auf dem Hintergrund der bisherigen Überlegungen folgendermaßen aus:

Teil 1: Heil und Kirche – Ekklesiologie im Rahmen der Soteriologie

Der erste Teil bedenkt systematisch und empirisch die Rolle der Kirche sowie ihre Gestalt und ihr Wirken im Rahmen einer heilsgeschichtlichen Theologie.

- Dazu wird gläubig über den Weg Gottes mit seiner Schöpfung und darin der Menschheit nachgedacht. Bei der Meditation dieser Geschichte werden sowohl helle wie dunkle Seiten dieser Geschichte beachtet, die Heils- und Unheilsgeschichte in einem ist. Die zwei großen Stichworte werden sein: »Erbheil« und »Erbschuld«.

- Für die Gestalt und Arbeitsweise der Kirche ist zudem erheblich, ob die Frage nach dem Heil des Menschen optimistisch oder pessimistisch beantwortet wird. Mit einer heilspessimistischen Sicht ist zumeist ein exklusives Kirchenbild verbunden: Nur wenige aus der großen Zahl der Menschen werden gerettet – jene, die in die Kirche hineingetauft wurden und in ihrem Leben diesem Anspruch treu geblieben sind. Eine heilsoptimistische Sicht hingegen, die im weitesten Fall von Gott die Rettung aller erhofft und ihm diese auch zutraut, muss der Kirche eine andere Rolle zuweisen. Beide Sichtweisen finden sich in der theologischen Tradition der Christenheit. Das Zweite Vatikanische Konzil war von einer positiven Sicht des Menschen und den Herausforderungen unserer Geschichte bestimmt. Folglich hat es einem Heilsoptimismus nicht widersprochen[26]. Dies schlägt sich auch in seiner Sicht der Kirche nieder. Wir werden dieser heilsoptimistischen Spur der Ekklesiologie breiten Raum geben.

Teil 2: Kirche (Ekklesiologie)

In einem zweiten Teil werden dann in historischer und systematischer Betrachtung die Hauptfragen einer zeitgenössischen Ekklesiologie bedacht. Es werden Erfahrungen aufgezeigt, die sich für die Kirche als verbindlich erwiesen haben, und es wird die Vielfalt von Möglichkeiten umrissen, wie sie konkrete Gestalt gefunden haben.

- In einem ersten Schritt kommt das Neue Testament in den Blick. In den Evangelien und den paulinischen Schriften werden ekklesiologische Ansätze aufgezeigt sowie unterschiedliche Modelle und Bilder von Kirche vorgestellt.

- Sodann wird in einem zweiten Schritt die Kirche zufolge der Aussagen des Glaubensbekenntnisses beschrieben.

- In einem dritten Schritt wird in einem kurzen Gang durch die Geschichte gezeigt, wie diese Kirche in den verschiedenen Epochen ihres Bestehens und in unterschiedlichen kulturellen Herausforderungen jeweils neue Gestalt angenommen hat, um ihrer Botschaft treu bleiben zu können.

- In einem vierten Schritt wird die Sicht des Zweiten Vatikanischen Konzils von der Kirche thematisiert und deren Wirkungsgeschichte skizziert.
- Schließlich geht es im fünften Schritt um die verschiedenen Ämter und Stände in der Kirche. Ausgehend von allgemeineren Überlegungen zum Amt wird jedes Amt in seinem speziellen Dienst in der Kirche dargestellt.

Teil 3: Kirche bauen (Ekklesiogenese)

Der dritte Teil greift Fragen einer praktischen Ekklesiologie auf. Hier geht es um das »Kirche bauen«, um Ekklesiogenese also. Die zwei Hauptthemen dieses Teils werden sein: Vision und Struktur.

- Um als Kirche eine lebendige und handlungsfähige Einheit zu sein, bedarf es einer orientierenden und motivierenden Vision. Diese ist eine Gabe Gottes an die Kirchen in aller Welt und deren Mitglieder. Eine konkret bewohnbare Vision für möglichst viele in der Gemeinschaft kann daher nur partizipativ, d. h. in gemeinsamer Bemühung erarbeitet werden. Bleibende Eckpunkte sind Einung mit Gott und untereinander (LG 1), also Mystik einerseits und Koinonia/Diakonia andererseits. Solche Gemeinschaften werden durch das Wort Gottes, die Diakonie und nicht zuletzt durch die Kraft der Eucharistie gebildet[27]; hier geschieht eine Verwandlung der Menschheit zu Gemeinschaften, die bereit sind, einander die Füße zu waschen. Kirche ist also keine abgeschlossene und in sich stehende Größe, sondern sie ist bezogen auf die Kultur und die Zeit, in der sie lebt, auf die Gesellschaft und damit auch auf die Religionen. Zu deren Vision von der Welt gehört das Erbarmen dessen, den sie Gott nennen.
- Wie schon im Teil 2 gezeigt wird, besitzt die Kirche eine enorme strukturelle Plastizität, »zwischenkirchlich« ebenso wie »innerkirchlich«. Diese Strukturen sind derzeit auch in der katholischen Weltkirche und in ihren Ortskirchen mächtig zu spüren und bedürfen tiefgreifender Reform und Umgestaltung, damit die Kirche heute und in Zukunft ihrem Auftrag gerecht zu werden vermag, hinauszugehen »in alle Welt«.

Alle drei Teile sind voneinander nicht zu lösen. Sie fragen also nicht nur theoretisch nach Kirche und ihrer rechten Gestalt, sondern behandeln diese Themen im Horizont der sogenannten »Zeichen der Zeit«, also der Herausforderungen, in die sich Kirche heute hineingestellt findet. Sie sind auch deshalb untrennbar verbunden, weil die praktische Ekklesiologie nicht ohne die systematische arbeiten kann, umgekehrt aber auch die systematische Theologie von einer Kirchenpraxis, die geistbegabte und begeisterte Menschen entfalten, lernen muss. Der Glaubenssinn der Gläubigen ist, wie Kardinal Newman im 19. Jahrhundert eingeschärft und das Konzil in Berufung auf ihn erneut unterstrichen hat, Quelle für eine rechte Lehre von der Kirche.

Begriff Kirche

Noch kurz einige Anmerkungen zum Wort »Kirche«. Das deutsche Wort *Kirche* leitet sich, ebenso wie das englische *church* und das niederländische *kerk* aus dem griechischen Wort *kyriakós* her. Es bedeutet dort *zum Herrn gehörig*. Die entsprechenden Begriffe aus den romanischen Sprachen, etwa das italienische *chiesa* oder das französische *église*, entstammen dem griechischen *ekklesia*, das als *ecclesia* ins Lateinische übernommen wurde. Es besagt ursprünglich die Versammlung der Bürger einer Stadt, all jene, die zusammengerufen sind, um über das Gemeinwohl zu entscheiden. Diesen Begriff *ekklesia* verwendet die griechische Übersetzung des Alten Testaments zur Wiedergabe des hebräischen Wortes *qahal* (dt.: Volk). Diese Bezeichnung ist im Alten Testament weitgehend dem Volk Israel vorbehalten und umschreibt die Versammlung des Volkes in seinen wichtigen Entscheidungen, vor allem aber im Gottesdienst. Volk Gottes hat hier durchwegs eine kultische Prägung. Das Volk ist nicht geworden aus politischem Kalkül und militärischer Schlagkraft, sondern durch den Ruf Gottes, der im Bundesschluss sein Volk bereitet, es »gemacht«, »geschaffen« hat. Dieser Begriff Volk Gottes wird in der griechischen Übersetzung des Alten Testaments wiedergegeben mit dem Wort ekklesia, das dann im Neuen Testament zum Terminus für Kirche wird. Von ihm abgeleitet wird die Lehre von der Kirche als Ekklesiologie bezeichnet. Beide terminologischen Ursprünge, kyriakós und ekklesia, prägen das, was wir unter Kirche verstehen: Sie ist die Versammlung des zum Herrn gehörigen Volkes, die Gemeinschaft des Volkes Gottes.

Teil 1: Kirche in der Heilsgeschichte

»Erbheil«

Das Wort »Erbheil« ist in der Tradition im Vergleich zum verwandten Begriff »Erbschuld« wenig geläufig. Der Pastoraltheologe und Pastoralpsychologe Hermann Stenger hat es geprägt. Wir versuchen darzulegen, was mit diesem hilfreichen Begriff zum Ausdruck gebracht werden soll. Zunächst meditieren wir ein Bild einer deutschen Mystikerin, um daran die heilstheologischen Reflexionen anzubinden.

Dabei sollen Antworten auf Fragen versucht werden, um welche die zeitgenössische theologische Arbeit nicht herumkommt: Was bedeutet die wachsende Einheit der Menschheit aus der Perspektive Gottes (also theologisch)? Und was bedeutet dies im Kontext moderner Wissenschaften: etwa der Evolutionstheorien? Mit dem Wissen, wie alles bisher gelaufen ist (Darwins Entdeckungen)? Und vor allem: *Worauf läuft das alles hinaus?* Und zwar nicht nur mit den Augen der Naturwissenschaft, sondern mit jenen des Glaubens besehen?

Die Grundmelodie des Christentums wird erklingen: Gottes Geschichte mit der Welt hat letztlich einen guten Ausgang. Das trauen Christen Gott zu und nennen gute Gründe dafür: die »Einmischung« Gottes in die Geschichte (»Menschwerdung«) und das – das Antlitz der Erde stets erneuernde – Wirken des Geistes Gottes.

Eine Vision der heiligen Hildegard

Hildegard von Bingen lebte 1098–1179. Am Rhein gründete sie zwei Benediktinerinnenklöster (in Bingen und Eibingen), von denen eines (Eibingen) bis heute besteht. Es hält die Tradition seiner Gründerin hoch. Hildegard war eine ungewöhnliche Frau, die sich auch in die von Männern geprägte Kirchenpolitik einmischte. Ihr verdanken wir viele lebenspraktische Tipps, für die Gesundheit, das Kochen. Sie komponierte geistliche und weltliche Lieder.

Vor allem aber war sie eine Mystikerin. Sie hatte Visionen. Das hier abgedruckte Bild aus einem ihrer großen Werke, »Liber divinorum operum« (es entstand in ihren späten Lebensjahren 1163–1174) zeigt sie bei einer ihrer Versenkungen. Was sie sah und beschrieb, malte ein Mönch.

Im hier abgedruckten Bild schaut sie Gott und die Welt. Das Haupt des Vaters ragt aus dem Rahmen heraus. Er ist der Unfassbare, für Hildegard ein Geheimnis, der grundlose Urgrund von allem. Mit diesem Haupt verbunden ist eine in Feuerrot getauchte Gestalt: der »Sohn«, der »Logos«.

Abbildung 4

Das Feuer – ist es das Feuer der Liebe – verweist auf den heiligen Geist
Gottes. Am Werk ist in dieser Vision von »Gott und die Welt« ein dreifal-
tiger Gott.

Auffällig ist der Leib des Logos. Er ist wie der einer Hochschwangeren vor
dem Gebären, wie ein riesiger Mutterschoß. In diesem wächst die Schöpfung mit all ihren Kräften, den Wassern und Winden. Im Zentrum dieser

Welt, im »Weltleib« des Logos, ist »der« Mensch. Der »Menschensohn« – so die Bücher Daniel und Ezechiel, ein Ehrentitel, den in den Berichten der Evangelien Jesus für sich selbst verwendet.

Diese Schau der Mystikerin enthält eine Reihe gewichtiger theologischer Botschaften:[28]

- Eine erste Botschaft: Alles findet in Gott statt. »In ihm leben wir, bewegen wir uns und sind wir« (Apg 17, 28). Wir, das ist die eine Menschheit, zu der alle Menschen aller Zeiten gehören.

- Das ist bereits die zweite gewichtige Botschaft: Das war von allem Anfang an so und wird auch am Ende, in der Zeit der Vollendung der Weltschwangerschaft, wenn also die Welt ausgereift sein wird, so sein. Die Welt und in ihr die Menschheit haben eine klare Herkunft (sie kommen aus Gott) und eine ebenso eindeutige Zukunft (sie werden in Gott vollendet sein).

- Und die dritte Botschaft: Der Menschensohn ist nicht nur im »Weltleib« des Logos, sondern trägt das Antlitz des Christus. Er, der Auferstandene, ist der Vollendete, der »Menschensohn«.

Christushymnus

Was hier Hildegard schaut, hat eine tiefe Gemeinsamkeit mit einem biblischen, vielleicht dem ältesten Hymnus auf Christus. Als gläubige Mystikerin wurde sie von diesem Hymnus wohl auch inspiriert. Diesen Christus-Hymnus hat der Verfasser des Kolosserbriefes[29] an den Anfang seines Schreibens gestellt. Er entstammt der frühchristlichen Liturgie. Für die Gemeinde in Kolossä hat ihn der Autor des Briefes katechetisch »redigiert«. Daher die Auseinandersetzung mit den Mächten und Gewalten, eine Frage, die die Gemeinde bewegte, sowie sein verstärkter Blick auf die Kirche.[30]

Der Kolosserhymnus »steht ... nicht isoliert, sondern ist eingewoben in eine biblische Offenbarungsdynamik, deren Spuren zurück in die Menschensohntradition des Danielbuchs, in die Weisheitsliteratur (Buch der Weisheit, Buch der Sprichwörter, Hiob) und zu den Propheten (Jesaja, Jeremia, Amos, Maleachi) führen und die sich im Neuen Testament insbesondere in anderen (deutero-)paulinischen Briefen (1. und 2. Korintherbrief, Philipperbrief, Epheserbrief), im universalen Sendungsauftrag des Matthäusevangeliums, im Johannesprolog und in der Offenbarung des Johannes entfaltet.«[31]

So lautet der hymnische Text aus dem Kolosserbrief:
»Er ist das Ebenbild des unsichtbaren Gottes, /
der Erstgeborene der ganzen Schöpfung.

Denn in ihm wurde alles erschaffen /
im Himmel und auf Erden, /
das Sichtbare und das Unsichtbare, /
Throne und Herrschaften, Mächte und Gewalten; /
alles ist durch ihn und auf ihn hin geschaffen.
Er ist vor aller Schöpfung, /
in ihm hat alles Bestand.
Er ist das Haupt des Leibes, /
der Leib aber ist die Kirche. /
Er ist der Ursprung, /
der Erstgeborene der Toten; /
so hat er in allem den Vorrang.
Denn Gott wollte mit seiner ganzen Fülle in ihm wohnen, /
um durch ihn alles zu versöhnen. Alles im Himmel und auf Erden
wollte er zu Christus führen, /
der Friede gestiftet hat am Kreuz durch sein Blut.«
(Kol 1,15–20)

Durch ihn, der vor aller Schöpfung ist, und *auf ihn hin*[32] ist alles erschaffen, so der Hymnus. Er ist als Ebenbild des unsichtbaren Gottes, der Ursprung von allem, was ist. Er ist aber auch der Anfang der Vollendung: der Erstgeborene von den Toten. Das gilt uneingeschränkt von allem und von allen. Durch ihn wollte Gott alles versöhnen. Alles wollte Gott zu Christus führen.

Christus, das ist der Auferstandene. Dieser ist das Haupt des Leibes: des Weltleibes Gottes, so Hildegard, und der Kirche, so der Kolosserhymnus. Ist damit die Kirche gemeint, wie sie sich etwa in der Gemeinde von Kolossä darstellt? Oder tönt hier mit, dass die Kirche – in einem augustinischen Sinn – die »allumfassende Kirche« aller Geretteten, ja aller Menschen sein wird? Diese zweite Vorstellung scheint dem Kolosserbrief eher zu entsprechen.

Von ihm her

Im zitierten Hymnus hat die Kirche ihren Ursprung in Christus, gründet also im göttlichen Heilsplan noch vor jeder Geschichte und Zeit. So sprechen die Kirchenväter von der Kirche, die schon von Anfang, von Adam oder von Abel als dem ersten Gerechten her besteht. Kirche hat ihren Ausgang in Christus, ihrem Haupt, der gleichzeitig auch Haupt der Menschheit ist. Darum ist sie universal wie diese, die Menschheit als Ganze zu allen Zeiten, allen Kulturen und auch Religionen ist damit bereits auf Kirche hin ausgerichtet und angelegt. Sie ist mit der Menschheit koextensiv. So wird in der frühchristlichen Kunst die Kirche oft als Greisin gezeigt: Sie ist die älteste, die erste, die überhaupt existierte, sie ist so alt wie die Schöpfung. Kirche ist von ihrem Ursprung her größer und umfassender, als ihre institutionelle Seite dies erkennen lässt. Das Zweite Vatikanische Konzil formuliert:

»Sie war schon seit dem Anfang der Welt vorausbedeutet; in der Geschichte des Volkes Israel und im Alten Bund wurde sie auf wunderbare Weise vorbereitet[33], in den letzten Zeiten gestiftet, durch die Ausgießung des Heiligen Geistes offenbart, und am Ende der Weltzeiten wird sie in Herrlichkeit vollendet werden. Dann werden, wie bei den heiligen Vätern zu lesen ist, alle Gerechten von Adam an, ›von dem gerechten Abel bis zum letzten Erwählten‹[34] in der allumfassenden Kirche beim Vater versammelt werden.« (Lumen gentium 2)

Auf ihn hin – Heil in verschiedenen »Modi«?

Alle Menschen sind nach der Vision der heiligen Hildegard auf dem Weg zu Christus und durch ihn zur Vollendung. Dazu hat sie der Gott der Liebe aus Liebe erschaffen, damit sie in der Liebe vollendet und so gerettet werden. Diese schöpfungstheologische und soteriologische Aussage ist universal, betrifft unterschiedslos alle Menschen: »Das ist recht und gefällt Gott, unserem Retter; er will, dass alle Menschen gerettet werden und zur Erkenntnis der Wahrheit gelangen.« (1 Tim 2,4)

Um seine Heilsabsicht zu erreichen, ist Gott gleichsam ruhelos in der Menschheitsgeschichte wie in jedem einzelnen Menschen »am Werk«. Und wenn oder weil Gott dabei nicht vergeblich wirkt, dann dürfen wir hoffen, dass alle Menschen zur Vollendung unterwegs sind. In der Vollendung, so der Kolosserhymnus, werden dann alle in die eine gerettete Menschheit eingefügt. Das »Haupt« dieser vollendeten Welt ist der Erstgeborene, Jesus, der Christus. In der Auferstehung ist er von den Fesseln an Raum und Zeit frei geworden. Das ermöglicht, dass jene, die in die Vollendung gelangen, mit ihm geeint, in seinen »Leib« aufgenommen werden. Für den Auferstandenen, das Haupt, bedeutet dies, dass er im Lauf der Geschichte und deren Vollendung immer mehr den ganzen Kosmos in sich aufnimmt. Die Menschen »reifen« gleichsam in ihn hinein. Das macht Christus zum »kosmischen Christus«.[35]

Abbildung 5

Da aber nicht alle Menschen zum (ausdrücklichen) Glauben an Christus gelangen, und dies aus sehr unterschiedlichen Gründen, oft auch wegen einer schlechten Glaubensverkündigung und Lebenspraxis von Christen, weil viele nicht an Christus glauben können, sondern ihn sogar ablehnen, stellt sich die Frage, wie deren persönlicher Heilsweg hinein in jene Vollendung verläuft, die nach christlicher Lehre das Antlitz Christi tragen wird. Diese Frage stellt sich in abgewandelter Weise nicht nur für die einzelnen Menschen, immer häufiger auch für Menschen, die wir gut kennen und lieben: Sie stellt sich für all die Menschen, die vor Christus lebten, oder jene, die in einem Kulturkreis mit einer anderen Religion oder auch mit einem gesellschaftlich etablierten Atheismus aufwachsen. Wie geschieht das heilsträchtige Reifen bei ihnen? Oder noch einmal anders gefragt: Gibt es Heil im atheistischen oder buddhistischen oder islamischen Modus? Noch mehr: Wenn Gott das Heil aller will, muss es dann nicht eben (der Sache nach) Heil in diesen Formen geben, atheistisch, muslimisch, buddhistisch usw.?

Lange hat die Kirche mit ihren Theologen die Möglichkeit solcher nichtchristlicher und noch mehr nichtkirchlicher Heilswege bestritten. Außerhalb der Kirche gebe es kein Heil. In die Kirche eingegliedert werde aber nur, wer getauft wird, noch genauer: wen das Taufwasser auch wirklich berührt. Pastorale Lehrschreiben[36] haben deshalb verlangt, dass Hebammen im Notfall auch noch im Mutterschoß taufen, um dem Kind den Weg in den Himmel zu erschließen.

Verhüllt – enthüllt

Heute geht die katholische Theologie in dieser Frage einen Weg, der Gott tiefer verstehen will. Hans Urs von Balthasar, der zu den großen Theologen des zwanzigsten Jahrhunderts gehört, unterscheidet »verhülltes Heil« und »enthülltes Heil«.

Das verhüllte Heil ist selbstlose Liebe. Karl Rahner sprach einmal vom »Heil im atheistischen Modus«. Beide Theologen stützen sich dabei auf die Gerichtsrede Jesu, wie sie im Evangelium nach Matthäus (25, 31–46) überliefert ist. Entscheidend für den Eintritt ins himmlische Paradies ist allein die konkret getane Liebe, die aus einem absichtslos liebendenden Herzen eines Menschen kommt. Diese rettende Liebe wurde in den Werken der Barmherzigkeit lebenspraktisch konkretisiert.[37] Wer Durstende tränkt, wer Hungernde speist, wer Nackte bekleidet, Kranke und Gefangene besucht und wer Tote beerdigt: Ein solcher Mensch liebt nicht allein in Worten, sondern in Taten, und ist im Heil. Solche im Tun Glaubende sind Hans Urs von Balthasar zufolge die »wahrhaft Liebenden, denen auf eine uns verhüllte Weise der Geist der Wahrheit geschenkt worden ist«[38]. Karl Rahner hat für die Heilsmöglichkeit von Nichtgetauften den Begriff vom »anonymen Christen«[39] geprägt. Wenn Gott das Heil aller will, Heil aber von Christus geschenkt wird, dann muss das Heil von Menschen, die Christus nicht kennen, ihr Leben aber in seiner Nachfolge gestalten, in einer nicht namhaften, also anonymen Weise erlangt werden können.

Vereinnahmung oder Verausgabung

Manche Theologen, darunter Hans Küng und auch Hans Urs von Balthasar, haben Karl Rahner den Versuch einer Vereinnahmung von Nicht-Christen für die Kirche vorgeworfen.[40] Rahner hat sich dagegen verwahrt. Er halte lediglich zwei unverzichtbare Grundpositionen der christlichen Botschaft zusammen:

- Gott will das Heil aller (1 Tim 2,4) und
- es gibt nur Heil in Christus (»Denn wenn du mit deinem Mund bekennst: ›Jesus ist der Herr‹ und in deinem Herzen glaubst: ›Gott hat
  ihn von den Toten auferweckt‹, so wirst du gerettet werden.« [Röm
  10,9]).

Auch Balthasar geht im Grunde keinen anderen Weg: Er geht ihn aber
vielleicht ein wenig mehr erfahrungsgetränkt auf dem Weg wahrhafter
Liebe. Er redet von wahrhaft Liebenden, »denen auf eine uns verhüllte
Weise der Geist der Wahrheit geschenkt worden ist«[41].

Vielleicht wäre es zutreffender als von einer kirchlichen »Vereinnahmung« von einer göttlichen »Verausgabung« zu sprechen. Gott entlässt
keinen Menschen aus seiner wirkmächtigen Heilssorge: auch jene nicht,
die ihn und seinen Christus im Lauf des irdischen Lebens nicht kennen-
lernen (können). Der Auferstandene, so die biblisch verbürgte Tradition,
zieht (als der am Kreuz Erhöhte) alle an sich: »Wenn ich über die Erde erhöht bin, werde alle zu mir ziehen.« (Joh 12,32).

»Erbschuld«

Diese im Grund hoffnungsgetränkte Annahme von einem »Erbheil«, das
von einem Gott der Liebe ausgeht, der das Ziel seiner Schöpfung umfassend erreichen will und der zum Erreichen dieses Zieles nichts scheut,
nicht die Menschwerdung noch den Tod seines Gesandten, und der durch
seinen Geist das Angesicht der Erde unentwegt erneuert, zeigt nur die
helle Seite der christlichen Hoffnung.

Diese helle Seite hat aber auch eine unablösbare dunkle Rückseite. Der
Zugang zu dieser dunklen Seite der Menschheitsgeschichte ist über die
reale Erfahrung der menschlichen Geschichte jederzeit möglich. Die
göttliche Heilsgeschichte kennt eine, um die Sprache der Bibel aufzugreifen, »dämonische« Gegengeschichte. Oder in den Begriffen der
Schultheologie: Das »Erbheil« steht in erheblicher Spannung zur »Erbschuld«. Die Vollendung wird durch Sünde und Schuld aufgehalten. Erbschuld verzögert Erbheil. So betet die Kirche im Stundenbuch im Advent:
»Biete auf deine Macht, Herr, unser Gott, und komm. Eile uns zu
Hilfe mit göttlicher Kraft, damit durch dein gnädiges Erbarmen bald
das Heil kommt, das unsere Sünden noch aufhalten.«[42]

Dieser der Geschichte der Menschen innewohnenden *destruktiven Seite* wird in profanen Wissenschaften hohe Aufmerksamkeit geschenkt. Zwei Wissenschaften vom Menschen befassen sich mit einer Art »moderner Erbschuldlehre«: Ich nenne exemplarisch die Kulturanthropologie des Franko-Amerikaners René Girard sowie die Tiefenpsychologie der Schweizerin Monika Renz. Zeitgerechte Theologie setzt sich mit deren Positionen intensiv auseinander.

- Nach René Girard entspringt aus der offenen Sehnsucht des menschlichen Herzens ein dunkles Begehren, ja geradezu eine Gier, die sich mimetisch[43] an Anderen orientiert und über den Weg der Nachahmung zu einer ständig eskalierenden Rivalität führt, welche sich in vielfältigen Formen gewaltförmig äußert. Mit dieser destruktiven Seite kann die Menschheit leben, weil sie sich in Zeiten verdichteter Bedrohung einen Sündenbock sucht, den sie »in die Wüste schickt«, um dann, rituell entlastet, mit ihrer rivalisierenden Lebensweise weitermachen zu können.[44]

- Die Tiefenpsychologin und Theologin Monika Renz[45] wählt einen individuellen Erklärungsansatz. Der Mensch erlebe pränatal eine tiefe Einheit mit der Mutter – und darin mit dem Sein als solchem. Im Trauma der Geburt dagegen erleidet der neugeborene Mensch einen bedrohlichen »Verlust der Einheit«: mit der Mutter.[46] Statt aber den Verlust der Einheit durch ein radikales Vertrauen in einen bergenden Gott zu heilen, entwickelt der Mensch Selbstsicherungsstrategien: Durch Gewalt beherrscht er bedrohliche Lebenskonkurrenten, mit angehäuftem Besitz meint er seine Existenz sichern zu können, (Selbst-)Lüge hilft, die Irrwege als gute Wege zu sehen. So entwickelte sich »eine sinnlose, von den Vätern ererbte Lebensweise« (1 Petr 1,18).

Immer mehr Forscher, die sich in ihrer Fachwissenschaft mit dem Menschen und seinem Hang zum destruktiv Bösen befassen, ahnen, dass die Wurzeln des Bösen in der Angst liegen. Es ist letztlich die Angst vor der Vergänglichkeit, der Vergeblichkeit und dem Tod. Die Tiefenpsychologin und Theologin Monika Renz vermutet, dass diese Urangst bei der Geburt jedes Menschen akut wird.[47] Auch Theologen wie Søren Kierkegaard, Eugen Drewermann, Eugen Biser bis hin zu Benedikt XVI.[48] sehen in der heillosen Angst die Quelle des Bösen, von Gewalt, Gier und Lüge. Gegen Angst hilft aber kein Apell, betont der Römerbrief erfahrungsgetränkt (Röm 7,15–23). Angst entsolidarisiert. Sie verhindert, dass der verbreitete Wunsch nach Solidarität zur Tat wird, so die moderne Forschung.[49] Nur die Heilung von der Angst mache den Menschen frei, das zu werden, was er von Natur aus ist: ein liebender Mensch.

Kirche: Licht und Salz – enthüllen und heilen

Auf dem Hintergrund dieses Ineinanders von Erbheil- und Erbschuldgeschichte kann nun die Bedeutung von Kirche umrissen werden. Das Jesuswort an seine Jünger in der Bergpredigt bringt sie bildhaft zum Ausdruck. Jesus zu den Seinen: »Ihr seid das Licht der Welt. Ihr seid das Salz der Erde.« (Mt 5,13 f.)

Licht: »Erbheil« enthüllen

»Lumen gentium«: So beginnt die Dogmatische Konstitution über die Kirche des Zweiten Vatikanischen Konzils. Das Konzil meint damit aber nicht die Kirche, sondern Jesus Christus. Jesus selbst sagt nach dem Evangelisten Johannes: »Ich bin das Licht der Welt. Wer mir nachfolgt, wird nicht in der Finsternis umhergehen, sondern wird das Licht des Lebens haben.« (Joh 8,12) Dieses Licht fällt auf die Kirche. Wie der Mond spiegelt sie das Licht der Sonne wider, die da Christus ist. Ist heute die Kirche wie ein Spiegel, von dem aus sich das Licht Christi in der Welt verbreitet? Licht bedeutet, dass das Leben erhellt wird. Und wer in die Kirche feierlich hineingetauft wird, zählt dann zu den »Erleuchteten«, und die liturgische Feier, die Taufe, heißt von alters her »photismos«, »Erleuchtung«. Die Kirche wirft somit von Christus herkommendes Licht auf das Leben der Welt und in ihr der Menschen. Sie ist ein Raum im lauten Getriebe der Welt, in dem die leise Musik Gottes vernommen werden kann. Sie macht das offenbar, was im Alltagsgeschäft der Welt leicht übersehen werden kann. Offenbar machen, das bedeutet eben »enthüllen«. Sie deckt dem Menschen auf, woher er kommt, wohin er geht, was der Sinn seines Lebens ist. Die Antworten auf diese Fragen sind gebündelt in jenen Erzählungen, die wir im Bildwort vom »Erbheil« verdichtet haben.

Dieses Enthüllen wird im heutigen Kirchenleben gern »Evangelisierung« benannt. Dies ist keine Form der Indoktrination der Menschen, sondern ein dialogischer Vorgang. Karl Rahner nannte ihn Mystagogie: Also ein Einführen des Menschen in jenes Geheimnis, welches der

Mensch und das Leben des Menschen im Grunde immer schon ist – die Geschichte des »unbeirrbar treuen« Gottes (Dtn 32,4) mit jedem Menschen.[50] Dabei kann ein Mensch nicht nur die Schatten in seinem Leben entdecken. Vielmehr kann er mit Rainer Maria Rilke[51] gleichsam zu Gott sagen:

»Du hast dich so unendlich groß begonnen
an jenem Tage, da du uns begannst, –
und wir sind so gereift in deinen Sonnen,
so breit geworden und so tief gepflanzt,
dass du in Menschen, Engeln und Madonnen
dich ruhend jetzt vollenden kannst.«

Ähnlich Karl Rahner im Gespräch zur Theologie der Seelsorge heute:
»Die Botschaft der Kirche behält nämlich in einer durchaus ernsthaften Weise ihre Herausforderung. Ihr Ernst besteht aber darin, dass ich gegenüber diesem ungeheuerlichen Glück zu kleinmütig sein könnte. Die Verkündigung der Kirche sagt ja dann nicht: Du bist im Pfuhl der Hölle und ich ziehe dich dort heraus, sondern: Du bist schon durch die Tat Gottes, der dich nicht fragen muss, tausendmal mehr, als du in deiner Banalität, Primitivität, Spießbürgerlichkeit dir einzugestehen wagst und gewissermaßen, gereizt durch diese Überforderung von Gott her, nicht wahrhaben willst.«[52]

In seinem bedeutenden Schreiben über die Verkündigung des Evangeliums heute aus dem Jahre 1975[53] hat der Konzilspapst Paul VI. dargelegt, wie die Kirche heute diese Aufgabe am ehesten meistern kann. Evangelisierung beginnt nach ihm mit dem, was die Kirche lebt. Und damit das möglichst evangeliumskonform ist, braucht die Kirche eine ständige Selbstevangelisierung. Sie muss sich und das, was sie lebt und tut, ständig gleichsam an das Evangelium »heranreformieren«.

Dimensionen kirchlichen Lebens

Wie jede menschlich entfaltete Erfahrung hat auch das Leben und Wirken der Kirche mehrere Dimensionen. Philippe Béguerie[54] und im Anschluss an ihn Dietrich Zimmermann[55] haben auf drei solche einander stärkende Dimensionen menschlichen und damit auch kirchlichen Lebens verwiesen: le vecú – was wir leben, le raconté – wovon wir (vom Leben abgedeckt und daher glaubhaft) erzählen und schließlich le celebré – was wir miteinander feiern.

Was die Kirche inspiriert durch das Licht Christi lebt, ist gemeinschaftliche Hingabe aus dem Ineinander von Gottes- und Nächstenliebe. Für diese Dimension kirchlichen Lebens steht der Begriff »Diakonia«. Das Erzählen heißt Martyria. Es meint bezeugen, verkünden, und dies auf vielfältige Weise – vom Gespräch mit den kleinen Kindern in der Familie über die Einführung in die Feier der Sakramente, die Lebenswenden Geburt, Heirat, Tod, den schulischen Religionsunterricht, die Predigt in den Gottesdiensten, bis hin zur theologischen Erwachsenenbildung und zur Arbeit an den theologischen Fakultäten. Und schließlich die Feiern des gelebten Glaubens im versammelten Volk Gottes: die »Leiturgia«, das ergon tou laou, das Tun des Volkes.

Urbewegung

In all diesen Dimensionen kirchlichen Lebens spielt sich eine Urbewegung ab. Immer steht am Anfang das Tun Gottes. Deshalb bedeutet Gottesdienst zunächst auch Dienst Gottes an uns und nicht unser Dienst an Gott. Gott kommt unserem Tun stets mit seiner Gnade zuvor und bewirkt Wollen und Vollbringen. Daher steht am Anfang das Empfangen. Die mittelalterliche Buchmalerei hat dieses Empfangen in der Szene der Verkündigung ins Bild gesetzt.[56]
Voraussetzung dafür ist, so die Mystiker des Mittelalters, das Leer- und Stillwerden. Das Urbild für diesen Moment in jedem gläubigen Vorgang ist Maria. Darum wird sie als Bild für die Kirche gesehen. Das Zweite Vatikanische Konzil hat seine Aussagen über Maria als eine Art zusammenfassendes Kapitel an den Schluss der dogmatischen Konstitution über die Kirche gesetzt.
»Wenn ich nicht Maria werde, ist Christus für mich umsonst geboren.« So dichtete der begnadete Mystiker Angelus Silesius (1624–1677). Die Antwort Mariens war der aus vielen Elementen der Gebetstradition Israels zusammenkomponiert Gesang, der bis heute ein Eckpfeiler im Stundengebet der Kirche ist und das von vielen großen Komponisten wie Johann Sebastian Bach vertont worden ist: das Magnifikat. Neben dem Empfangen ist daher das Loben eine zweite Grundbewegung gläubigen Lebens.
Eine mittelalterliche Darstellung der Himmelfahrt Christi[57] zeigt die Apostel nicht nur, wie sie Christus nachschauen. Sie applaudieren, klatschen in die Hände. Applaus – darin steckt das lateinische Wort »laus«,

42

Abbildung 6

Lob. Es bezeugt die Dankbarkeit für die Großtaten Gottes an der Menschheit, für die Schöpfung, die Menschwerdung, für die Errettung aus den
Fesseln des Todes, in all dem für die geschenkte Liebe, die auch in Leid
und Tod durchhält.

Abbildung 7

Aber dabei bleibt es nicht, die Engel weisen auch auf die Erde. Es ist, so noch einmal die mittelalterliche Buchmalerei[58], welche dem einfachen Volk, das nicht lesen konnte, die Botschaft des Evangeliums in Bildern »schilderte«, wie bei der Erzählung von der Brotvermehrung: Einer ist, der »mit beiden Händen« aus dem Vollen schöpft und austeilt: Christus, in dem die ganze Fülle der Gottheit wohnt (Kol 2,9). Die Jünger und Jün-

Abbildung 8

gerinnen Christi empfangen mit der einen Hand – um mit der anderen Hand auszuteilen. Sie geben das Empfangene weiter an jene Menschen, die »die in Finsternis sitzen und im Schatten des Todes, und unsre Schritte zu lenken auf den Weg des Friedens.« (Lk 1,79). Sie haben nichts aus sich selbst, sondern sie geben weiter, was sie empfangen haben und wofür sie immerzu dankbar sind.

Salz: von der »Erbschuld« heilen

So wie die Geschichte der Welt ein unentflechtbares Gemenge von Heil und Unheil, von Erbheil und Erbschuld ist, so besteht die Arbeit der Kirche nicht nur im Enthüllen des Erbheils, sondern zugleich auch im Widerstand gegen die »dämonischen Gegenmächte«.

Das wurde lange Zeit von der Kirche –im europäischen Christentum im Zusammenspiel von Staat und Kirche – im Modus des »Moralisierens« betrieben. Man meinte, den Menschen am ehesten durch eine strenge und akribische Moral auf der Seite des Guten halten und vor der Macht des Dämonischen, des Bösen, der Sünde und des Satans bewahren zu können.

Zwar hat die Kirche nie ihre mystische Grundlage vergessen. Doch in der Aufklärung, als Mystik für dunkel-irrational gehalten und als dem hellen Licht der Vernunft nicht angemessen verworfen wurde, bleibt für die staatlich bevormundete Kirche nur noch die Moral. Die Kirche sollte staatsnützlich wirken, also die Menschen zur Moral anhalten, vor allem zum Gehorchen, zum Zahlen der Steuern. Auch die Armenpflege und die Rekrutierung von Soldaten wurden ihr vom aufgeklärten Herrscher der österreichischen Monarchie, Joseph II., überlassen. Was hingegen mit

Mystik oder Kontemplation zu tun hatte, wurde geschlossen: so alle kontemplativen Klöster im klosterreichen Österreich.

Es war die Aufklärung, welche die Religion »vernützlichte«, die Priester zu staatlichen Religionsdienern machte, sie dafür gut ausbildete[59] und dann auch bezahlte. Dass die Hauptaufgabe der Kirche das Darstellen und nicht das Herstellen, das Heilen und nicht das Moralisieren ist, ging verloren. Darstellen, also enthüllen, sollte sie die Geschichte Gottes mit der einen Welt und darin mit der Menschheit und jedem einzelnen Menschen. Jetzt aber sollten vielmehr gehorsame Untertanen »hergestellt« werden.

Kirche als Heil-Land

Heute gibt es in der (katholischen) Kirche und ihrer Theologie eine engagierte Skepsis gegenüber dieser einseitigen Verlagerung der kirchlichen Aufgabe von der Mystik auf die Moral. Im Interview mit Peter Seewald aus dem Jahre 1996 vermerkt der Papst: »Richtig ist, dass für viele Leute von den Worten der Kirche am Schluss nur einige Moralverbote – hauptsächlich aus dem Bereich der Sexualethik übrig bleiben ... Vielleicht ist in der Richtung auch zu viel und vieles zu oft gesagt worden – und nicht mit der nötigen Verbindung von Wahrheit und Liebe.«[60]

Viele zeitgenössische Theologen fordern daher die Wende zu einer »therapeutischen« Sicht des Evangeliums.[61] Sie betonen, dass es Kernaufgabe der Kirche sei, in der Nachfolge des Heilands »Heil-Land«[62] zu werden. Wer in den Lebensraum einer kirchlichen Gemeinschaft eintritt, kann aufatmen (Apg 3,20), das Haupt erheben (Lk 21,28). Er wird nicht Opfer von »ekklesiogenen«, also kirchengemachten Neurosen[63], seelischen Beschädigungen.

Wie die Kirche in ihren Gemeinschaften und Personen in der Nachfolge des Heilands zum Heil-Land werden kann, soll anhand der Meditation einer Heilungsgeschichte aus dem Evangelium verdeutlicht werden. Auch diese Erzählung hat ein mittelalterlicher Buchmaler in dem berühmten Evangeliar von Echternach ins Bild[64] gesetzt und dabei versucht, die Betrachter dazu zu gewinnen, sich in diese Begebenheit einzulassen.

Als Jesus von dem Berg herabstieg, folgten ihm viele Menschen.

Da kam ein Aussätziger, fiel vor ihm nieder und sagte: Herr, wenn du willst, kannst du machen, dass ich rein werde.

Abbildung 9

Jesus streckte die Hand aus, berührte ihn und sagte: Ich will es –
werde rein! Im gleichen Augenblick wurde der Aussätzige rein.
Jesus aber sagte zu ihm: Nimm dich in Acht! Erzähl niemand davon,
sondern geh, zeig dich dem Priester und bring das Opfer dar, das
Mose angeordnet hat. Das soll für sie ein Beweis (deiner Heilung) sein.
(Mt 8,1–4)

Der Aussätzige

Der Aussätzige ist vom Künstler an den Rand gezeichnet: an den Rand des Lebens, an den Rand der Gesellschaft. Er geht gleichsam »in die Knie«.

Es war kein gutes Leben mehr. Alles, was Leben intensiv und lebenswert macht, fehlte ihm[65]:

- Er hatte buchstäblich kein »Ansehen«. Näherte sich ihm jemand, musste er schon von Weitem warnen, er solle fernbleiben und sich ihm nicht nähern. Ein Leben ohne Ansehen und damit Begegnung ist kein Leben.

- Der Aussätzige konnte »nichts mehr machen«. Sein Leben war vorgeprägt, der Ausgang vorhersehbar – elender Tod mit einem Sterben auf Raten. Gestalten konnte er nichts mehr. Das ist typisch für die Welt vieler Kranker, dass sie die Gestaltungsmacht über das Leben verlieren. Ein Leben ohne (Gestaltungs-)Macht, in dem man nichts mehr machen kann, ist kein Leben.

- Und schließlich gehörte er nicht mehr dazu. Unser deutsches Wort »Aussatz« für seine Krankheit bezieht sich auf deren soziale Seite. Er war hinausgesetzt aus der Gemeinschaft der Lebenden in die Isolation des Vereinsamten. Ein Leben ohne Heimat und Gemeinschaft ist kein Leben.

So überrascht es auch nicht, dass die rabbinischen Gelehrten in der Zeit Jesu die Aussätzigen zu den Toten zählten. Es ereignete sich eine Art »Tod vor dem Tod«, ein »sozialer Tod« mitten im Leben, das keines mehr ist.

Dennoch: Als der Aussätzige vom Wunderheiler Jesus hört, müssen alle Regeln zurücktreten. Er nähert sich Jesus und streckt ihm – so der Buchmaler – voll von Hoffnung seine lebensleeren Hände entgegen.

Jesus

Jesus enttäuscht ihn nicht. Er hält sich nicht an die Vorschriften, sobald es um das Leben und Überleben eines Menschen geht. Jesus trägt nicht zufällig in seiner Linken die Gesetzesrolle. Er bringt von Gott her – also vom Berg herab – das neue Gesetz Gottes, wie einst Moses die steinernen Gesetzestafeln vom Berg Sinai gebracht hatte. Was Jesus tut, so die Auskunft der Schriftrolle, ist die Proklamation jenes Gesetzes Gottes, das allemal höher steht als das, welches Menschen gemacht haben. Selbst die heiligsten Gesetze, wie die Heiligung des Sabbats, müssen zurücktreten, wenn es um den Menschen und dessen »Leben im Frieden« (1 Kor 7,15), das Uranliegen Gottes geht; nicht einmal Tiere waren ausgenommen. Das menschliche Gesetz »brechend« geht Jesus auf den Aussätzigen zu – der Buchmaler zeigt die bewegten Füße Jesu.

Sodann gibt Jesus dem Aussätzigen all das, wenigstens im Augenblick der Begegnung, was dieser zum Leben braucht:

- Er sieht ihn mit offenen und wachen Augen an. Die Lebensmacht Jesu, schon mit der göttlichen Gloriole gemalt, springt aus diesen Augen auf den »toten« Aussätzigen über. Dem Unansehnlichen gibt Jesus Ansehen. Das schafft Leben. Denn alles wirkliche Leben entstammt der Begegnung, so Martin Buber. Niemand von uns kann sich selbst ins Gesicht schauen. Wir brauchen dazu immer einen Spiegel. Der beste Spiegel für den Menschen ist der Mitmensch. Nicht zuletzt deshalb spricht die Genesis vom »Erkennen«, wenn Adam mit Eva im Fest der Liebe zusammenkommen und einen Sohn zeugen: »Adam erkannte Eva, seine Frau; sie wurde schwanger und gebar Kain. Da sagte sie: Ich habe einen Mann vom Herrn erworben« (Gen 4,1). Auch Maria sagt bei der Verkündigung durch den Engel, dass sie keinen »Mann erkenne« (Lk 1,34). Die Feste erotisch-sexueller Liebe, die Menschen einander zugewandt begehen, sind sensible und verletzliche Orte des Erkennens, wer jemand als Frau, als Mann ist.

- Dann streckt Jesus seine Hand aus und berührt den »Toten«. So kommt Leben in diesen, weil ihn die schöpferische Hand Gottes berührt. Diese Schöpferhand malte Michelangelo eindrucksvoll im Bild von der Erschaffung Adams; Jesus trägt als Wunderheiler diese schöpferische Kraft Gottes in sich – wie auch manch andere Menschen, denen sie von Gott verliehen ist. Die heilende Berührung ermächtigt den Toten zu neuem Leben. Er erhält neuerlich die Gestaltungsmacht eines gesunden Menschen. Und um das für alle aktenkundig zu machen, schickt Jesus den Geheilten zum Priester und lässt das Opfer der Wiederaufnahme darbringen (heute hätte Jesus ihn ins Meldeamt geschickt).

All das, was in der Begegnung passiert, ist eine kleine »Auferweckung« von dem Tod, der inmitten des Lebens zuschlägt. Die einfühlsamen Bi-

belleser haben das auch immer so verstanden. So werden in der mittelalterlichen Kirche St. Georg zu Obernzell auf der Insel Reichenau im Bo-
densee in Fresken auf der einen Seite alle Totenerweckungen durch Jesus
dargestellt. Die Heilung des Aussätzigen findet sich unter diesen Totenerweckungen. Indem Jesus einen Aussätzigen heilt, betreibt er eine »Praxis der Auferweckung«.

Die Männer hinter Jesus

Nun noch einmal zurück zu dem Bild im Evangeliar von Echternach.
Hinter Jesus malt der Benediktinermönch zwei Männer. Es sind Petrus
und Johannes, tragende Säulen der Kirche. Petrus steht nach alter Interpretation für das Recht, Johannes für die Liebe. Die Farben der Kleidung
Jesu sind auf beide verteilt.

Und wieder zeigt uns der Künstler mit einfühlsamer
Aufmerksamkeit die Füße der beiden. Auch sie gehen.
Und das in einer Doppelbewegung: Sie gehen zunächst hinter Jesus her. Das alte spirituelle Wort dafür
heißt »Nachfolge Christi«, in der Spur Jesu gehen. Die
Amtsträger als die Repräsentanten der sich im Bild ab-
zeichnenden Kirche sind beauftragt, diese Spurtreue
der ihnen anvertrauten, ja manchmal aufgelasteten
kirchlichen Gemeinschaften zu sichern. Ganz früh
hießen die Christen die »Anhänger des (neuen) Weges« (Apg 9,2).
Aber die beiden gehen nicht nur hinter Jesus her, sondern dadurch auch in Richtung des Aussätzigen.
Und um es nicht zu übersehen: Alle kommen sie vom Berg herab (Mt 8,1).
Der Berg steht symbolisch für die Nähe zu Gott, zum Himmel. Christen
sind stets – wie Jesus selbst – zugleich Gott und den Menschen nahe[66]. Sie
können Gottes- und Nächstenliebe nie voneinander trennen. Wellness-
spiritualität ist ihnen genauso fremd wie reiner Sozialaktionismus.
Dann zeigt uns der Buchmaler das, was die Kirche zur Kirche macht.
Petrus schaut seine rechte Hand an. Zuvor sah er, wie Jesus den Aussätzigen be-hand-elt hat. Petrus hat die Lehre verstanden. Kirche sein heißt,
den Menschen in der Art Jesu zu behandeln. Also: auf diesen zugehen,
vor allem zu denen am Rand, zu jenen, die ganz unten sind. Dann ansehen, berühren, ermächtigen, beheimaten und damit ins Leben zurück-

führen. Eine Praxis der Auferstehung aus den vielen kleinen Toden betreiben.[67]

Die Kirche ist somit, das ist die Vision, berufen, in der Nachfolge Jesu Anwältin des bedrückten und beschädigten Lebens[68] zu sein. Wo sie im Sinne Jesu handelt, verwirklicht sich Gottes Absicht für die Menschen, die seit jeher heißt: »Lebe!«

Dabei macht die Kirche nicht nur helfende Diakonie. Sie übt auch politische Diakonie. Denn es geht der Kirche nicht nur darum, den Opfern des Unrechts und des Schicksals zu helfen. Ihr liegt vielmehr auch daran, dass es morgen weniger Opfer gibt. Sie sorgt sich damit um gerechtere und lebenswertere Verhältnisse für alle Menschen. Sie gibt, so der große Gründer der Katholischen Arbeiterbewegung, Kardinal Cardijn, den Hungernden nicht nur Fische, sondern lehrt sie fischen. Die wirksamste Form der Nächstenliebe ist die Politik. Angesichts einer sich heute in der Kirche breit machenden weltfremden Frömmigkeit wundert sich Papst Benedikt XVI.:

> »Oft fragt man sich wirklich, wie es kommt, dass Christen, die persönlich gläubige Menschen sind, nicht die Kraft haben, ihren Glauben politisch stärker zur Wirkung zu bringen.«[69]

Und wir heute?

Und nochmals zur Darstellung im Evangeliar. Zu diesen drei Gruppen des biblischen Ereignisses gesellt der Buchmaler noch Zeitgenossen. Sie unterscheiden sich deutlich in ihrer Kleidung von den biblischen Akteuren.

Das ist die diskrete Predigt des Benediktinermönchs. Er fordert durch das Bild den Betrachter, die Betrachterin auf: Lass auch du dich auf diese Bewegung des biblischen Geschehens ein. Steig nächtens mit Jesus auf den Berg, um mit Gott allein zu sein und die Gesinnungen des Herzens Gottes in dich aufzunehmen. Und wenn du dann in den hellen Tag eintrittst, komm vom Berg herab und geh – hinter Jesus her – auf jene Menschen zu, die heute »Aussätzige« sind. Auch heute sind viele am Rand des Lebens und der Gesellschaft. Sie sind »down«, knieweich, unten.

Der »Aussatz«, das Ausgesetztsein, mag heute neue Gesichter haben, aber vor allem in seiner sozialen Zerstörungskraft ist er nach wie vor am Werk. Menschen werden diskriminiert. Große Teile der Menschheit hungern und dürsten. Es gibt Kranke, Pflegebedürftige, Kinder, welche das angestrengte Leben der Erwachsenen stören. Menschen sind in Gefahr, in reichen Gesellschaften »überflüssig« zu werden (Hans Magnus Enzensberger[70]). Die menschheitsalten Diskriminierungen sind längst nicht überwunden: zwischen Juden und Griechen (die rassistische), Sklaven und Freien (die ökonomistische) und zwischen Frauen und Männern (die sexistische) (vgl. Gal 3,28). Ein Traum von Kirche: Zumindest auf dem Boden der Kirche darf es solche menschheitsalten Diskriminierungen nicht geben – sind wir doch »einer«, nämlich »Christi Leib« geworden.

Manch eine und manch einer mag fragen, wo er oder sie selbst in diesem Bild »vorkomme«. Eine erste Erfahrung mag sein: In dem Aussätzigen, welcher der Heilung durch Jesu Berührung bedarf. Der Malermönch aber versetzt uns auch in die Gruppe hinter Jesus. Als Geheilte können wir heilsam werden für andere. Eine Vision für unsere Kirche!

Was dürfen wir hoffen?

Das ist die Kernbotschaft (Kerygma) des Christentums: Die Vollendung der Schöpfung, die als »Auferstehung« in Jesus begann und die ihn zum Christus machte (Apg 2,36), wird den gesamten Kosmos erfassen, wodurch aus dem auferstandenen Jesus als Erstgeborenem der allumfassende kosmische Christus wird.

Ist das, wie die biblischen Texte, die Mystikerinnen und Mystiker, die Theologen und Theologinnen von Jahrhunderten gefragt haben, nur ein Plan, von dem offen ist, wie er ausgeht? Der alexandrinische Theologe Origenes meinte in seiner Lehre von der »apokatastasis panton« sicher sein zu können, dass es eine Allerlösung gibt. Christus wird am Ende als das Haupt der Kirche und das Haupt der Menschheit alle Menschen vereinen und zum Heil führen. Die Kirche ist ihm auf diesem Weg nicht einfachhin gefolgt. Zwar hat die Kirche nie dogmatisch gelehrt, dass jemand in der Hölle sei, weder Judas noch Hitler oder Stalin. Sie hat aber – unter Johannes Paul II. geradezu euphorisch und ungehemmt – feierlich erklärt, dass viele als Selige und Heilige im Himmel sind.

Die Heilige Schrift, auch die Worte Jesu, sind auf den ersten Blick diesbezüglich ambivalent. Einerseits stehen in den Gerichtsreden der Bibel dunkle und bedrohliche Texte. Diese wurden oft moralpolitisch herausgekehrt, um die Menschen vom bösen Handeln abzuhalten und für das Gute zu rüsten. Andererseits finden sich gegenläufige Texte, die hell und voller Hoffnung sind, dass Gott nicht nur das Heil aller Menschen will (1 Tim 2,4), sondern dieses Ziel auch erreicht:

>Wenn ihm dann alles unterworfen ist, wird auch er, der Sohn, sich dem unterwerfen, der ihm alles unterworfen hat, damit Gott alles in allem sei.« (1 Kor 15,28, ähnlich 8,6; Röm 11,36)

>Was dürfen wir hoffen?«, so fragte Hans Urs von Balthasar, der sicherlich nicht eines theologischen Libertinismus verdächtigt werden kann.

Auch er kennt die bedrohlich klingenden Reden Jesu, hört die Gerichtsszene von der endgültigen Teilung der Menschheit in Gute und Böse, in handfest Liebende und solche, welche in der Liebe nicht gereift sind. Warum aber sind sie nicht gereift? Warum ist Hitler geworden, wie er dann war? Und warum sagt Jesus in seiner Gerichtsrede: »Völker werden vor das Gericht gezogen«? Und jene mit dominantem Fremdenhass – werden diese hören: »Ich war fremd und obdachlos und ihr habt mich nicht aufgenommen« (Mt 25,35)?[71]

Könnte der Sinn der bedrohlichen Gerichtsreden Jesu nicht darin bestehen, dass er uns sagt: »Das kann euch allen passieren«, »Das stellt sich ein, wenn ausreift, was im Menschen ist.« Aber gerade um diesen höllischen Ausgang zu verhindern, setzt sich Gott für den guten Ausgang ein. Um die Menschheit als Ganze zu retten, wird er Mensch, um darin schon die »Natur des Menschen zu heilen«, so die Theologie der Kirchenväter nach dem Axiom: »Was er angenommen hat, das hat er auch erlöst« (Ignatius von Antiochien).[72] »Die menschliche Natur« – das ist, was uns Menschen gemeinsam ist. Sie drückt eine tiefe Verwobenheit aller in der einen Menschheit aus. Das ist ein Wissen um den Menschen, das den heute weit verbreiteten Individualismus überwindet. Und nur auf dem Hintergrund dieser Verwobenheit und Einheit kann man theologisch erklären, dass alle seit Adam und Eva in einer gemeinsamen Schuldgeschichte gefangen sind. Zu Recht kennt daher die Bibel »eine sinnlose, von den Vätern (und Müttern) ererbte Lebensweise« (1 Petr 1,18). Und die Wissenschaften vom Menschen lassen keinen Zweifel daran, dass wir unentrinnbar als einzelne Menschen in eine Geschichte voller Prägungen einbezogen sind. Die Gesellschaft, so eine wissenssoziologische Formel,

Abbildung 10

ist ebenso ein Produkt des Menschen wie der Mensch ein Produkt der Gesellschaft ist.[73]

Die paulinische Theologie wendet im Römer- wie im Korintherbrief dieses Wissen aber nicht nur auf die dunkle Seite der Menschheitsgeschichte an. »Doch anders als mit der Übertretung verhält es sich mit der Gnade; sind durch die Übertretung des einen die vielen dem Tod anheimgefallen, so ist erst recht die Gnade Gottes und die Gabe, die durch die Gnadentat des einen Menschen Jesus Christus bewirkt worden ist, den vielen reichlich zuteil geworden.« (Rom 5,15)

> »Da nämlich durch einen Menschen der Tod gekommen ist, kommt durch einen Menschen auch die Auferstehung der Toten.« (1 Kor 15,21 f.)

Der Kirchenlehrer Gregor von Nyssa argumentiert in die gleiche Richtung: Wie der barmherzige Samariter[74] beugte sich Christus zu dem vom Tod verwundeten Menschen nieder, reichte ihm die Hand, nahte sich damit (Mensch werdend) unserer Sterblichkeit, hat diese gleichsam ausgetrunken.[75]

In Jesus nimmt also Gott »die menschliche Natur« an. Er geht in seinem Menschsein den Weg aller Menschen, wird erwachsen, tritt öffentlich auf, erfüllt seine Berufung, geht durch Leid und Tod, und in all dem erweist er sich als ein Liebender: »Eine größere Liebe hat niemand, als wer sein Leben hingibt für seine Freunde.« (Joh 15,13) Und er erwartet, dass wir ihm auf seinem Weg nachfolgen.

Die Frage kann also nicht sein, was wir Menschen aus eigener Kraft zu leisten vermögen. Es kommt auf Gott an. Der babylonische Talmud erzählt das so:

»Zwölf Stunden hat der Tag;

in den ersten drei Stunden sitzt der Heilige, gebenedeiet sei er,

und befasst sich mit der Gesetzeslehre,

in den anderen sitzt er und richtet die ganze Welt,

und sobald er sieht, dass die Welt die Vernichtung verdient,

erhebt er sich vom Stuhl des Rechts

und setzt sich auf den Stuhl der Barmherzigkeit;

in den dritten sitzt er und ernährt die ganze Welt,

von den gehörnten Büffeln bis zu den Nissen der Läuse;

in den vierten sitzt der Heilige, gebenedeiet sei er,

und scherzt mit dem Levjathan,

denn es heißt: ›Der Levjathan, den du geschaffen hast,

um mit ihm zu spielen!‹«[76]

Wenn nur das zählt, was wir Menschen im Tod vor Gott bringen, hat niemand eine Chance (außer dem einen: dem Menschensohn). Wir werden durch Erbarmen gerettet. »Wie durch Feuer hindurch«, das Feuer der göttlichen Liebe – das wir als Fegfeuer für viele moralisierend dunkel bebildert haben. Für jede und jeden ist es Gottes heilende Liebe, die sie, die ihn rettet. Ist es ihm zuzutrauen, dass es am Ende einen umfassenden Sieg über den Tod und die an ihn angebundenen Mächte von Sünde, Schuld, Teufel gibt? Kann der Sieg Gottes vollendet sein, wenn es neben der guten Schöpfung noch einen teuflisch beherrschten Bereich gibt?

Die griechischen Kirchenväter hatten solches Vertrauen in die Rettung von allem durch Gottes Handeln und haben diesen Glauben vor allem in der Liturgie gefeiert. Ostern ist für die östliche Tradition nicht allein die Auferstehung aus dem Grab, dargestellt mit dem Siegerfoto Jesu und der glorreichen Siegesfahne. Nein: Das Geheimnis der Auferstehung zeigt sich für die ostkirchliche Liturgie in der »Hadesfahrt«[77].

Wie der liebende Spielmann Orpheus im griechischen Mythos steigt Christus als allererstes in den Hades: die Unterwelt, den Herrschaftsbereich von Tod und Teufel, in die Hölle (präziser als heute im Glaubensbekenntnis gesprochen heißt es ursprünglich: »hinabgestiegen zur Hölle«).

Abbildung 11

Auferstehung bedeutet, dass Er die Pforten der Unterwelt zerbricht und Eva und Adam – sie stehen für die eine Menschheit – aus dem Hades mit sich zieht. Die Riegel des Hades, die niemand hatte öffnen können, liegen nun zerbrochen unter seinen Füßen. Er hat sie gesprengt. Darum betet die österliche Liturgie:[78]

»Zum Hades bist Du, mein Erlöser, hinabgestiegen und hast seine Pforten als Allmächtiger zertrümmert, hast als Schöpfer die Verstorbenen mitauferweckt und, Christus, den Stachel des Todes zerbrochen und Adam vom Fluch erlöst, Du Menschenfreund. Darum rufen wir alle: Rette uns, Herr!«

Natürlich haben sich die Kirchenväter Gedanken darüber gemacht, wie die Sanierung, die Heilung der Menschen geschieht, die schuldbeladen, als »unvollendete Symphonien« im Tod vor Gott hintreten. Gott stehen in seiner heilenden Liebe nach ostkirchlicher Lehre drei Möglichkeiten zur Verfügung, sündige Menschen zu retten. Die erste ist das reinigende Wasser der Taufe. Die zweite ist der Tod, also die Trennung der unheilen Seele von jenem Leib, welcher in seiner Dynamik am Sündigwerden beteiligt ist. Tod kann von der Sünde frei machen. Schließlich gibt es für jene, die durch beide Vorgänge nicht geheilt werden können, weil das Böse zu tief in sie eingegraben ist, die »ewige Hölle« als einen Ort der finalen Reinigung, der schmerzlichen Heilung, in welcher der sündige Mensch alle Folgen seiner Taten am eigenen Leib durchleiden muss, aber gerade durch dieses Leiden geläutert werden kann. Elisabeth Kübler-Ross hat darüber spekuliert, ob vielleicht durch das Durchleiden aller Leiden von Auschwitz auch für Hitler noch Heil offenstehen kann. Und wenn Gott auch auf diesem langen Heilungsweg nicht zu seinem Ziel kommt, so Gregor von Nyssa, dann kann man noch auf die letzte Chance hoffen, die Gott hat, um Menschen zu retten: auf den »Feuersee«, von dem die Geheime Offenbarung (20,14 f.) spricht:

> »Diejenigen Menschen hingegen, deren Leidenschaften sich verhärteten und die kein Mittel zur Reinigung der Befleckung anwandten: weder das geheimnisvolle Wasser, noch die Anrufung der göttlichen Macht, noch reumütige Besserung, müssen ebenfalls in jenen Zustand gelangen, der ihrem Wesen entspricht – dem ungeläuterten Golde aber entspricht nur der Schmelzofen –, damit das ihnen beigemengte Böse ausgeschieden werde und sie so später nach langen Zeitläuften für Gott noch Rettung finden. Da also eine reinigende Kraft im Wasser wie auch im Feuer liegt, so bedürfen diejenigen, welche durch das geheimnisvolle Wasser den Schmutz der Unreinheit abgewaschen haben, des zweiten Reinigungsmittels nicht mehr; jene dagegen, welche der Weihe durch das Wasser der Reinigung nicht teilhaftig wurden, müssen durch Feuer geläutert werden.«[79]

Die ostkirchliche Tradition hat also – was den Ausgang der Heilsgeschichte betrifft – einen heilsoptimistischen Grundton[80], sie schließt nicht aus, dass am Ende eine Vollendung steht, in der das Heil aller Wirklichkeit wird und sich damit Gottes Plan für die Menschheit erfüllt. Die westliche Christenheit war unter dem Einfluss Augustins eher heilspessimistisch. Er sah in denen, die das Heil nicht erlangen, eine »massa damnata«[81] eine Gemeinschaft, an der Gott seine Gerechtigkeit erweist und die damit zum ewigen Unheil bestimmt ist. Es sind nur wenige, die Gott zum Heil bestimmt hat. An ihnen erweist er seine Barmherzigkeit. Sie sollen die Zahl der gefallenen Engel ausgleichen und so die heilsökonomische Harmonie wieder herstellen.

Das Zweite Vatikanische Konzil hat sich auch in dieser Frage der ostkirchlichen Glaubenstradition geöffnet. Karl Rahner sieht nicht zuletzt darin die bleibende Bedeutung des Zweiten Vatikanischen Konzils, dass wir – von der Kirche unwidersprochen – »fragen dürfen, ob wir hoffen dürfen, dass Gott am Ende alle rettet«. Hier ein längerer Ausschnitt von Karl Rahners Reflexion auf den konziliaren Heilsoptimismus:

»Das eben Angedeutete kann noch vertieft und radikalisiert werden, um zu sehen, was dieses Konzil für die Kirche trotz all der Uninteressiertheit der Christen bedeutet. Auch wenn man Augustinus bei der ungeheuren Vielfalt seiner Theologie durch die folgende Charakterisierung Unrecht tut, auch wenn nicht verkannt werden darf, daß die Geschichte des Glaubensbewusstseins der Kirche in vielen kleinen Schritten von ihm zu uns weitergegangen ist, auch wenn, wie schon gesagt, an dem hier gemeinten Wandel des Glaubensbewusstseins der Kirche viele geschichtliche Ursachen als Katalysatoren mitgewirkt haben, so kann man doch sagen: Augustinus hat eine Betrachtung der Weltgeschichte inauguriert und sie die Christenheit gelehrt, in der aus der Unbegreiflichkeit der Verfügung Gottes heraus die Weltgeschichte die Geschichte der »massa damnata« blieb, aus der letztlich nur wenige durch eine selten gegebene Auserwählungsgnade gerettet wurden. Die Welt war für ihn finster und nur schwach erhellt durch das Licht der Gnade Gottes, deren Ungeschuldetheit sich in ihrer Seltenheit manifestierte. Wenn Augustin auch da und dort einmal wusste, daß viele in der Kirche sind, die draußen zu sein scheinen und umgekehrt, so war doch für ihn der Kreis derer, die gerettet und selig werden, fast identisch mit dem der christlich und kirchlich explizit Glaubenden. Die übrigen bleiben auf Grund eines unbegreiflich gerechten Gerichts Gottes in der »massa damnata« der Menschheit, und im Ganzen birgt doch die Hölle das Ergebnis der Weltgeschichte.

Dieser Heilspessimismus Augustins wurde in einem unsäglich mühsamen Prozess im theoretischen und existentiellen Bewusstsein der Kirche umgebaut und langsam verwandelt. Von den Feuerqualen der ungetauft sterbenden Kinder bis zur Abschaffung des »Limbus«

durch die heutigen Theologen, obwohl ein Entwurf für das Konzil diesen Limbus noch lehren wollte, war ein ungeheuer langer Weg. Aber alle diese Stück für Stück errungenen Einsichten eines Heilsoptimismus, der nur an dem bösen Willen des einzelnen Halt macht und dabei hofft, daß die Macht der Gnade diese Bosheit noch einmal in freie Liebe zu Gott verwandelt, diese Einsichten hatte die Kirche bis zum Konzil noch nicht eigentlich mit einer letzten Entschiedenheit ratifiziert und gelehrt.

Das Konzil aber sagt, daß selbst der, der meint Atheist sein zu sollen, mit dem österlichen Geheimnis Christi verbunden ist, wenn er nur seinem Gewissen folgt, daß jeder Mensch in einer Weise, die nur Gott kennt, mit dessen Offenbarung in Berührung steht und wirklich, im theologischen Sinn einer heilshaften Tat, glauben kann. Da wird gesagt, daß auch die, die in Schatten und Bildern den unbekannten Gott suchen, dem wahren Gott nicht fern sind, der will, daß alle Menschen gerettet werden, wenn sie nur ein rechtes Leben zu führen sich bemühen. Da wird betont, daß die Kirche nicht so sehr die Gemeinschaft der allein Geretteten ist, sondern das sakramentale Ur-Zeichen und die Keimzelle des Heils für die ganze Welt.

Natürlich könnte man sagen, daß dieser universale Heilsoptimismus des Konzils auch hypothetisch bleibe, daß er beim Einzelnen durch seine letzte Schuld scheitern könne, daß er so hypothetisch auch schon vor dem Konzil normale Lehre der Kirche gewesen sei. Nun ist richtig, daß die Kirche auch nach dem Konzil keine Allversöhnung (Apokatastasis) verkündigt und daß sie schon vor dem Konzil einen universalen Heilswillen gelehrt hat. Aber diese vorkonziliare Lehre war sehr abstrakt gedacht und mit nicht wenigen Wenn und Aber versehen, die nach dem Konzil nicht mehr aufrechterhalten werden können. Das Konzil hat die Lehre vom »Limbus« der ungetauft gestorbenen Kinder mit Stillschweigen begraben; es hat kühn eine eigentliche Offenbarung und dadurch eine eigentliche Glaubensmöglichkeit auch dort postuliert, wohin die christliche Verkündigung nicht gelangt; es hält nicht einmal ein Bekenntnis zum Atheismus für einen eindeutigen Beweis der Heillosigkeit eines Menschen, was gewiss nicht mit der traditionellen Lehre vor dem Konzil übereinstimmt.

Dazu kommt folgendes: Man kann sagen, daß man in der Theorie und auch weitgehend in der religiösen Praxis diejenigen zunächst als schuldig erachtete (wenn auch nicht in einem absoluten Satz verurteilte), die objektiv zum Christentum und zur Kirche im Widerspruch standen, wenigstens dort, wo man sie nicht unter die religiös ganz Primitiven zählen konnte. Eine solche Haltung war so unverständlich nicht, wie es heute scheint. Wenn nach der Lehre des Ersten Vatikanums für die Existenz Gottes, für die Offenbarung und für die göttliche Stiftung der Kirche klare, eindeutige, allen Zeiten und Menschen zugängliche Argumente bestehen, dann lag der Schluss nicht fern, daß man sich solchen Argumenten nur schuldhaft verschließen könne, und daß man darum zunächst von der Schuld der Häretiker und Nichtchristen auszugehen habe.

Zweifellos kann in den Dekreten des Zweiten Vatikanums und bei all dem, was sich um das Konzil herum ereignete, von einer solchen Annahme nicht mehr die Rede sein. Der Papst umarmt nichtkatholische Kirchenführer und Heiden; ein römischer Kardinal erklärte in Tunis, Muhammed sei ein echter Prophet gewesen; alle ökumenischen Gespräche setzen voraus, daß alle Gesprächspartner in der Gnade Gottes leben. Bei aller Ablehnung einer theoretischen Allversöhnungslehre geht die Kirche im Konzil und in ihrem praktischen Verhalten davon aus, daß die Gnade Gottes der freien Entscheidung des Menschen nicht nur angeboten wird, sondern daß sie sich in dieser Freiheit auch weitgehend, universal durchsetzt. Diese Haltung der Kirche hat natürlich eine lange Geschichte ihres Werdens. Sie ist aber im Zweiten Vatikanum deutlich und unumkehrbar geworden; denn eine solche Hoffnung kann zwar wachsen, aber eigentlich nicht mehr abnehmen. Früher fragte die Theologie ängstlich, wie viele aus der ›massa damnata‹ der Weltgeschichte gerettet werden. Heute fragt man, ob man nicht hoffen dürfe, daß alle gerettet werden. Eine solche Frage, eine solche Haltung ist christlicher als die frühere und ist die Frucht einer langen Reifungsgeschichte des christlichen Bewusstseins, das sich langsam der letzten Grundbotschaft Jesu vom Sieg des Reiches Gottes nähert. Eine solche Haltung mag dem liberalistisch-bourgeoisen Spießer von heute selbstverständlich vorkommen, weil er nichts von der Unbegreiflichkeit der Gerichte Gottes und von dessen verzehrender Heiligkeit weiß und darum meint, die Botschaft von der siegreichen Gnade Gottes in der Welt sei das, womit Gott sich vor dem Tribunal des Menschen vielleicht gerade noch rechtfertigen könne. Wer aber von fern ahnt, wer Gott ist, wer die entsetzliche Finsternis der Menschheitsgeschichte wirklich mitempfindet, für den ist der universale Heilsoptimismus, zu dem sich die Kirche durchgerungen hat, eine fast erschreckende Botschaft, die die letzte Kraft seines Glaubens herausfordert.«[82]

Heilstheologie und Kirchengestalt

Dieses Nachdenken über den Ausgang der Geschichte ist für die Berufung und den Auftrag der Kirche, ihre Verkündigung und ihre Arbeitsweise und ihre Sozialgestalt von folgenreichem Belang.[83]

Exklusives Kirchenbild

Ist die Grundstimmung heilspessimistisch, dann ist das Kirchenbild zumeist »exklusiv«. Die wenigen, die aus der »massa damnata« herausgenommen und gerettet werden, sind jene, welche an Christus glauben, getauft wurden und damit von Erbsünde und aller persönlichen Schuld befreit und in die Kirche eingegliedert worden sind. Damit sie dazu bereit sind, muss das Evangelium verkündigt werden. Um gerettet zu werden, müssen sie im Herzen glauben und gläubige Bekenner werden: »Denn wenn du mit deinem Mund bekennst: ›Jesus ist der Herr‹ und in deinem Herzen glaubst: ›Gott hat ihn von den Toten auferweckt‹, so wirst du gerettet werden.« (Röm 10,9) Und nur »Wer glaubt und sich taufen lässt, wird gerettet; wer aber nicht glaubt, wird verdammt werden.« (Mk 16,16)

Es ist klar, dass damit der Kirche eine *fast untragbare Heilsverantwortung* aufgelastet ist. Diese Verantwortung wurde durch einen nahezu übermenschlichen Einsatz in der Weltmission wahrgenommen. Dabei haben die Missionare, wie ein »seelendurstiger« Franz Xaver (1506–1552)[84] oder ein Peter Chanel (1803–1841)[85], angesichts ihrer begrenzten Missionserfolge für die nicht Bekehrten die Verdammnis befürchtet und zusammen mit den neu Getauften über deren Ahnen geweint, die die Botschaft noch nicht haben hören und Glauben und Heil nicht haben annehmen können. Und da die Heilslage ernst und eine schnelle Entscheidung notwendig war, konnte man in der Wahl der Mittel nicht gerade zimperlich sein. Die oft blutige Eroberungsgeschichte der Missionierung[86] konnte sich in der Rechtfertigung von gewaltsamen Bekehrungsmitteln durchaus auf die landläufige Seelsorgstheologie stützen. Unter Berufung auf das Gleichnis vom Gastmahl (Lk 14,23: »compelle intrare«, »zwinge sie herein«) hielt man es für gerechtfertigt, Menschen zu zwingen, durch die Taufe in die Kirche einzutreten.[87] So wie in den Missionen musste auch in Europa die Seelsorge nicht nur an allen Menschen interessiert sein, sich an alle öffentlich wenden und möglichst viele zu gewinnen suchen. Vielmehr wurde in Zeiten einer engen Verflechtung von Staat, Kirche und Gesellschaft, also *in Zeiten »obrigkeitlicher Pastoral«*[88], das Netz so eng und *flächendeckend* geknüpft, dass *jeder erfasst* wurde. Man sah es oft auch als Aufgabe der Gesellschaft an, eine christlich-religiöse Praxis zu fördern oder gar zu erzwingen. Es sollte ja um des Heils der Menschen willen geschehen.

Heute, da staatliche Unterstützung und kulturelle Selbstverständlichkeit praktisch nirgendwo mehr gegeben sind, wird immer wieder von Verantwortlichen die alte Frage gestellt: Wie kommen wir an alle Menschen heran, *wie können wir sie wieder alle »erfassen«?* Nachhaltig wirkt sich das Prinzip, dass im Grund alle Menschen getaufte Kirchenmitglieder sein müssten, um eine reale Heilschance zu bekommen, in der Interpretation kirchlicher Statistiken aus: Stets wird von den erwünschten 100 % ausgegangen; und dann sind es eben »nur noch« 30 % oder nach Jahren »nur noch« 25 % oder 10 %, die »praktizieren«.

Aus demselben Grund sollen dann auch die Kinder in einem Alter gefirmt werden, wo sie noch alle erfasst werden; wir »führen« sie dann geschlossen zu Schulbeichten, zu Schulmessen, was gewiss alles seinen Sinn haben mag, aber nicht zuletzt doch aus der Grundvorstellung der Seelsorge erwächst, dass die Menschen um ihres Heiles willen möglichst vollzählig mit der Kirche und ihren Sakramenten in Berührung kommen sollen.

Eine zentrale Rolle spielt in diesem Seelsorgskonzept der *Klerus*, die Priester. Sie sind die »Verwalter der Sakramente«, die Ausspender der Gnaden. Otto Semmelroth hat das so charakterisiert:

> »Das Verhältnis der Kirche zu den Handlungen der einzelnen Sakramente wird oft mit dem sehr missverständlichen Ausdruck wiedergegeben, die Kirche habe die Sakramente zu verwalten, man kann das nicht einfachhin leugnen. Aber dieser Ausdruck legt sehr leicht die Vorstellung von einem Depot nahe, in dem Werkzeug und Utensilien aufbewahrt liegen, um dem, der ein Recht auf ihren Gebrauch nachweisen kann, vom ›Depotverwalter‹ ausgeliefert zu werden. Da wendet der, dem es um den Gebrauch der gelagerten Gegenstände geht, sich nicht deshalb an den Depotverwalter, weil ihm am Zusammen-

treffen mit diesem etwas läge. Sein Interesse richtet sich auf die Gegenstände, die er in Gebrauch nehmen will. Das Depot interessiert ihn nur, weil die Gegenstände nun einmal dort gelagert sind; und der Verwalter nur deshalb, weil er den Zugang dazu öffnen und verschließen kann. Für den Depotverwalter umgekehrt haben die Gegenstände des Depots selber keine Bedeutung, es sei denn die sehr äußerliche, dass ihm deren Verwaltung den Lebensunterhalt einbringt«.[89]

Die Priester erscheinen in diesem Kirchenbild als »Mittler« zwischen Gott und den Menschen. Um sie kommt kein Kirchenchrist herum, der an Heil und Gnade interessiert ist, wie er eben auch um die Sakramente und damit auch um die Kirche nicht herumkommt. Cyprians Satz »extra ecclesiam nulla salus«[90], außer der Kirche kein Heil, wird dann zu einem »außerhalb der Sakramente« und »*ohne die Priester kein Heil*«. In einer Primizpredigt aus dem Jahre 1933 hört sich dies dann so an:

> »Meine Lieben! Es ist nicht belanglos für euer Seelenheil, wie ihr euch zu eurem Pfarrer stellt. In seiner Person ist die kirchliche Autorität verkörpert ... Die höchste kirchliche Autorität, den hl. Vater, bekommt ihr wohl nie zu Gesicht in eurem Leben, die nächst höhere, den Bischof, nur selten; aber den Pfarrer seht ihr oft genug, zum wenigsten an den Sonntagen. Hinter ihm stehen Bischof und Papst, ja der Sohn Gottes selbst; durch ihn spricht die lehrende Kirche zu euch, durch ihn seid ihr mit dem Bischof und mit dem Papst in Eintracht und Liebe verbunden. Wie er dem Bischof anhängt und der Bischof dem Papst, so müsst ihr ihm anhängen. Vom Papst, dem Statthalter Christi ... fließt der Strom der Gnade und Wahrheit unverfälscht und unvermindert in eure Seelen. Der Pfarrer ist da nicht zu umgehen; er zweigt gewissermaßen den Strom vom Überlandwerk für die Gemeinde ab und macht ihn für die Abnehmer gebrauchsfähig.«[91]

Das Heilswerk Gottes zur Tilgung der Erbsünde und aller persönlichen Sünden nimmt in diesem Rahmen die Vorstellung von einer heiligen Ordnung (einer »Hierarchie«) an: Das Heil gelangt von Gott über Christus zum Papst, von dort zu den Bischöfen und zu den Priestern, welche es schließlich den Laien durch die Heilsmittel der Sakramente zuteilen. Der Priester ist »das den Gläubigen zugewandte Gesicht der Hierarchie«.[92]

Damit ist auch schon die Stellung der einfachen Kirchenmitglieder, der *Laien* in diesem Kirchenbild umschrieben. Während die Priester ausspenden, empfangen sie das Wort und die Sakramente. Während sich die einen sorgen, werden sie versorgt. Aus der Ordination der einen folgt die

Subordination der anderen. Im Grunde sind sie damit in ihrem Heil vollständig von den Priestern (= Kirche = Sakramente) abhängig. So ist es auch verständlich, dass im »Kirchenlexikon« des Jahres 1851 unter dem Stichwort »Laien« lapidar steht: »Siehe Clerus«. Und in diesem Artikel über den Clerus[93] konnte man dann lesen: »*Ein Laienpriestertum kann im Ernste von Niemandem behauptet werden. Es ist ein Zeichen großer Geschmacklosigkeit und exegetischer Verirrung, aus 1 Petr 2,5.9[94] (sacerdotium sanctum ... genus electum, regale sacerdotium, gens sancta, populus acquisitionis) ein solches construieren zu wollen. Es ist klar, dass hier nur von einem uneigentlichen, höchstens secundären Priesterthum der Gläubigen die Rede ist, welches die Existenz des wahren und wirklichen Priesterthums voraussetzt.*«

Freilich, in den letzten Jahren hat sich das Bild der katholischen Kirchengemeinde verändert. *Laien sind vielfach aktiv geworden. Aber wiederum ist zu fragen: Aus welchem theologischen Selbstverständnis heraus?* Manche Priester und Laien sehen die Mitarbeit der Laien durchaus immer noch im Rahmen der herkömmlichen Seelsorgskonzeption. Weil den Priestern die Arbeit zu viel wird, benötigen sie *pastorale Hilfsarbeiter*, Mitarbeiter. Umgekehrt arbeiten viele Laien nicht aus eigenen Stücken, auf Grund unabtretbarer eigener Verantwortung[95], sondern nur, wenn man ihnen Aufgaben überträgt, delegiert, solange die Arbeit zu viel und die Priester zu wenige sind.

Inklusives Kirchenbild

Dass das Zweite Vatikanische Konzil in seiner Grundstimmung heilsoptimistisch ist, zeigt sich auch an seinem »Kirchenbild«. Dieses ist jetzt nicht mehr exklusiv, sondern inklusiv, d. h. es schließt nicht mehr aus, sondern ein. Und das nicht im Sinn einer übergriffigen »Vereinnahmung«, sondern im Wissen um Gottes großzügige »Verausgabung« an alle.

Dieses inklusive Kirchenbild zeigt sich schon daran, dass es ein eigenes Dekret über das Verhältnis der Kirche zu anderen Religionen gibt. Es hat die Anfangsworte »Nostra aetate«. Darin kommt die hohe Wertschätzung vor dem Handeln Gottes auch in diesen Religionen zum Ausdruck. Das Konzil glaubt fest, dass es Heilswege Gottes mit Menschen gibt, die nicht zur sichtbaren (katholischen) Kirche gehören.

»Von den ältesten Zeiten bis zu unseren Tagen findet sich bei den verschiedenen Völkern eine gewisse Wahrnehmung jener verborgenen

Macht, die dem Lauf der Welt und den Ereignissen des menschlichen Lebens gegenwärtig ist, und nicht selten findet sich auch die Anerkenntnis einer höchsten Gottheit oder sogar eines Vaters. Diese Wahrnehmung und Anerkenntnis durchtränkt ihr Leben mit einem tiefen religiösen Sinn. Im Zusammenhang mit dem Fortschreiten der Kultur suchen die Religionen mit genaueren Begriffen und in einer mehr durchgebildeten Sprache Antwort auf die gleichen Fragen. So erforschen im Hinduismus die Menschen das göttliche Geheimnis und bringen es in einem unerschöpflichen Reichtum von Mythen und in tiefdringenden philosophischen Versuchen zum Ausdruck und suchen durch aszetische Lebensformen oder tiefe Meditation oder liebend-vertrauende Zuflucht zu Gott Befreiung von der Enge und

Beschränktheit unserer Lage. In den verschiedenen Formen des Buddhismus wird das radikale Ungenügen der veränderlichen Welt anerkannt und ein Weg gelehrt, auf dem die Menschen mit frommem und vertrauendem Sinn entweder den Zustand vollkommener Befreiung zu erreichen oder – sei es durch eigene Bemühung, sei es vermittels höherer Hilfe – zur höchsten Erleuchtung zu gelangen vermögen. So sind auch die übrigen in der ganzen Welt verbreiteten Religionen bemüht, der Unruhe des menschlichen Herzens auf verschiedene Weise zu begegnen, indem sie Wege weisen: Lehren und Lebensregeln sowie auch heilige Riten.

Die katholische Kirche lehnt nichts von alledem ab, was in diesen Religionen wahr und heilig ist. Mit aufrichtigem Ernst betrachtet sie jene Handlungs- und Lebensweisen, jene Vorschriften und Lehren, die zwar in manchem von dem abweichen, was sie selber für wahr hält und lehrt, doch nicht selten einen Strahl jener Wahrheit erkennen lassen, die alle Menschen erleuchtet.« (Nostra aetate 2)

Das Konzil sieht aber nicht nur eine Nähe der verschiedenen Religionen zum göttlichen Geheimnis. Es lehrt auch, dass durch sie die Menschen auf einem Weg zu Gott hin leben. In all dem zeigt sich eine Bezogenheit auf Kirche, die Gottes Heilswirken enthüllt und voranbringt: Diese Kirche nennt das Konzil »katholisch« (alle umfassend), nicht weil sie alle gegen deren Willen vereinnahmt, sondern weil sie sich selbst als Zeichen und Werkzeug in der Bewegung der Menschheit auf ein alle umfassendes Ziel hin versteht. Insofern alle Menschen Teil dieser universalen Bewegung sind, sind auch alle in einer vielfältigen Weise auf diese alle umfassende Kirche bezogen. Diese Kirche aller Geretteten ist nicht deckungsgleich mit der Kirche, wie sie jetzt sichtbar und als Institution durch die Zeit pilgert. Aber die in der Geschichte existierende und gesellschaftlich fassbare Kirche weist auf diese umfassende (und in diesem Sinn katholische) Kirche hin und trägt zu deren Wachstum bei. Dabei zeigen sich ganz unterschiedliche Bezogenheiten und Hinordnungen von Menschen auf die konkret-sichtbare Kirche:

»Zu dieser katholischen Einheit des Gottesvolkes, die den allumfassenden Frieden bezeichnet und fördert, sind alle Menschen berufen. Auf verschiedene Weise gehören ihr zu oder sind ihr zugeordnet die katholischen Gläubigen, die anderen an Christus Glaubenden und schließlich alle Menschen überhaupt, die durch die Gnade Gottes zum Heile berufen sind.

Den katholischen Gläubigen wendet die Heilige Synode besonders ihre Aufmerksamkeit zu. Gestützt auf die Heilige Schrift und die Tradition, lehrt sie, daß diese pilgernde Kirche zum Heile notwendig sei. Christus allein ist Mittler und Weg zum Heil, der in seinem Leib, der Kirche, uns gegenwärtig wird; indem er aber selbst mit ausdrücklichen Worten die Notwendigkeit des Glaubens und der Taufe betont hat (vgl. Mk 16, 16; Jo 3, 5), hat er zugleich die Notwendigkeit der Kirche, in die die Menschen durch die Taufe wie durch eine Türe eintreten, bekräftigt. Darum könnten jene Menschen nicht gerettet werden, die um die katholische Kirche und ihre von Gott durch Christus gestiftete Heilsnotwendigkeit wissen, in sie aber nicht eintreten oder in ihr nicht ausharren wollten.

Jene werden der Gemeinschaft der Kirche voll eingegliedert, die, im Besitze des Geistes Christi, ihre ganze Ordnung und alle in ihr eingerichteten Heilsmittel annehmen und in ihrem sichtbaren Verband mit Christus, der sie durch den Papst und die Bischöfe leitet, verbunden sind, und dies durch die Bande des Glaubensbekenntnisses, der Sakramente und der kirchlichen Leitung und Gemeinschaft. Nicht gerettet wird aber, wer, obwohl der Kirche eingegliedert, in der Liebe nicht verharrt und im Schoße der Kirche zwar »dem Leibe«, aber nicht »dem Herzen« nach verbleibt. Alle Söhne der Kirche sollen aber dessen eingedenk sein, daß ihre ausgezeichnete Stellung nicht den eigenen Verdiensten, sondern der besonderen Gnade Christi zuzuschreiben ist; wenn sie ihr im Denken, Reden und Handeln nicht entsprechen, wird ihnen statt Heil strengeres Gericht zuteil.

Die Katechumenen, die, getrieben vom Heiligen Geist, mit ausdrücklicher Willensäußerung um Aufnahme in die Kirche bitten, werden durch eben dieses Begehren mit ihr verbunden. Die Mutter Kirche umfasst sie schon in liebender Sorge als die Ihrigen.

Mit jenen, die durch die Taufe der Ehre des Christennamens teilhaft sind, den vollen Glauben aber nicht bekennen oder die Einheit der Gemeinschaft unter dem Nachfolger Petri nicht wahren, weiß sich die Kirche aus mehrfachem Grunde verbunden. Viele nämlich halten die Schrift als Glaubens- und Lebensnorm in Ehren, zeigen einen aufrichtigen religiösen Eifer, glauben in Liebe an Gott, den allmächtigen Vater, und an Christus, den Sohn Gottes und Erlöser, empfangen das Zeichen der Taufe, wodurch sie mit Christus verbunden werden; ja sie anerkennen und empfangen auch andere Sakramente in ihren eigenen Kirchen oder kirchlichen Gemeinschaften. Mehrere unter ihnen besitzen auch einen Episkopat, feiern die heilige Eucharistie und pflegen die Verehrung der jungfräulichen Gottesmutter. Dazu kommt die Gemeinschaft im Gebet und in anderen geistlichen Gütern; ja sogar eine wahre Verbindung im Heiligen Geiste, der in Gaben und Gnaden auch in ihnen mit seiner heiligenden Kraft wirksam ist und manche von ihnen bis im Schoße der Kirche zwar »dem Leibe«, aber nicht »dem Herzen« nach verbleibt. Alle Söhne der Kirche sollen aber dessen eingedenk sein, daß ihre ausgezeichnete Stellung nicht den eigenen Verdiensten, sondern der besonderen Gnade Christi zuzuschreiben ist; wenn sie ihr im Denken, Reden und Handeln nicht entsprechen, wird ihnen statt Heil strengeres Gericht zuteil.« (Lumen gentium 13 f.)

Dieses Kirchenbild umfasst einen die Menschheit umgreifenden Anfang und ist offen auf eine Erfüllung, die allen Menschen gilt und niemanden ausschließt. Gleichzeitig ist es an das historische Ereignis des Jesus von Nazareth, sein Leben, seine Verkündigung, seine Zeichen für das Anbrechen des Reiches Gottes, seinen Tod und seine Auferstehung rückgebunden. Durch diese sichtbare Anbindung an Jesus den Christus und seine Botschaft gewinnt die Kirche ihre Kontinuität, bleibt sie apostolisch und wird nicht zu einem Verein, den Menschen aus eigener Vollmacht und Entscheidung gegründet haben.

Pluralistisches Kirchenbild

In der gegenwärtigen theologische Diskussion findet sich verschiedentlich auch der Versuch, den Religionen und ihrer Heilsbedeutung dadurch gerecht zu werden, dass man diese Anbindung an die Person des Jesus von Nazareth lockert oder aufgibt und sich allein auf den kosmischen Christus konzentriert, der am Anfang der Menschheit und in ihrer Erfüllung steht, aber nicht, wie man dann sagt, in einer historischen Gestalt aufgehen kann. In dieser Vorstellung wird Jesus als der Christus für das Abendland verstanden, aber neben ihm können gegebenenfalls andere herausragende Gestalten als »Christusse« für andere Kulturkreise angenommen werden. Hier wird insbesondere auf Buddha verwiesen, der nach dieser Deutung den kosmischen Christus für Ostasien inkarniert, wie andere Religionsstifter oder Gestalten religiöser Verehrung diese Funktion für andere Kulturkreise erfüllen können.

In dieser Vorstellung stehen unterschiedliche religiöse Gemeinschaften nebeneinander, die nach dieser Deutung vom kosmischen Christus kommen und auf ihn hinführen, aber nicht mehr auf Jesus von Nazareth und seine Botschaft zurückgeführt werden können und müssen. Dabei wird nachdrücklich das umfassende Heil betont, das Gott allen Menschen bereitet hat, die Einmaligkeit der Gestalt Jesu und die Bezogenheit der Religionen auf die Kirche Jesu Christi kann dagegen kaum noch festgehalten werden.

Das Konzil hat diese pluralistische Vorstellung nicht vertreten, sondern die sichtbare, historisch und institutionell greifbare Kirche als »Sakrament, das heißt Zeichen und Werkzeug für die innigste Vereinigung mit Gott wie für die Einheit der ganzen Menschheit« bezeichnet (LG 1). Auch die hier vorgelegten Überlegungen verstehen sich nicht im Sinne eines solchen Pluralismus. Vielmehr sind sie von der Überzeugung geprägt, dass in Jesus dem Christus, in seinem Kreuz und in seiner Auferstehung das universale Heil, auf das die Menschheit zugeht, bereits in der Geschichte Wirklichkeit geworden ist. In ihm ist vorweg erfüllt, was der Menschheit als ganzer verheißen ist. In ihm hat die Zeitenwende bereits stattgefunden. Er ist der »Erstgeborene der Toten« (Kol 1,18), in ihm ist das kommende Heil schon anschaubar geworden.

Das Bild von der Kirche, über das hier nachgedacht wird, hat die sichtbare Gemeinschaft derer im Blick, die von Jesus dem Christus gerufen sind und durch sein Wort ermächtigt Zeugnis geben vom Reich Gottes, auf das wir zugehen und das in Christus schon angebrochen und unter uns wirkmächtig geworden ist. In der Suche nach der rechten Gestalt der Kirche sind wir an seine Botschaft verwiesen und auf das Zeugnis derer, die in immer neuen Herausforderungen versucht haben, sein Wort und seine Taten in jeweils konkreter geschichtlicher Praxis zu verwirklichen und davon Zeugnis zu geben, was er verkündet und gebracht hat.

Ebenso wenig wie ein pluralistisches wird aber auch ein exklusivistisches Kirchenbild vertreten, das rechte christliche Gemeinschaft allein in einer unmittelbaren Anbindung an das Wort Jesu sieht und meint, die heutige Gestalt der Kirche direkt aus der Heiligen Schrift entnehmen zu können.

Heil und Kirche(ngestalt)

Die bisherigen Überlegungen sollten verdeutlichen, dass das Thema des Heils aller Menschen und jenes von der Kirche unlösbar aufeinander bezogen sind. Soteriologie und Ekklesiologie sind wie theologische Geschwister, in der Lehre von der Kirche werden Theologie und ihre Botschaft vom Heil konkret. Dabei wurde und wird deren Beziehung unterschiedlich gedeutet. Dies kommt in klassisch gewordenen Formeln zum Ausdruck.

Eine Richtung betont ein »Extra ecclesiam nulla salus«. Ein solches Kirchenbild ist notgedrungen heilspessimistisch und exklusiv. Der Kirche bürdet es eine enorme Verantwortung für das Heil der Menschheit auf. Diese bedrängende Heilssorge konnte leicht auch in pastorale Gewalttätigkeit münden. Zwangsbekehrungen und Mord an Bekehrungsunwilligen waren schlimme Begleiterscheinungen dieser latenten Heilspanik.

Weit verbreitet ist heute unter religiös gestimmten Menschen die Vorstellung, alle Religionen seien gleich, alle führen diejenigen zum Heil, die in ihnen glauben und anständig leben. Auf die Frage, was mit jenen geschieht, die nicht anständig leben, den Sündern, denen am Rande, weiß man hier oft keine Antwort.

Im Unterschied zu diesen Konzepten geht die hier vorgetragene Ekklesiologie davon aus, dass nicht wir Menschen uns das Heil verdienen können und es auch nicht verdienen müssen, sondern dass Gott sein Heil schenkt, ohne menschliches Verdienst und ohne Vorleistung. Er hat es in der Geschichte seines Volkes bereitet, die im Leben und Sterben und in der Auferstehung Christi gipfelt. Von diesem Wendepunkt der Heilsgeschichte ausgehend wurde das Volk Gottes neu konstituiert. Es steht in der Erwartung, dass das, was in Christus schon geschehen ist, nämlich die Auferstehung zu einem Leben in Fülle, die Wirklichkeit als Ganze erfüllen und umfassen wird. Gott wird sein Heil in seiner Weisheit und seinem Erbarmen im Herzensgrund aller Menschen Frucht tragen lassen, nicht allein bei jenen, die formell der sozial verfassten Kirche angehören. Doch dies macht die sichtbare und verfasste Kirche nicht gleichgültig oder überflüssig. Vielmehr gilt es – und diesem Konzept folgen die in diesen Überlegungen formulierten Gedanken – die sichtbare Gemeinde, also die Kirche am Ort und die universale Kirche so zu gestalten, dass sie der Botschaft Jesu treu bleibt und gleichzeitig zum Zeichen für die Liebe Gottes zu allen Menschen zu werden vermag.

Wer so denkt, sieht Kirche oder zumindest eine rettende Grundbezogenheit zu Christus und seiner Kirche auch bei jenen, die nicht ausdrücklich zum Glauben an Christus kommen konnten: weil sie in vorchristlichen Zeiten oder nachchristlichen Kulturen lebten/leben. »Ubi salus, ibi ecclesia«, wo Heil ist, dort ist Kirche. Von dieser umfassenden und zugleich konkret werdenden Kirche spricht das Zweite Vatikanische Konzil in der dogmatischen Konstitution über die Kirche:

> Die Kirche »war schon seit dem Anfang der Welt vorausbedeutet; in der Geschichte des Volkes Israel und im Alten Bund wurde sie auf wunderbare Weise vorbereitet, in den letzten Zeiten gestiftet, durch die Ausgießung des Heiligen Geistes offenbart, und am Ende der Weltzeiten wird sie in Herrlichkeit vollendet werden. Dann werden, wie bei den heiligen Vätern zu lesen ist, alle Gerechten von Adam an, ›von dem gerechten Abel bis zum letzten Erwählten‹[96], in der allumfassenden Kirche beim Vater versammelt werden.« (Lumen gentium 2)

Teil 2: Kirche als Volk Gottes – Konstanten und Variablen

Die bisherigen Ausführungen hatten zum Ziel, die Rede von der Kirche in einen größeren heilstheologischen Kontext zu stellen. Auf diesem Fundament soll nunmehr in mehreren Schritten ausgeleuchtet werden, wie aus der jesuanischen Sammelbewegung in der Kraft des pfingstlichen Geistes Kirche geworden ist und wie sie jeweils in Bezug auf die Herausforderungen der Zeit und der unterschiedlichen Kulturen eine Antwort auf die Heilsfrage der Menschen gegeben und selbst als im Dienst dieser Antwort stehend jeweils neue Gestalt angenommen hat.

Ekklesiologische Ansätze in den neutestamentlichen Schriften

Jesus und die Kirche

Bei einem Blick ins Neue Testament fällt auf, dass der Begriff ekklesia, also Kirche, aus dem Mund Jesu lediglich an zwei Stellen erscheint: bei Mt 16,18 in der Petrus-Verheißung »Auf diesen Felsen werde ich meine Ekklesia bauen« und in Mt 18,18, wo es über die sogenannte »brüderliche Zurechtweisung« für den Fall heißt, dass die Ermahnung auch vor Zeugen fruchtlos geblieben ist, »dann sag es der Ekklesia«. Jesus ist aufgetreten als der Bote vom Reich Gottes. »Die Zeit ist erfüllt, das Reich Gottes ist nahe. Kehrt um, und glaubt an das Evangelium« (Mk 1,14 f.). Dies ist gleichsam die Zusammenfassung seiner Verkündigung[97]. Wenn im Matthäus-Evangelium an die Stelle des Wortes vom Gottesreich der Begriff Himmelreich tritt, so ist das aus dem jüdischen Verbot zu erklären, den Gottesnamen auszusprechen. Er wurde durch Ersatzbegriffe, etwa durch »Himmel« umschrieben. Wenn Matthäus, der sich an Juden und Judenchristen wandte, vom Himmelreich spricht, ist damit nicht ein Ort fern der Erde im Himmel gemeint, sondern das Reich und die Herrschaft dessen, der im Himmel ist, der mit »Himmel« gemeint ist. Es geht nicht um ferne Regionen, sondern um die Verkündigung, dass Gott Herrscher dieser Welt ist, dass sein Wille sich durchsetzt, und zwar in unmittelbar bevorstehender Zukunft. In dieser Verkündigung hat Jesus den Blick auf die Vollendung der Geschichte gelenkt, wo Gott alles in allem sein wird und alle Größen der Zeit davor in diese eschatologische Vollendung hinübergeführt sind.

Das Reich Gottes, wie es Jesus verkündet hat, ist universal. Er hat offensichtlich nicht an eine Sondergemeinschaft gedacht, er hat sich keiner der Gruppen angeschlossen, die innerhalb des Judentums seiner Zeit einen heiligen Rest, ein heiliges Israel verkündeten und propagierten. Jesus hat sich immer an ganz Israel gewandt. Er wollte das Volk Gottes als Ganzes wiederherstellen. Doch dieses Israel soll im Dienst aller Völker stehen und universales Heil möglich machen. An entscheidenden Stellen berichten die synoptischen Evangelien, dass Jesus den Rahmen Israel gesprengt hat und sich an die ganze Welt wandte. So beginnt das Evangelium des Matthäus mit der Huldigung der Weisen aus den fernen Ländern und es endet mit dem Taufbefehl, wo es heißt, die Jünger sollen hinausgehen in alle Welt, das Evangelium allen Geschöpfen verkünden und alle Menschen zu Jüngern machen (Mt 28,19). Bei Lukas bilden Himmelfahrt und Geistsendung die Achse, die den historischen Jesus, von dem das Evangelium berichtet, und die frühe Kirche, von der die Apostelgeschichte zeigt, wie sie überall in der bekannten Welt Fuß fasst, miteinander verbindet. Dies macht anschaulich, dass in der Kraft des Geistes die Grenze Israels gesprengt wird und die Botschaft Jesu sich weltweit ausbreitet.

Ein Religionsstifter oder Kirchengründer im klassischen Sinne des Wortes war Jesus nicht, Kirche als Versammlung der Gläubigen in Differenz zu denen, die nicht glauben, steht nicht im Zentrum seiner Verkündigung, an der Organisation und an kirchlichen Strukturen war er nicht interessiert.

Dennoch wäre es falsch, die Verkündigung Jesu individualistisch zu deuten, so als würde jede und jeder Einzelne für sich allein vor seinem Gott stehen.[98] Seine Botschaft hat sozialen Charakter.[99] Die sich zu ihm bekehren, erkennen ihn als den Messias, und zum Messias gehört ein messianisches Volk. Jesus hat Menschen gesammelt, die ihm nachfolgten, und er hat die Zwölf berufen als die Repräsentanten des biblischen Zwölf-Stämme-Volkes Israel, zu dem er sich als Messias gesandt wusste.

Im Kreis der Jüngerinnen und Jünger und der Zwölf nahm Simon Petrus eine wichtige Sprecherrolle ein, er war gleichsam Repräsentant des Volkes, das Jesus um sich sammelte. Und Jesus gab ihm den Namen Kephas, der, für einen Namen höchst ungewöhnlich, ins Griechische übersetzt zu Petrus wurde. Dieser Name hat das ursprüngliche »Simon« völlig verdrängt. Offensichtlich sollte mit der Bezeichnung als »Petrus« eine Aufgabe angesprochen werden, die dieser in der Gemeinschaft der Glaubenden auch über den Tod Jesu hinaus ausüben sollte. In seinem Abschiedsmahl stiftete Jesus ein Gedenken, in dem er bis zur Vollendung der Geschichte im Reich Gottes bei den Seinen bleiben wollte. Alle diese Taten zeigen, dass der historische Jesus keineswegs nur Einzelne zur Umkehr gerufen hat, sondern dass er eine Gemeinschaft, ein Volk um sich versammelte. Es sollte zur Kernzelle des kommenden Gottesreiches werden.

Kirche wurde aus dieser Gemeinschaft erst nach dem Tod Jesu.[100] Während seine Jünger sich bei seiner Kreuzigung zerstreuten und aus Angst flohen, haben sie sich im Glauben an seine Auferstehung wieder versammelt. Die Emmaus-Geschichte macht exemplarisch deutlich, wie die Zwölf, die Jünger und besonders die Jüngerinnen Christus als Lebendigen erfahren haben und in diesem Glauben wieder zusammengekommen sind. Und der Bericht von der Geistsendung zeigt, wie sie von dem Geist erfüllt wurden, in dem Jesus bei ihnen bleibt und in ihrer Gemeinschaft wirkt. Aus den Zwölf werden die Apostel, die in alle Welt hinausgehen, den Auferstandenen verkünden und nun ihrerseits die Wunderzeichen wirken, die der irdische Jesus vollbracht hatte. Auf ihre Predigt hin bekehren sich Juden und Heiden und es wächst Kirche. Pfingsten, so hat man es traditionellerweise formuliert, ist der Geburtstag der Kirche. Diese wurde nicht in einem einmaligen Stiftungsakt gegründet, sondern sie wurzelt in der Botschaft Jesu vom Reich Gottes, seinen Zeichenhandlungen, in seinem Tod und seiner Auferstehung und in der Sendung des Geistes. Die Apostelgeschichte berichtet von immer neuen Geistsendungen, durch die im ganzen Römischen Reich Gemeinden entstanden sind, in denen der Auferstandene in der Kraft dieses Geistes gegenwärtig bleibt, die an ihn glauben und ihn verkünden.

Aus der Tatsache, dass Kirche ihren Ausgang in der Verkündigung Jesu vom Reich Gottes findet, aber erst in der Geistsendung manifest wird, folgt, dass die Kirche in den verschiedenen neutestamentlichen Schriften in recht unterschiedlicher Weise in den Blick kommt.

Die synoptischen Evangelien

Die synoptischen Evangelien[101] berichten über das irdische Leben Jesu, also von einer Zeit, in der manifeste Kirche in ihren Strukturen noch nicht existierte. Darum ist Kirche auch noch nicht ihr direktes Thema. Andererseits sind sie in der Situation entstanden, in der Kirche wurde und die Gemeinden ihre früheste Gestalt annahmen. Folglich stellen die Synoptiker diese Gemeinden in das Licht des historischen Jesus und stellen die Frage, was er ihnen in ihrer jetzigen Situation wohl sagen wollte. Damit sind die entstehenden neutestamentlichen Gemeinden als die Voraussetzung für den jeweiligen Blick auf Jesus, sein Wort und sein Werk jeweils mit impliziert, auch wenn sie nur indirekt aufgenommen sind und die Fragen, die sich in ihnen stellen und die in den Worten und Taten Jesu beantwortet werden, immer erschlossen werden müssen. Dennoch geben die Evangelien sehr wohl zu erkennen, wie die frühesten Gemeinden sich entwickelten und vor allem, wie sie zufolge der Botschaft der Evangelien nach dem Willen Jesu ihre rechte Gestalt finden sollten.

Das Markus-Evangelium

Im Markus-Evangelium, dem ältesten der Evangelien, erscheint Kirche vor allem als die Gemeinschaft derer, die Jesus nachfolgen.

In der Gemeinschaft der Jünger und Jüngerinnen wird hier Kirche sichtbar, sowohl wie sie ist, als auch wie sie sein soll. Die Darstellung der Jünger verfolgt den Zweck, dem Leser, der Leserin gleichsam einen Spiegel in die Hand zu geben. An den Jüngerinnen und Jüngern sollen sie sich selbst erkennen. Von ihnen ist vor allem festgehalten, dass sie Jesus nachfolgen. Dabei wenden sie sich fragend an ihn, sie erhalten besondere Belehrungen und Aufklärungen, sie machen gelegentlich Fortschritte im Glauben. Vor allem aber werden sie als jene geschildert, die die Botschaft Jesu, seine Person und seinen Weg nur schwer begreifen, die oft unverständig und verstockt sind, die vor dem Kreuz zurückschrecken und – abgesehen von einigen Frauen, die auch unter dem Kreuz noch aushalten, aber freilich ohnmächtig dem mörderischen Geschehen zusehen müssen – in der Passion versagen. Sie müssen immer wieder neu in die Nachfolge Jesu eingeladen werden. Aber nach allem Versagen in der Passion spricht ihnen der Auferstandene seinen Frieden zu und eröffnet damit aufs Neue den Zugang zur Gemeinschaft mit ihm. Diese ist somit nicht ihr Werk und ihr Entschluss, sondern sie ist Geschenk ihres Herrn, der sie berufen hat.

Amtsstrukturen spielen im Markus-Evangelium eine noch sehr untergeordnete Rolle. Es gibt die Institution der Zwölf. An ihnen orientiert sich das, was später zum Amt in der Kirche werden sollte. Die Zwölf werden ausgesandt; sie haben immer dort eine wichtige Funktion, wo im Leben Jesu Bedeutsames geschieht. Ihre Aufgabe ist umschrieben als »mit Jesus sein« (Mk 3,14). Von ihm bekommen sie die Vollmacht, Gleiches zu tun, was auch Jesus tut: zu verkünden, die Umkehr zu predigen, Dämonen auszutreiben, Kranke zu heilen (Mk 6,7–13). Durch sie geht das Werk Jesu weiter. Die Zwölf gewährleisten dem Markus-Evangelium zufolge die Kontinuität zwischen dem historischen Jesus und der Kirche, sie sind die Garanten der Treue der Überlieferung, sie setzen sein Werk und seine Botschaft fort. Von den Zwölf führt in der Folgezeit der Weg hinein in die junge Kirche, ihre Strukturen und Dienstämter.

Das Matthäus-Evangelium

Das Matthäus-Evangelium wendet sich an Christen, die aus dem Judentum kommen, aber auch an Juden, die die christliche Verkündigung gehört, sich aber nicht zu Jesus dem Christus bekehrt haben. Dabei lässt sich eine Gemeinde erkennen, in der die Ablösung von Israel erfolgt und die Hinwendung zu den Völkern bereits vollzogen ist. Man hatte sich zunächst intensiv um Israel bemüht, im Ganzen gesehen mit wenig Erfolg, und nun werden dem Judentum schwere Vorwürfe gemacht. Die Funktion, Volk Gottes zu sein, scheint auf die Kirche als Volk Gottes aus den Völkern übergegangen. »Das Reich Gottes wird Euch weggenommen und einem Volk gegeben werden, das die erwarteten Früchte bringt« (Mt 21,43). Die grundlegende Bestimmung der Kirche im Matthäus-Evangelium ist es, wahres Israel zu sein. Verschiedentlich gehen die Aussagen bis zu der Behauptung, Israel sei nicht mehr Volk Gottes, es habe seine Berufung vertan und diese sei hinfällig geworden. Aber auch das neu gebildete Volk Gottes, als das die Kirche nun erscheint, ist zutiefst gefährdet, die Sünde ist in sie eingebrochen. Die Gemeinden haben das Böse in ihren eigenen Reihen erfahren. Darum taucht immer wieder der Gedanke auf, dass neben dem Weizen auch das Unkraut wächst, dass zum Hochzeitsmahl »Böse und Gute« zusammenkommen (Mt 22,10).

Die innere Struktur der Gemeinde ist bestimmt durch die Geschwisterlichkeit aller. Durch ihren gemeinsamen Vater sind alle Schwestern und Brüder und sollen als solche leben. »Der größte von euch soll euer Diener sein. Denn wer sich selbst erhöht, wird erniedrigt werden, und wer sich selbst erniedrigt, wird erhöht werden« (Mt 23,11 f.). Offensichtlich gibt es anfanghaft bereits so etwas wie Ämter. Diese werden nicht abgelehnt, aber Matthäus hat eine deutlich antihierarchische Spitze. Überordnung und Unterordnung, Herrschaftsstrukturen werden von ihm prinzipiell in Frage gestellt. »Ihr sollt euch nicht Rabbi nennen lassen – denn nur einer ist euer Meister, ihr alle aber seid Brüder« (Mt 23,8). Die Ordnung in der Gemeinde soll anderen Gesetzen folgen, als sie sonst in der Welt gelten. Kirche ist in dieser Hinsicht verstanden als Kontrastgemeinde zur Gestalt der Gesellschaft. Immer wieder lautet die Mahnung: »Bei euch soll es nicht so sein«.

Im Matthäus-Evangelium finden wir die einzigen Stellen, wo der Begriff ekklesia, Kirche, im Munde Jesu erscheint. Von besonderer Bedeutung ist dabei die Petrus-Verheißung in Mt 16,18. Offensichtlich, so ist zu schließen, hat der Petrusdienst in dieser Gemeinde bereits eine Rolle gespielt, man hat sich auf das Zeugnis des Petrus berufen. Aber auch diese Stelle ist umfangen von der Mahnung zur allgemeinen Geschwisterlichkeit. Aufgabe von Petrus als Felsenmann und als Schlüsselträger kann es nur sein, ebenso wie die anderen Jünger an das Gebot Jesu zur Demut zu erinnern.

Als Ämter und Dienste erwähnt das Matthäus-Evangelium Propheten, Weise und Schriftgelehrte (Mt 23,34). Die Weisen und Schriftgelehrten sind wohl Lehrer oder Katechisten, wie es sie auch schon in der jüdischen Gemeinde gab. Die Propheten sind wahrscheinlich Wanderprediger. Ihnen gegenüber wird in diesem Evangelium eine gewisse Reserviertheit spürbar.

Das Lukas-Evangelium

Das Lukas-Evangelium versteht Kirche in ihrem geschichtlichen Zusammenhang mit Israel. Israel wird hier wesentlich positiver beschrieben als im Matthäus-Evangelium. Das Gottesvolk aus den Heiden geht aus dem Volk der Juden hervor, löst es aber nicht ab. Israel ist nach wie vor Volk Gottes. Und noch vom Kreuz herab spricht der lukanische Jesus gegenüber den Juden das Wort der Versöhnung: »Vater vergib ihnen, denn sie wissen nicht, was sie tun« (Lk 23,34).

Kirche tritt bei Lukas deutlicher in den Blick als bei den anderen Synoptikern, weil das Evangelium durch die Apostelgeschichte fortgeführt wird, die vom wunderbaren Entstehen der Gemeinden berichtet. Die Kirche konstituiert sich in Jerusalem und breitet sich von dort im ganzen Römischen Reich aus. Die Predigt der christlichen Missionare wendet sich dabei immer zuerst an die Juden, dann erst an die Heiden.

Deutlicher als bei den anderen Synoptikern werden bei Lukas erste Amtsstrukturen greifbar. Inmitten der vielfältigen Geistbegabungen, die auf diese oder jene Weise allen zukommen, gibt es bestimmte Aufgaben und Funktionen. Allen voran haben die »Zwölf Apostel« unbedingte Autorität. Die Zwölf sind bei Lukas mit den Aposteln identisch, sie waren die ganze Zeit dabei, »als der Herr Jesus bei uns ein- und ausging, angefangen von der Taufe des Johannes« (Apg 1,21 f.). Paulus wird in der Apostelgeschichte folglich nicht als Apostel bezeichnet. Lukas schreibt in der Einleitung zu seinem Evangelium, er halte sich »an die Überlieferung derer, die von Anfang an Augenzeugen und Diener des Wortes waren« (Lk 1,2), d. h. er gibt das Zeugnis der Apostel weiter, er qualifiziert sein Werk als apostolisch. Die Apostel sind die Brücke der Kontinuität, Prinzip der Tradition und Bürgen für die rechte Lehre.

Neben ihnen stehen Älteste (griech. presbyteroi), die aus der jüdischen Synagogenordnung übernommen sind, und episkopoi, eine Amtsbezeichnung, die aus der profanen Verwaltung stammt und herkömmlicherweise keine religiöse Prägung hat. Beide Ämter sind noch nicht voneinander unterschieden, die gleichen Personen werden mit beiden Bezeichnungen benannt. Die mit diesen Aufgaben Betrauten werden durch Handauflegung, Gebet und Fasten dem Herrn empfohlen, es gibt also bereits so etwas wie einen Ritus der Ordination als Einführung in das Amt. Das Sieben-Männer-Gremium, von dem Apg 6,1–7 berichtet und dessen Mitglieder in der späteren Tradition als Diakone bezeichnet werden, dient zunächst der Versorgung der Bedürftigen, nimmt also soziale Aufgaben in der Jerusalemer Gemeinde wahr. Sie werden aber auch als Evangelisten (Apg 21,8) bezeichnet und waren wohl die Amtsträger für die Hellenisten, d. h. die griechisch sprechenden Gemeindeglieder in Jerusalem.

Besondere Bedeutung nehmen in der Gemeinde des Lukas die Armen, Entrechteten, Verachteten, insbesondere auch die Frauen ein. Den christlichen Gemeinden ist die bleibende Aufgabe übertragen, für soziale Gerechtigkeit einzustehen und Not und Unterdrückung zu überwinden (Apg 4,32–35). Die Glaubwürdigkeit des Evangeliums hängt nicht zuletzt an der sozialen Praxis im Geiste Jesu.

Das Johannes-Evangelium

Im Johannes-Evangelium fehlt der Begriff ekklesia. Kirche erscheint hier unter dem Bild der Gemeinschaft mit Jesus. Sie ist die Schar der Glaubenden, derer, die sich im Glauben Jesus angeschlossen haben. Kirche ist Jüngerschaft, und Jesus wirkt nie ohne seine Jüngerinnen und Jünger, die er selbst berufen hat. An der Jüngerschaft mit dem irdischen Jesus kann abgelesen werden, wie Kirche nach Jesu Tod und der Geistsendung zu wirken hat. Die Jünger kommen nicht durch eigenen Entschluss in die Gemeinschaft mit Jesus, sondern weil sie von Jesus gerufen werden, weil der Vater sie ihm gegeben hat. Damit sind sie seine Freunde, nicht mehr Knechte. Sie stehen in engster Verbindung mit ihm, so wie die Reben zum Weinstock, die Herde zum Hirten. Sie sind in ihrer Existenz von ihm abhängig und durch ihn auch untereinander verbunden.

Diese Jüngerschaft hat zufolge der johanneischen Texte universale Tendenz, der Erhöhte wird »alle an sich ziehen« (Joh 12,32). Zeichen für die Gemeinschaft mit Jesus ist im vierten Evangelium die Einheit untereinander. Trennungen innerhalb der Jüngerschaft würden die Botschaft unglaubwürdig machen und die Kirche selbst in ihrer Existenz in Frage stellen. Nur als eine und geeinte kann sie Kirche Jesu Christi sein. Das Grundprinzip, aus dem die Kirche lebt und ihre Einheit findet, ist die Liebe. Darum sind alle Spaltungen, mit denen sich das Evangelium bereits auseinandersetzen muss, so verhängnisvoll. Sie treffen Kirche in ihrem Wesensgrund, gefährden sie in ihrem Sein und machen ihre Verkündigung unglaubwürdig.

Neben dieser umfassenden Liebe spielen Strukturen und Ämter bei Johannes eine sehr untergeordnete Rolle. Amtsstrukturen sind angedeutet in der Gestalt des Petrus. Er steht in Spannung zu dem Jünger, »den Jesus liebte«. Dieser ist der Inbegriff des Jüngers, während Petrus anfanghaft zum Repräsentanten eines Amtes wird. Die johanneische Gemeinde ist insgesamt spirituell und charismatisch, Amtsstrukturen treten dagegen deutlich in den Hintergrund.

Die paulinischen Schriften

Bei Paulus sind die christliche Kirche und ihre rechte Ordnung stets gegenwärtig. Er schreibt an Gemeinden, von denen er manche selbst begründet hat und gibt Anweisungen, wie sie leben und glauben sollen. Die Gemeinden und ihre Gestalt sind sein Thema. So spielen die paulinischen Briefe für die neutestamentliche Ekklesiologie eine entscheidende Rolle.

Kirche als Gemeinschaft

Kirche ist bei Paulus[102] Gemeinschaft, griechisch: koinonia. Dieser Begriff besagt zunächst die Gemeinschaft in Gott, mit Gott und mit Christus. Gott selbst ist Gemeinschaft und Reichtum des Lebens. Er ruft Menschen in die Gemeinschaft mit sich und stiftet damit koinonia. Von dieser Grundlegung in Gott ausgehend nimmt Paulus die christlichen Gemeinden in den Blick. Wenn die Kirche als Gemeinschaft verstanden wird, gründet dies nicht primär im menschlichen Bedürfnis nach Geborgenheit. Die Kirche hat ihren Ursprung in Gott, der den Menschen in Wort und Sakrament entgegenkommt. Aus der Gemeinschaft mit Gott und der koinonia im Herrenmahl lebt Kirche. Paulus versteht sie als Gemeinschaft von Ortsgemeinden, als Gemeinschaft innerhalb der Gemeinden, und als Gemeinschaft zwischen dem Apostel und seiner Gemeinde. Kirche als koinonia konkretisiert sich in dieser Einheit, in der auch die Gemeinschaft mit Gott sichtbar und erfahrbar wird.

Kirche als Volk Gottes

Kirche ist Volk Gottes. Als solche steht sie bei Paulus in Kontinuität mit Israel. Sie beginnt bereits dort, wo das alttestamentliche Volk seinen Anfang hat, die Berufung Israels dauert fort. Der Bund, den Gott mit Israel geschlossen hat, ist nicht gekündigt. Die Christen sind in diese Wurzel eingepfropft und werden von ihr getragen. Kirche kann ohne Israel nicht gedacht und verstanden werden. Dabei ist für Paulus Volk nie gleich Israel, sondern immer nur der heilige Rest der Auserwählten und Getreuen. Dieser heilige Rest findet nun seine Fortsetzung in der Kirche, die aus Juden und Heiden besteht.

Kirche ist das Volk Gottes der Endzeit. Schon im Alten Bund ist angekündigt, dass Gott einen Neuen Bund schließen wird. Dieser ist nun in der ekklesia verwirklicht. Dabei kann es das eschatologische Volk Gottes nur einmal geben. Ekklesia ist bei Paulus zunächst die Einzelgemeinde, die Hausgemeinde, in diesem Sinn kann Paulus von Kirchen im Plural sprechen. Aber auch die Gesamtkirche ist ekklesia. So adressiert Paulus die Korintherbriefe an »die Kirche Gottes, die in Korinth ist« (1 Kor 1,2; 2 Kor

1,1). Kirche tritt in der jeweiligen Ortskirche oder Hausgemeinde in Erscheinung, das Volk Gottes ist jeweils am Ort präsent, aber es ist immer das eine und selbe Volk, es gibt nicht mehrere Völker Gottes. Die Einzelgemeinde ist jeweils Repräsentantin des Volkes Gottes in der Welt. Sie kann nur dann glaubwürdig sein, wenn sie selbst ihre Einheit wahrt und die Gemeinschaft mit den anderen Ortsgemeinden festhält.

Dieses Volk Gottes konstituiert sich bei Paulus im Gottesdienst. Die Kirche ist heilig, weil sie als gottesdienstliche Versammlung zusammengerufen ist und weil ihre Glieder getauft sind. Darin, also in Taufe und Herrenmahl, nicht im individuellen Lebenswandel ihrer Glieder beruht ihre Heiligkeit. Im Gottesdienst versammeln sich die Gläubigen als die von Gott Gerechtfertigten und damit als die Heiligen, sie werden gleichsam zu einer »Kolonie von Himmelsbürgern«. Kirche ist bei Paulus ein bereits jetzt in dieser Welt bestehender Brückenkopf für das kommende Reich.

Kirche als Leib Christi

Dieses Volk Gottes ist Christus zu eigen. Dafür hat Paulus den Begriff »Leib Christi« geprägt, er ist die wichtigste paulinische Kirchenaussage. Die Vorstellung von einer Gemeinschaft als Leib, als Organismus, lässt sich in der Antike bis in die altägyptische Märchenwelt zurückverfolgen. Am bekanntesten ist die Darstellung des römischen Historikers Livius, der erzählt, wie ein Konflikt zwischen dem einfachen Volk in Rom und den Patriziern als der Oberschicht beigelegt wurde. Den Patriziern war vorgeworfen worden, sie seien untätig und lebten als Schmarotzer derer, die sich täglich abmühen mussten. Am Bild vom Magen, der, wenn er nicht genährt wird, nicht nur selbst Schaden leidet, sondern den ganzen Körper schädigt, illustriert die Erzählung des Livius, dass für die ärmeren Volksschichten auch die Oberschicht und ihr Tun unentbehrlich sind. Paulus greift also auf die Popularphilosophie zurück, wenn er Kirche als Leib, als Organismus bezeichnet.

Paulus geht aber über einen Vergleich mit dem antiken Bild des Leibes und den Aufruf zu Einigkeit und Frieden hinaus. So wie der Leib den Menschen ausmacht, er also sein Leib ist und dieser nicht nur ein bestimmter Teil von ihm, so ist es auch bei Christus. In seinem Leib, in der Kirche, ist und bleibt er selbst in dieser Welt und ihrer Geschichte gegenwärtig. Leib Christi ist für Paulus die fortwährende Existenz Christi in dieser Welt, nicht allein ein Symbol oder eine bildhafte Mahnung zu Einigkeit und Gemeinschaft. Der Leibgedanke begegnet dabei bei Paulus vor allem im sakramentalen Zusammenhang. Die Kirche ist Leib Christi, weil sie das Herrenmahl feiert: »Ein Brot ist es. Darum sind wir viele ein Leib; denn wir alle haben Teil an dem einen Brot« (1 Kor 10,17). Der Begriff Leib Christi ist bei Paulus jeweils auf die Ortsgemeinde bezogen, denn nur sie versammelt sich in der Feier des Herrenmahls und wird darin sein Leib. Die Weiterführung, dass auch die universale Kirche als Leib Christi erscheint, begegnet erst im nachpaulinischen Schrifttum.

Die Glaubenden bauen den Leib der Kirche auf, gleichzeitig ist die Kirche aber auch immer schon vor ihren Gliedern. Leib und Glieder stehen bei Paulus in einem gegenseitigen Bedingungsverhältnis. Die Glaubenden leben in diesem Leib miteinander und füreinander. Sie erfüllen ihr Gliedsein im Leib Christi dadurch, dass sie einander lieben. Der Leib ist aber auch vor den Einzelnen und macht diese zu Gliedern. Insofern ist er mehr als die Summe der Glieder, selbst wenn er gleichzeitig auch durch die Glieder aufgebaut wird.

Kirche als Tempel des Heiligen Geistes

Das Bild von der Kirche als Tempel des Heiligen Geistes verwendet Paulus vor allem in den Korintherbriefen, die eine betont charismatische Kirchenstruktur bezeugen. Der alttestamentliche Tempel ist zerstört, nun ist die Kirche der Ort der Anwesenheit Gottes unter den Menschen. Die Glieder der Kirche haben Anteil am Geist und seinen Gaben, sie sind alle Charismatiker. Ihre Geistesgaben sollen für die Auferbauung der Gemeinde nutzbar werden. Als vom Geist gestiftet und von ihm erfülltes Anwesen Gottes ist die Kirche heilig. Bosheit und Unreinheit müssen ausgeschieden werden ebenso wie die Götzenbilder. Als Glieder der Kirche sind die Gläubigen »ein Tempel des Heiligen Geistes, der in euch wohnt und den ihr von Gott habt« (1 Kor 6,19).

Die Gemeinde von Korinth ist Geistgeschöpf und wird durch die Charismen aufgebaut. Diese erweisen ihre Authentizität dadurch, dass sie der Erbauung der Gemeinde dienen. Feste Strukturen und Ordnungen scheint es in Korinth kaum gegeben zu haben. Die Briefe des Paulus stellen vielmehr eine Gemeinde vor, die von frei wirkenden Geistesgaben geprägt und getragen ist. Allein der Geist, der unberechenbar weht, und die Geschwisterliebe ordnen das Zusammenleben und den Gottesdienst. Jeder spricht und handelt, wie es der Geist eingibt. Recht, Amt, Hierarchie scheinen dagegen weitgehend ausgeschlossen. Im Brief an die Gemeinde in Thessaloniki mahnt Paulus sogar, »den Geist nicht auszulöschen« (1 Thess 5,19). Das zeigt ein Bild von Kirche, in der Amt und Recht kaum eine Rolle spielen. Kein Zufall, dass sich charismatisch-anarchische Gruppen und Gemeinschaften, aber auch viele Sekten auf dieses paulinische Bild der Gemeinde berufen und diesem Ideal nacheifern.

Paulus ist ein Mann der ersten Stunde, in der der Aufbruch im Zentrum steht, nicht der Gedanke der Bewahrung und der Ordnung. Dennoch ist auch die Gemeinde in Korinth keineswegs ganz ohne Amt und Autorität. Zunächst tritt Paulus selbst seinen Gemeinden mit der Autorität des Apostels gegenüber. Paulus kennzeichnet sein Apostelamt als Dienst an der Versöhnung der Menschen mit Gott und der Menschen untereinander. Es war die unbefragte Autorität des Apostels selbst, die in Korinth ein weitgehend freies Spiel der Charismen möglich gemacht hat. Dass Paulus verhältnismäßig lange Zeit in Korinth weilte, war Voraussetzung und Grund dafür, dass im Ersten Korintherbrief neben dem Apostel kaum weitere Ämter sichtbar werden. Dennoch nennt er unter den Charismen auch die »Kybernesis«, die Steuermannskunst, die wohl der Organisation und dem Zusammenspiel der Charismen diente. In der Schlussermahnung des Korintherbriefes liest man von Angehörigen des Stephanas, die sich in den Dienst des Heiligen gestellt haben. »Ordnet euch ihnen unter, ebenso ihren Helfern und Mitarbeitern« (1 Kor 16,16). Paulus bescheinigt ihnen, dass sie das Werk des Herrn verrichten so wie er selbst. Auch wenn die Paulusbriefe in der Ausgestaltung dieser »Ämter« bei ersten Ansätzen bleiben und die Gemeinde in Korinth zweifellos vor allem charismatisch bestimmt war, völlig ohne Amt und charismatisch bedingte Autorität war sie dennoch nicht.

Erste Amtsstrukturen

Die Bedeutung von anfanghaften Strukturen wird noch mehr in jenen Gemeinden sichtbar, in denen Paulus nur kurze Zeit weilte und die durch von ihm beauftragte oder auf anderem Weg als dazu befähigt erwiesene Gemeindeleiter geordnet wurden. Schon im Ersten Thessalonicherbrief, dem ältesten Text des Neuen Testaments überhaupt, schreibt Paulus von denen, »die sich solche Mühe geben, euch im Namen des Herrn zu leiten und zum Rechten anzuhalten« (1 Thess 5,12f.). In der Grußformel des Philipperbriefes heißt es: »Paulus und Timotheus,

Knechte Christi Jesu, an alle Heiligen in Christus Jesus, die in Philippi sind, mit ihren Bischöfen und Diakonen« (Phil 1,1). An erster Stelle steht hier die Gemeinde, der Brief ist an sie als Ganze geschrieben. Innerhalb dieser Gemeinde gibt es aber bestimmte Verantwortliche, die eigens genannt werden. Sie werden als »episkopoi» und »diakonoi« bezeichnet; beide Begriffe erscheinen im Plural. Offensichtlich gab es ein Gremium von Männern, die für die Gemeinde Verantwortung trugen. In der Ausgestaltung dieser Ämter bleibt Paulus bei ersten Ansätzen. Auch die Frage, wie jemand in ein solches Amt kommt, durch Beauftragung durch einen Amtsträger, Einsetzung durch die Gemeinde, ob er sich einfachhin zu Leitung und Verkündigung fähig erwiesen hat und dadurch bestätigt war, ob das Amt in Vollmacht übertragen wurde oder charismatisch aufbrach, hat Paulus offensichtlich noch nicht beschäftigt. Das Problem der später so genannten Ordination oder Weihe war noch nicht sein Thema.

Kirche in den pseudopaulinischen Briefen

Die erste Generation der jungen Gemeinde mit den Aposteln als den Erstzeugen dauerte nicht sehr lange. Bald stellte sich also die Frage, wie es nun in den Gemeinden weitergehen solle, wie auf der Basis dessen, was die Gründer der Gemeinden gepflanzt hatten, nun weiterhin gebaut werden konnte. Die nun Verantwortlichen haben ihre Autorität dadurch legitimiert, dass sie mit Nachdruck versicherten, nichts anderes zu tun, als das Werk der Gründer weiterzuführen und fortzusetzen. Der Epheserbrief, die Pastoralbriefe an Titus und Timotheus sind so geschrieben, als stammten sie von Paulus persönlich. Ihre Theologie zeigt, dass sie eine nachpaulinische Besinnung darauf waren, was Paulus in einer veränderten Situation der Gemeinde zu sagen gehabt hätte. Es wird die Person des Paulus in seiner Autorität festgehalten und das über seinen Tod hinaus. Es wird gleichsam ein Amt des Paulus installiert, das ihn überdauert, weil das Amt unabhängig ist von der Person des Inhabers. Pseudepigraphie, wie man solche Personenangaben nennt, ist also nicht als Betrug zu verstehen, sondern als der Versuch der Verfasser, gleichsam in die Person des Paulus »hineinzuschlüpfen«, als Individuen hinter diesem völlig zurückzutreten. Darin steckt im Grunde eine ganze Theologie des Amtes. Die späteren Generationen der Gemeindeleiter wollten nichts anderes, als auf dem Grund weiterbauen, den die großen Traditionsträger der ersten Generation gelegt hatten. Wir kennen nicht einmal ihre Namen.[103]

In den später entstandenen Briefen im Neuen Testament, die sich auf die Autorität des Paulus berufen, zeigt sich, dass Kirche eine neue Gestalt angenommen hatte. Im Zentrum dieser Schreiben steht nicht mehr so sehr der Aufbruch der ersten Generation, sondern die Frage nach der Bewahrung des Überkommenen, die Treue zum Ursprung in einer weitergehenden Geschichte. Die eschatologische Spannung tritt zurück, die Mühen des Alltags werden nun zum Hauptthema.

Im Epheserbrief erscheint die Kirche bereits als auf Dauer angelegt, weil sie ihren Ursprung im göttlichen Heilsplan hat. Schon die Schöpfung ist verborgen auf Kirche ausgerichtet. Kirche erscheint hier als universale Wirklichkeit, als Weltkirche. Sie gründet im ewigen Heilswillen Gottes. Dabei bekommt auch die Leib-Christi-Vorstellung des Paulus eine neue Ausrichtung. Während im Römerbrief und im Ersten Korintherbrief die Kirche als Leib erscheint, in dem die Gläubigen die Glieder sind, hebt der Epheserbrief darauf ab, dass Christus das Haupt ist. Kirche wird damit zu einer kosmischen Wirklichkeit, die dem Menschen entzogen und damit letztlich unabhängig ist von menschlicher Schwäche und Sünde. Sie gründet nicht in dem, was die Menschen tun, sondern im Heilsplan Gottes, deshalb ist Kirche »Mysterium«, Geheimnis. Ihr Geheimnischarakter bedeutet nicht Unerkennbarkeit, sondern Getragensein vom göttlichen Heilsratschluss. Nicht menschliche Entscheidung und Tun bauen Kirche auf, sondern göttliches Wollen.

Die Pastoralbriefe an Titus und Timotheus sind aus der Situation der zweiten oder dritten Generation geschrieben. Entgegen den Erwartungen des Anfangs dauert die Geschichte an, das Reich Gottes in Fülle und Macht lässt auf sich warten. Die Christenheit muss sich in der Geschichte einrichten und dabei ihrem Ursprung treu bleiben. Nun steht im Zentrum nicht mehr der große Aufbruch, die Herausforderung, die etwa die Bergpredigt kennzeichnet, sondern die Frage, wie in den Alltäglichkeiten des Lebens christliche Existenz gestaltet werden kann. Das ethische Ideal der Verkündigung Jesu spiegeln diese Briefe nur noch sehr gebrochen wider. Kirche erscheint als gesicherte, bestehende, vorgegebene Größe. Sie wird vor allem dargestellt unter dem Bild des Hauses. Der Einzelne kann hineingehen, ohne dass der Bau als solcher dadurch tangiert würde. Kirche muss sich jetzt gegen aufkommende Irrlehren schützen, sie muss die Lehre weitergeben und in Treue überliefern, was sie selbst empfangen hat. Das apostolische Zeugnis ist Fundament der Wahrheit, es wird zu einem anvertrauten Gut, zu einer verbindlichen Lehre.

Auf dieser Stufe der Entwicklung wird das Amt in der jungen Kirche immer bedeutsamer. Nachdem die eschatologische Spannung zurückgetreten ist und die Gemeinde sich einrichtet, auf längere Zeit in der Geschichte zu existieren, sollen Strukturen und Ämter die Treue zum Ursprung gewährleisten und die Botschaft vor Irrlehren schützen. Amtsträger sollen den Glauben, wie nun der Auftrag lautet, hüten, schützen, bewahren. Ihre Aufgabe besteht darin, nicht Neues zu erfinden, sondern das weiterzugeben, was sie selbst empfangen haben. Der Gemeindeleiter wird eingesetzt durch Handauflegung des Apostels und des Presbyteriums, er ist damit zurückverwiesen auf den Apostel und dessen Werk. Die Lehre, die er vorträgt, ist nicht seine eigene, sondern die ihm übergebene, die apostolische Botschaft.

Die Pastoralbriefe sind nicht mehr an die Gemeinde als Ganze geschrieben, sondern an deren Leiter ausgefertigt. Die Gemeinde tritt in den Hintergrund. Von ihr erfahren wir nur, dass sie hört (1 Tim 4,16), dass sie betet (1 Tim 2,1; 5,5), dass ihre Glieder getauft sind (Tit 3,5), dass sie Liebestätigkeit ausübt (1 Tim 5,10; 6,17 f.). Die Charismen, die bei Paulus so im Zentrum gestanden hatten, tauchen hier nicht mehr auf. Titus und Timotheus sind Vorsteher einer Gruppe von Gemeinden, sie üben wohl eine überregionale Funktion aus. Neben ihnen stehen presbyteroi (Älteste) und diakonoi (Diener), beide Begriffe erscheinen im Plural, während der espiskopos (Aufseher) nun im Singular genannt wird. Es ist daraus wohl zu schließen, dass nun unter einem episkopos mehrere presbyteroi und diakonoi in der Leitung der Gemeinden zusammenwirken. Die Einsetzung in das Amt geschieht durch Handauflegung und Gebet. Wohl gegen Ende des ersten oder am Beginn des zweiten Jahrhunderts, also zur Zeit, als die letzten neutestamentlichen Schriften entstanden, ist das Amt in der Kirche schon bedeutsam geworden. Es hat insbesondere der Identität der Lehre zu dienen. Der Amtsträger wird durch Handauflegung berufen und dazu beauftragt, die rechte Lehre zu bewahren und sie weiterzugeben. Die konkrete Form, wie diese Amtsübertragung erfolgt, insbesondere die Kette apostolischer Beauftragungen, die sogenannte Sukzessionsreihe, die später so wichtig werden sollte, ist hier noch nicht im Blick. Auch über die konkreten Aufgabenstellungen der einzelnen Ämter ist wenig auszumachen. Ihr Verhältnis scheint noch weithin offen zu sein. Jedenfalls gelten für den episkopos, die presbyteroi und diakonoi hinsichtlich ihrer Lebensführung die gleichen Anforderungen. Außerordentliche Begabungen werden nicht vorausgesetzt. Die

Verhaltenskataloge für die einzelnen Ämter, die diese Briefe enthalten, sind eher Minimalforderungen, die Personen ausschließen sollen, die nur das Besondere und Extraordinäre anstreben.

Entwicklungslinien der Kirche im Neuen Testament

Zusammenfassend lässt sich sagen, dass im Neuen Testament sehr unterschiedliche Modelle und Gestalten von Kirche begegnen, die offensichtlich nebeneinander Platz hatten und als legitim anerkannt werden konnten. Die Urgemeinde in Jerusalem, die sich vor allem aus den synoptischen Evangelien und der Apostelgeschichte erschließen lässt, führte zunächst die Ordnung der jüdischen Synagoge weiter. Sie war ganz anders strukturiert als die johanneische Gemeinde in ihrem Rekurs auf die Liebe und die paulinischen Gemeinden in ihrem Vertrauen auf das freie Wirken des Geistes, das nicht verrechtet und verordnet werden kann. Daneben stehen, vor allem in späterer Entwicklungsstufe, Gemeinden, in denen Amtsstrukturen eine gewichtige Rolle spielen, weil sie die Treue zum Ursprung in einer vielleicht lange andauernden Geschichte gewährleisten sollten. Derartige Strukturen haben sich im Neuen Testament von einem wenig differenzierten Anfang auf deutlicher umrissene Ämter hin entwickelt. Auch zur Zeit der Pastoralbriefe ist die Ämterstruktur noch nicht abgeschlossen. Über die inhaltliche Umschreibung der Ämter lässt sich noch wenig sagen. Aber es gibt im Neuen Testament ein Gefälle hin auf das Amt. Allerdings ist das nicht die einzige Entwicklungslinie: Das Johannes-Evangelium, das zweifellos auch zu den späteren Schriften des Neuen Testaments gehört, kennt diese Entwicklung hin auf Amtlichkeit nicht, hier sind vorgegebene Strukturen geradezu peinlich vermieden. Es ist also nicht richtig zu sagen, dass in der Heiligen Schrift insgesamt eine Tendenz zu amtlichen Strukturen hin festzustellen ist. Diese gibt es, aber sie ist nur eine Entwicklungslinie unter mehreren. Dass sie sich in der Folgezeit durchsetzte, beweist die Fähigkeit der Kirche, in der fortlaufenden Geschichte Kontinuität und Treue zum Ursprung zu bewahren.

Der Weg der Kirche in der Geschichte

Mit dem Abschluss des Neuen Testaments kurz nach der Jahrhundertwende war die Entwicklung der Kirche, ihrer Lehre und ihrer Gestalt noch keineswegs abgeschlossen. Es waren unterschiedliche Herausforderungen von innen und von außen, die in den ersten christlichen Jahrhunderten – und darüber hinaus – Anlass zu weiteren Entwicklungen wurden.

Amt als Dienst an der Kontinuität der Kirche

Zunächst stellte sich das Problem, wie sich die kleinen Kontrastgemeinden von Gläubigen, die auf das nahe bevorstehende Reich Gottes hofften, auf eine fortdauernde und immer länger werdende Geschichte einstellen konnten.[104] Auf eine Dauer über Jahrhunderte hinweg waren sie zunächst in keiner Weise vorbereitet und sie mussten Formen entwickeln, um dieser ganz unerwarteten Herausforderung zu begegnen. In diesem Prozess entwickelte die Kirche Amtsstrukturen, die Stabilität und Ordnung gewährleisten sollten. Einen entscheidenden Schritt stellen dabei die Briefe des Ignatius von Antiochien aus der ersten Hälfte des zweiten Jahrhunderts dar. Dabei wird das bischöfliche Amt geradezu mit hymnischen Worten umschrieben. Im Bischof wird nach Ignatius Christus selbst sichtbar und die Einheit der Gemeinde greifbar und anschaulich. Darum kann der Bischof immer nur einer sein. Nur als einer kann er die Einheit der Gemeinde repräsentieren. Er ist in seinem Amt nicht von der Gemeinde oder von einer Wahl abhängig, sondern von Christus selbst eingesetzt. In diesen Zusammenhang fällt das häufig zitierte Wort: »Wo der Bischof erscheint, dort soll die Gemeinde sein, wie da, wo Jesus Christus ist, die katholische Kirche ist«[105]. Einheit der Kirche wird bei Ignatius als Einheit mit dem Bischof verstanden. Ignatius verwendet erstmals auch den Begriff von der »ecclesia catholica«. Er versteht darunter die universale Kirche, die in vielen Kirchen existiert und an allen Orten jeweils als die eine und allgemeine Kirche erscheint. In der Kirche am Ort, die durch ihren Bischof repräsentiert wird, wird demnach die universale, katholische Kirche greifbar und sichtbar. Wenn sich die Gemeinde um ihren Bischof sammelt und mit ihm das Herrenmahl feiert, ist die katholische Kirche gegenwärtig und lebendig. Und so kann Ignatius geradezu definieren: »Kirche ist ein im Bischof geeintes Volk«.

Aus dieser Formulierung wurde in der Folgezeit nicht selten eine geradezu unbegrenzte Autorität des Bischofs abgeleitet. Bei Ignatius ist das
noch nicht so. Er hat seine Briefe auf dem Weg zum Martyrium geschrieben, wo Autorität und Macht von vorneherein höchst relativiert waren.
Es war die Auseinandersetzung mit der Gnosis, die die christliche Botschaft zu einer überzeitlichen, geistigen Lehre zu machen drohte. Das
führte Ignatius dazu, Konkretheit, historische Verwirklichung und An-
schaubarkeit der christlichen Botschaft zu betonen und sie im Bischof zu
verleiblichen. Nicht ein höheres geistiges Prinzip gilt es anzustreben,
sondern in einer ganz konkreten Gemeinschaft zu leben, die im Amtsträger, und das ist bei Ignatius vor allem der Bischof, versammelt und anschaulich wird.

Die weitere Ausgestaltung der Ämter erfolgte immer auch in der Begegnung mit der gesellschaftlichen Ordnung des Römischen Reiches. Die
Ämter, die man dort vorfand, waren nicht durch fremde religiöse Vorstellungen belastet, wie es bei den Priestern der hellenistischen Religionen
und Kulten der Fall gewesen wäre. Von diesen musste man sich auf alle
Fälle absetzen, um nicht mit ihnen verwechselt zu werden. Dagegen haben Strukturen aus der jüdischen Gemeindeordnung auch in der jungen
Kirche durchaus ihre Rolle gespielt. Allerdings kann nicht übersehen
werden, dass in der Folgezeit auch Amtsvorstellungen der orientalischen
Religionen auf das Verständnis der Amtsträger in der Kirche eingewirkt
haben und dass dabei Konzeptionen etwa von einem Opferpriestertum
entstanden sind, die eigentlich mit der christlichen Botschaft nicht vereinbar waren.

In dem Maße, in dem die Kirche in der Welt heimisch wurde, spielte die
Ordnung der Gesellschaft im Römischen Reich und dessen Rechtsord-
nung auch in der christlichen Gemeinde eine immer größere Rolle. Mit
dem Ende der Verfolgung, der Konstantinischen Wende und mit der Er-
hebung des Christentums zur Reichsreligion wurde die kleine Herde,
von der das Neue Testament spricht, zur dominierenden Religion, die
Massen strömten in die Kirche und viele von denen, die nun ihre Mitglieder wurden, kamen aus recht unterschiedlichen Gründen, nicht allein
aus religiöser Überzeugung. Und die Repräsentanten der Kirche nahmen
bald auch eine gewichtige Stellung in der gesellschaftlichen und politischen Öffentlichkeit ein, insbesondere die Bischöfe im Heiligen Römischen Reich Deutscher Nation und allen voran der Papst als Souverän des
Kirchenstaates. Es braucht wenig Phantasie sich vorzustellen, dass dies

für die Kirche und ihre Ordnung erhebliche Auswirkungen hatte. Die Gestalt der Kirche passte sich den gesellschaftlichen Gegebenheiten an, angefangen bei Kaiser Konstantin im vierten Jahrhundert bis hin zu absolutistischen Herrschaftsformen in der Neuzeit. Dass nicht alle diese Entwicklungen segensreich waren, dass manche eher geeignet waren, die Botschaft Jesu zu verdunkeln und zu verunstalten, ist jedem geläufig, der auch nur ein wenig mit der Geschichte der Kirche vertraut ist.

Die Aussagen des Credos über die Kirche und ihre Bedeutung für heute

Die Herausforderungen der ersten Jahrhunderte betrafen aber auch die Inhalte der christlichen Lehre. Hier sind etwa die vielgestaltigen Strömungen der Gnosis zu nennen, mit denen die Kirche zu ringen hatte. In der Auseinandersetzung mit ihnen und um das rechte Verständnis der Schrift finden wir in der frühen Kirche zahlreiche Bemühungen und Versuche, von denen manche sich als unzureichend oder gar irreführend erwiesen und die in oft langen und bitteren Kontroversen zurückgewiesen oder in Konzilien als Irrlehren verurteilt wurden. Angesichts dieser Auseinandersetzungen musste die Kirche vor allem für die Glaubenseinführung der Taufbewerber und in Abwehr von nicht akzeptablen Lehrvorstellungen ihren Glauben verbindlich formulieren. Sowohl für die gottesdienstliche Feier als für die Feier der Taufe, aber auch um Irrlehren zurückzuweisen, entstanden die frühchristlichen Glaubensbekenntnisse. Im Credo von Konstantinopel aus dem Jahr 381, an dem alle großen christlichen Kirchen festhalten und das sie ökumenisch eint, wurde die Kirche umschrieben als die »eine, heilige, katholische und apostolische«.

Einheit

Einheit gehört zum Wesen der Kirche.[106] Sie ist eins, weil sie in Gemeinschaft mit Gott steht. Insofern besagt ihre Einheit nicht eine Erfahrungstatsache, sondern beschreibt eine theologische Qualität, nämlich ihre Übereinstimmung mit der Stiftung Jesu Christi. Kirche ist einig, weil sie Kirche ist, d.h. weil sie aus dem Wort Gottes lebt, seine Botschaft hört, weil sie die heiligen Zeichen vollzieht, die Gläubigen tauft und das Herrenmahl feiert. Ihre Einheit gründet in jener Gemeinschaft (griech. koinonia), die Gott selbst ist. Das Wort von der Einheit richtet sich primär nicht auf ein ausstehendes Ziel, das wir Menschen zu verwirklichen hätten, sondern auf den Ursprung der Kirche, ihre Treue zur göttlichen Stiftung.

Die Einheit der Christen untereinander muss aber gerade deswegen auch zur Erfahrungstatsache werden und erhält damit ihre Dringlichkeit. Aus der Gabe wird die Aufgabe. Wenn diese Einheit nicht gewahrt ist, wird dadurch auch die Einheit mit dem Ursprung im göttlichen Willen verdeckt. Einheit der Kirche steht dabei auch im Dienst der Einheit der Menschheit. Kirche ist, wie das Zweite Vatikanische Konzil betont, »Zeichen und Werkzeug für die Einheit der ganzen Menschheit« (LG 1). Nur wenn sie diesen Dienst erfüllt, wenn sie versöhnt und nicht spaltet, kann sie den Anspruch erheben, in Wahrheit Kirche Jesu Christi zu sein.

So wie Gott nach christlicher Überzeugung als Gemeinschaft existiert, wie seine Einheit durch Gemeinschaft und, wie die Lehre der Kirche auch sagt, durch reale Gegensätze bestimmt ist, so kann auch die Einheit der Kirche nicht im Sinne monolithischer Einheitlichkeit (»Uniformität«) verstanden werden. Sie ist als Einheit in Vielfalt und Gemeinschaft zu verstehen. Bestrebungen zu einer statischen und zentralistischen Form des Kirchenregiments können sich darum nicht auf die Forderung nach Einheit der Kirche berufen, wie sie das Credo formuliert. Die Kirche ist Gemeinschaft, nicht Monarchie und schon gar nicht absolutistische Herrschaft. Alle Bestrebungen, Kirche zentralistisch zu regieren und die Eigenständigkeit der Ortskirchen und die Freiheit des christlichen Gewissens zu untergraben, berufen sich zu Unrecht auf das Glaubensbekenntnis.

Heiligkeit

Das Bekenntnis zur heiligen Kirche[107] ist nicht Zeichen von Überheblichkeit oder von Blindheit gegenüber den tatsächlichen Verhältnissen. Es wurde gerade in einer Zeit formuliert, in der das Leiden an der Sünde in der Kirche und der Unzulänglichkeit ihrer Glieder in besonderer Schärfe erlebt wurde. Angesichts des Bekenntnisses zu ihrer Heiligkeit werden der Kirche heute oft Anmaßung und Überheblichkeit vorgeworfen, die sich dann gegen sie selbst richten. Wäre sie bescheidener, so der Vorwurf, könnte man ihr die Fehler wohl verzeihen. Wenn sie aber mit dem Anspruch der Heiligkeit auftritt, muss sie es sich gefallen lassen, daran gemessen zu werden. Sie wird vor ihm nicht bestehen. Angesichts der Forderung der Heiligkeit sind immer wieder gerade entschiedene Christen an der konkreten Kirche verzweifelt.

Der frühchristliche Schriftsteller Tertullian (um 150 bis 230) war wohl der erste, der sich schon um das Jahr 200 so sehr an der Sünde stieß, dass er die Großkirche in ihrer Legitimität in Frage stellte. Sie könne nicht die wahre Kirche sein, weil sie eine laxe Moral vertrete und Sünde großzügig verzeihe und dadurch der Heiligkeit im Wege stehe. Die Heiligkeit der Kirche verlange den Ausschluss der Sünder. So schloss sich Tertullian Gruppen an, in denen nur die Reinen, die Sündelosen, die Heiligen Heimatrecht hatten. Immer wieder sind im Verlauf der Kirchengeschichte Reformbewegungen aufgetreten, die angesichts der Sünde an der Kirche irregeworden sind. Letztlich war auch die Reformation zu einem nicht geringen Teil durch die Kritik an der Sünde in der Kirche und deren Unheiligkeit bestimmt.

Die Kirche aber weigerte sich, allein die heiligen Glieder auszuwählen und die Sünder zu exkommunizieren. Immer wieder gab es Versuche, eine Kirche der Reinen, der Heiligen – heute würde man vielleicht sagen, eine Kerngemeinde der Entschiedenen und Aktiven – zu etablieren und alle anderen auszuschließen. Mehrmals wurde die Forderung verurteilt, Menschen, die nicht im Stande der Gnade leben, zu exkommunizieren. Es ist eine der großen Herausforderungen für jede Lehre von der Kirche, sich der Tatsache zu stellen, dass die Kirche einerseits Stiftung des Herrn ist, dem göttlichem Heilsplan entspringt, als Geschöpf des Heiligen Geistes gepriesen wird, und dass sie dennoch gleichzeitig oft als recht unheilig erscheint.

Dennoch bezeichnet sich die Kirche als Communio Sanctorum, als Gemeinschaft der Heiligen. Diese Aussage kann sich – entsprechend der griechischen und der lateinischen Grammatik – sowohl auf die Gemeinschaft der heiligen Menschen als auch der heiligen Dinge, der heiligen Zeichen beziehen. Ursprünglich meinte das Bekenntnis im Credo die heiligen Dinge, also die Teilhabe am Wort, an den Sakramenten, insbesondere an den eucharistischen Elementen. Die Kirche ist Gemeinschaft dieser heiligen Zeichen, weil sie das Wort Gottes hört und das Herrenmahl feiert. Was das Credo formuliert, ist also nicht die Anmaßung einer außergewöhnlichen moralischen Qualität der Kirchenglieder, es ist das Bekenntnis zu einer sakramentalen, einer eucharistischen Ekklesiologie. Die Kirche ist heilige Kirche, auch deshalb, weil ihre Glieder durch das Sakrament der Taufe in sie aufgenommen werden. Zur Kirche gehört man nicht durch menschliche Leistung, sondern durch göttliches Erbarmen. Gott kommt dem Menschen mit seiner Gnade entgegen, ohne dass dieser etwas beizutragen vermöchte oder auch beitragen müsste. Die Aufnahme in die Kirche erfolgt nicht durch menschlichen Entschluss, sondern durch eine unbedingte Zuwendung Gottes. Dies ist die Konsequenz der Botschaft von der Rechtfertigung, dass Gott den Menschen annimmt, obwohl dieser, als Sünder oder auch als Unmündiger, keine Vorleistung zu erbringen vermag.

Die Botschaft von der Rechtfertigung allein aus Gnade ist für die Gestalt der Kirche entscheidend. Sie macht eine Volkskirche möglich, in der auch weniger entschiedene und engagierte Glieder ihren legitimen Ort haben. Entscheidungskirche, Gemeindekirche, kann sicher zu einem leuchtenden Beispiel christlicher Existenz werden, als Modell verstanden tendiert sie aber darauf hin, Kirche vom menschlichen Tun her zu verstehen.

Es entspricht jedenfalls orthodoxem, katholischem und lutherischem Verständnis, Kirche vom zuvorkommenden Gott her zu deuten, nicht von der Entscheidung der einzelnen Gläubigen. An dieser Stelle ist eine Differenz zur reformierten und vor allem zur freikirchlichen Tradition festzustellen. Bei diesen wird der Entscheidungscharakter stärker betont. Jedenfalls vom Prinzip her wird die Glaubenstat des Einzelnen für die Existenz von Kirche und für die Kirchenmitgliedschaft von wesentlich höherer Bedeutung.

In beiden Konzeptionen aber wird festgehalten, dass das, was Gott am Menschen getan hat, in diesem Frucht bringen kann und muss. Dass sich Gott dem Menschen zugeneigt hat und ihn ohne seine Leistung annimmt, wird unweigerlich in der Praxis der christlichen Existenz Konsequenzen haben. Weil die Getauften geheiligt sind, sollen sie auch persönlich zu Heiligen, also heilsamen Menschen, und zu Vorbildern des Glaubens werden. Jedenfalls gehört zur Heiligkeit der Kirche, dass sie nicht einfach in den Strukturen der Welt aufgeht, all das annimmt, akzeptiert und absegnet, was alle tun und für richtig halten, sondern dass sie dazu immer auch quer liegt, dass sie in der Welt nicht passt und Stein des Anstoßes ist, dass sie zur Kontrastgemeinschaft wird.

Die Würzburger Synode (1971–1975) hat es so formuliert: »Die Welt braucht keine Verdoppelung ihrer Hoffnungslosigkeit durch Religion; sie braucht und sucht das Gegengewicht, die Sprengkraft gelebter Hoffnung. Und was wir ihr schulden, ist dies: das Defizit an anschaulich gelebter Hoffnung auszugleichen.«[108]

Katholizität

Katholisch ist im Glaubensbekenntnis nicht eine Konfessionsbezeichnung, sondern ein Wesensmerkmal der Kirche als Ganzer. Insofern ist es bedauerlich, dass in den evangelischen Kirchen im Gottesdienst der altkirchliche Begriff »katholisch« zumeist durch »christlich« ersetzt wird. Katholisch ist eine Bezeichnung für die universale Kirche, nicht allein für eine Konfession. Der Begriff katholisch beschreibt die universale, von Christus geleitete Kirche. Er will ausdrücken, dass in ihr die sakramentale Fülle und die umfassende Botschaft Christi verwirklicht sind. Kirche ist katholisch, weil und insofern sie in der vollen Lehre und der vollen Gnadengabe ihres Herrn lebt.

Dieser Aspekt der Fülle und Vollkommenheit hat im Laufe der Zeit unterschiedliche Aspekte gefunden. So besagt er Rechtgläubigkeit und Einzigkeit im Gegensatz zu Gruppierungen, die eine Auswahl, griechisch eine hairesis, treffen, die Fülle preisgeben und darum als Häretiker kritisiert werden. Er bezeichnet die weltweite Ausdehnung im Gegensatz zu regionalen Absonderungen, die Ungebrochenheit der Überlieferung in Raum und Zeit und auch die eschatologische Ausrichtung der Kirche, die ihrer Vollendung im Reich Gottes entgegengeht.

In der Neuzeit fand der Begriff katholisch jedoch eine apologetische, d. h. verteidigende bzw. abgrenzende Zuspitzung. Jetzt besagte er die wahre Kirche, die unter der Führung des Papstes weltweit existiert, während die Neuerer – gemeint waren die Reformatoren – mit ihrer Lehre immer nur regionale Verbreitung finden. Erst in diesem Kontext wurde katholisch zur Konfessionsbezeichnung, wobei man es durch römisch spezifizierte.

In der heutigen Diskussion um den Begriff der Katholizität ist festzuhalten, dass der Auftrag der Kirche jede Partikularität sprengt. Sie wendet sich an alle Welt, umfasst die ganze Geschichte und hat ein Heil zu verkünden, das allen Menschen gilt und das jede Grenze von Rassen, Klassen und Geschlecht übersteigt. Zur Kirche gehört folglich auch Mission, denn Kirche muss das Evangelium allen Völkern bringen. Dabei darf sie nicht kulturelle Werte zerstören oder zur Kolonialisierung der Völker beitragen. In der Missionsgeschichte ist viel Unrecht geschehen und sehr viel Unheil angerichtet worden. Dies soll nicht beschönigt werden. Aber es ist auch festzuhalten, dass nach Aussagen des Zweiten Vatikanischen Konzils und vieler nachkonziliarer Dokumente jede Kultur geeignet ist, die christliche Botschaft auszudrücken und gleichzeitig auch der Kritik durch das Evangelium bedarf.

Im Gegensatz zu allen Vorstellungen, nach denen Mission eine Latinisierung des Erdkreises bedeuten müsse und das Römische über das Katholische dominieren sollte, gilt es festzuhalten, dass Katholizität Inkulturation ermöglicht und verlangt. Die jungen Kirchen in vielen Ländern haben inzwischen Formen von Liturgie, Theologie und kirchlichem Leben entwickelt, die ihrer jeweiligen Kultur entsprechen. »Römisch-katholisch« kann nicht bedeuten, dass der Erdkreis nach dem Modell der römischen Stadtkirche gestaltet werden müsste, sondern dass Rom ein Konzentrationspunkt ist, in dem die unterschiedlichen (!) Kulturen und Theologien zusammenkommen und sich zum Dialog verpflichten. In dieser Gemeinschaft der Orts- und Teilkirchen realisiert sich jeweils am Ort die katholische Kirche. »Katholischsein heißt dann, in Querverbindungen stehen.«[109] Keine Ortskirche kann sich isolieren, die Offenheit für die anderen Kirchen ist konstitutiv für ihr eigenes Kirchesein. Dabei ist die Gemeinschaft mit der Kirche von Rom für die Katholizität von konstitutiver Bedeutung, ebenso wie die Gemeinschaft der Kirche von Rom mit den vielen Ortskirchen. Doch Rom ist nicht die Universalkirche im Sinn von katholischer Kirche.

Apostolizität

Die neutestamentlichen Überlegungen haben gezeigt, dass das Amt des Apostels die Kontinuität vom historischen Jesus hinein in die Zeit der Kirche gewährleistet. Auf der Botschaft der Apostel baut die kirchliche Verkündigung auf. Insofern bedeutet Apostolizität die Übereinstimmung der Kirche mit ihrem Ursprung. Die Kirche ist als Ganze apostolisch, weil sie in Wort und Sakrament verkündet und vollzieht, was ihr überliefert wurde, und weil sie lebt, wie die Apostel gelebt haben.

Apostolizität besagt, und das ist die Konsequenz, dass die Kirche weitergibt, was sie selbst empfangen hat. Sie macht nicht ihren Glauben, verkündet nicht ihre eigenen Erfahrungen und Erkenntnisse, sondern steht im Dienst der Weitergabe dessen, was ihr überkommen ist. Die Kirche gründet in der Verkündigung der Apostel, nicht in Erfindungen religiöser Genies oder – im Sinn marxistischer Religionskritik – religiös Bedürftiger oder gar Süchtiger.

Diese grundlegende Aussage hat in den verschiedenen kirchlichen Traditionen eine unterschiedliche Konkretisierung erfahren. In der Alten Kirche wurde die Treue zum Ursprung eng an die Nachfolge im kirchlichen

Amt, konkret im Bischofsamt gebunden. Der Ansatz bei Ignatius wurde damit aufgegriffen und weitergeführt. Demnach ist Kirche apostolisch, weil sie Amtsträger hat, die in Treue das überliefern, was ihnen selbst überkommen ist. Die Lehre von der ununterbrochenen Amtssukzession der Bischöfe stellt demnach die Apostolizität der Kirche dar und gewährleistet sie.

In den Kirchen der Reformation wird die Apostolizität vor allem als Identität in der Lehre verstanden, sie konkretisiert sich im Prinzip »sola scriptura«, wonach allein die Schrift Norm und Kriterium für die kirchliche Verkündigung sein darf, nicht dagegen spätere Überlieferungen. Eine ökumenische Verständigung scheint heute möglich, weil einerseits in der katholischen Kirche das Konzil deutlich gemacht hat, dass das kirchliche Amt unter der Norm der Schrift steht, dieser dient und sie auslegt, und weil andererseits die evangelische Theologie die Tatsache neu wertet, dass Weitergabe und Auslegung der Schrift nicht aus sich selbst geschehen, sondern eine personale Konkretion brauchen, dass also Menschen beauftragt werden, diese Aufgabe wahrzunehmen. Das kirchliche Amt hat darin seine Begründung.

Vor allem in den mittelalterlichen Reformbewegungen wurde die Apostolizität der Kirche an einem Leben in Übereinstimmung mit dem Leben der Apostel festgemacht, konkret in einem Leben in apostolischer Armut. Innerhalb der Armutsbewegungen gab es unterschiedliche Strömungen. Einerseits konnten sie durch die Ordensbildung der Franziskaner und der Dominikaner einen Ort innerhalb der Kirche finden. Es gab aber auch radikale Gruppen, die dem Papst und den Bischöfen absprachen, Repräsentanten der Kirche, Verwalter der Sakramente und Verkünder des Wortes Gottes zu sein, und die allein die Armen als rechte Diener an Wort und Sakrament akzeptieren wollten – kein Wunder, dass die Großkirche die Armutsbewegungen, soweit sie nicht in Orden eingebunden werden konnten, als häretisch exkommunizierte. Doch damit ist nicht ausgeschlossen, dass ein Leben in der Übereinstimmung mit dem Leben der Apostel Ziel christlicher Existenz ist, für Amtsträger der Kirche ebenso wie für ihre Glieder.

Eine solche Übereinstimmung wird man heute in der Regel nicht primär an der Armut festmachen, sehr wohl aber sind Geschwisterlichkeit, Demut, Recht und Gerechtigkeit, die Bereitschaft, hinter der Botschaft Jesu zurückzutreten, und Treue zur überkommenen Aufgabe Zeichen dafür, dass die Kirche ihrer Bestimmung folgt. Eine rein automatische Sicht der

Amtssukzession, der zufolge eine besondere Qualität weitergegeben und so in der Kirche erhalten bliebe, wäre jedenfalls Magie. So wäre es auch problematisch, allein aus einem Bruch der Kette der bischöflichen Sukzession in den Kirchen der Reformation zu folgern, diese Gemeinschaften hätten die Apostolizität preisgegeben. Ebenso darf die Treue zur apostolischen Botschaft nicht als einfaches Wiederholen und Zitieren dessen verstanden werden, was in der Bibel geschrieben ist. Vielmehr hat sich die apostolische Botschaft als mächtige und entwicklungsfähige Idee erwiesen, die in den unterschiedlichsten Kulturen und sozialen Kontexten jeweils neue Gestalt zu finden vermag. Sicher sind bei diesen Übersetzungsprozessen, insbesondere beim Überstieg von der biblischen Botschaft hinein in die frühkirchlichen Konzilien, Dogmen und Credotexte tiefgreifende Neubesinnungen erfolgt. Sie liefen ebenso wenig ohne Reibungs- und Verlustprozesse ab wie spätere Übersetzungen, etwa die von der antiken Geisteswelt hinein in das mittelalterliche Denken, oder wie heute bei der Übersetzung in die Kulturen der jungen Kirchen. Dennoch, so das Bekenntnis zur Apostolizität der Kirche, ist die Lehre in aller Vielgestaltigkeit immer noch die der Apostel und folgt die Struktur der Kirche ihrem Ursprung. Diese Zuversicht gewinnt die Kirche aus dem Bewusstsein, dass sie vom Geist in der Wahrheit gehalten und zu ihrem Ziel geführt wird.

Die Kirche in den Kirchen

Mit dem Abschluss des Neuen Testaments kurz nach der Jahrhundertwende war die Entfaltung der Kirche noch nicht abgeschlossen. Es waren mehrere Herausforderungen von innen und von außen, die in den ersten christlichen Jahrhunderten zu einer weiteren Ausgestaltung der Kirche führten und Anlass zu einer Fortentwicklung und Ausdifferenzierung ihrer Strukturen und Ämter wurden. Hier sind die Gnosis und die verschiedensten Irrlehren zu nennen, die sich in frühchristlicher Zeit breit machten, vor allem aber die Notwendigkeit, in einer fortwährenden Geschichte heimisch zu werden und den Ursprung durch die Zeit hindurch zu bewahren. Diese Herausforderungen ließen besonders das kirchliche Amt erstarken und die christliche Botschaft zu einer fest umrissenen und dogmatisch formulierten Lehre werden.

Dieser Weg der frühen Kirche hin zu einer festen Ämterstruktur, zu den Glaubensbekenntnissen und den Konzilien der ersten Jahrhunderte wurde verschiedentlich kritisch betrachtet, so als sei hier die Begeisterung des Ursprungs preisgegeben und würden Freiheit und Gleichheit in der Begabung mit dem Geist durch eine Ämterhierarchie verdrängt. Nicht selten hörte man das Urteil, in diesem Prozess habe das römische Recht über den Geist des Evangeliums gesiegt, die Hellenisierung des Christentums sei der Sündenfall der frühen Kirche gewesen. Im Gegensatz zu dieser Vorstellung ist jedoch festzuhalten, dass die Entwicklung hin zu den frühchristlichen Konzilien und zu einer gefestigten Institution ein Inkulturationsprozess war, in dem die biblische Botschaft in einer völlig veränderten Zeit und Welt neu buchstabiert wurde und so neu zu Wort kam. Zweifellos hatte dieser Übersetzungsprozess seinen Preis. Die Form, wie Kirche in den frühen Konzilien gelebt wurde, unterscheidet sich erheblich von dem, was im Neuen Testament über die Jüngerschaft Jesu und über das Wirken der Charismen in den Gemeinden des Paulus zu lesen ist. Bei allen Differenzen ist aber auch festzustellen, dass sich die frühe Kirche sehr wohl mühte, Strukturen zu entwerfen, die die Treue zum Ursprung und die Identität mit dem Anfang gewährleisten sollten.

Der Weg, den die Kirche im Laufe ihrer weiteren Geschichte gegangen ist, war oft dornig.[110] Neben allen Tiefpunkten dürfen auch die Höhepunkte, neben den Sündern auch die Heiligen nicht übersehen werden. Die Formen, in denen die Kirche ihre Aufgabe zu erfüllen suchte und die Gestalten, die sie dabei annahm, differierten erheblich. Die kleine Herde des Neuen Testaments wurde zur Reichskirche, die viele Praktiken aus dem römischen Imperium übernahm und im Kirchenstaat selbst zu einer politischen Macht wurde. Der lateinische Westen und der griechisch sprechende und denkende Osten gingen getrennte Wege, und beide nahmen fast ein Jahrtausend hindurch kaum Notiz voneinander. Das Petrusamt, auf das sich die Päpste beriefen, stellte sich im Mittelalter als geistliche und vor allem auch als weltliche Großmacht dar, die in ständigem Konflikt lag mit dem Kaiser und den Fürsten. Neben dem Bild von der imperialen, herrscherlichen Kirche findet sich im Hochmittelalter aber auch die Forderung nach einer armen, einer dienenden Kirche, die nicht durch die Hierarchen, sondern durch die Bettler und Mönche repräsentiert wird, also durch jene, die so leben, wie die Apostel gelebt haben. Diese allein seien die wahren Christen und die Träger der Apostolizität der Kirche, nicht dagegen die reichen Hierarchen, ungeachtet deren apostolischer Sukzession.

Schwere Missstände in der römischen Kirche führten zur Reformation des 16. Jahrhunderts, aber auch zur katholischen Reform, die ihren Höhepunkt im Konzil von Trient hatte. Seither wird die westliche Kirche nur noch in der Gestalt von sich gegenseitig ausschließenden Kirchentümern erfahren. Nach Luther »weiß gottlob ein Kind von sieben Jahren, was die Kirche sei«[111]; viele Theologen haben seither gesagt, sie wünschten, dieses Kind zu sein. Denn so eindeutig ist seit der Reformation und infolge gegenseitig sich ausschließender Ansprüche nicht mehr, was die Kirche ist, wer zu ihr gehört und wer nicht. Die wahre Kirche ist nach Luther verborgen, »die Heiligen sind unbekannt«. Kirche ist für die Reformatoren nicht auf eine konfessionelle Struktur begrenzt, »sondern in aller Welt, dass also die Christenheit leiblich zerstreut ist, aber geistlich in einem Evangelium versammelt« (Martin Luther). Nach dem Augsburger Bekenntnis ist es »genug zu wahrer Einigkeit der christlichen Kirche«, dass »das Evangelium gepredigt und die Sakramente dem göttlichen Wort gemäß gereicht werden«[112] (CA VII). Mit dieser Formulierung verloren die kirchlichen Strukturen und Ämter an Bedeutung, dennoch sind sie nicht der Beliebigkeit oder der bloßen Zweckmäßigkeit anheimgegeben oder gar für irrelevant erklärt worden. Zwar wird Kirche nach Luther allein durch rechte Wortverkündigung und eine der Einsetzung entsprechende Sakramentenverwaltung, also nicht durch das Amt, aber andererseits steht das Amt so sehr im Dienst von Wort und Sakrament, dass es um ihretwillen unverzichtbar und für die wahre Kirche nötig ist. Doch die Bedeutung von Amt und Strukturen und insgesamt die Sichtbarkeit von Kirche sind seither zum Problem geworden.

Die katholische Kirche hat diese Ansätze der Reformation zurückgewiesen und in der Folge dem Amt mehr und mehr Bedeutung zuerkannt, sie drohte zur Amtskirche zu werden, in der die Laien auf das Hören und Gehorchen, auf die Erfüllung von Dienstaufgaben und auf das Spenden festgelegt wurden. Insbesondere das Amt des Papstes trat immer mehr ins Zentrum katholischen Denkens bis hin zu den Dogmen des Ersten Vatikanischen Konzils (1870) über den Universalprimat und die päpstliche Unfehlbarkeit.

Kirche nahm höchst unterschiedliche Formen an. Ein Bild dafür können vielleicht die Kirchenbauten sein: Die romanische Kathedrale in ihrer schlichten Strenge, die gotische Kirche in ihrem Drang zum Himmel, die

Barockkirche, die den Himmel auf Erden darstellen will, die orthodoxe Kirche, die den Beter in ihren Fresken in das Heilsgeschehen einbezieht, die moderne Kirche, die sich als Ort der Gemeindeversammlung versteht: Sie alle sind Variationen christlicher Baukunst und der Christ kann sie alle bei all ihrer Verschiedenheit als legitime Gotteshäuser annehmen. In der Gegenwart werden in den jungen Kirchen Gotteshäuser gebaut, die auf die Gestalt von Sakralbauten in den jeweiligen Kulturen zurückgreifen. Insbesondere in Asien, aber auch in Afrika entstehen Kirchen, die sich nicht mehr an europäische Vorbilder anlehnen, sondern sich der Architektur ihrer eigenen Kultur verdanken. Vielleicht sind die »Kirchen ohne Wände«, wie man sie heute verschiedentlich in tropischen Gebieten antreffen kann, ein besonders sprechendes Bild dafür, wie sich eine Kirche für die Welt und die Menschen versteht.

Kirche in ihrer geistigen Bedeutung ist kaum weniger vielgestaltig. Sie ging Hand in Hand mit den Mächtigen, aber auch mit den Kleinen und Unterdrückten. Im hohen Mittelalter gründete sie Universitäten und wurde zum wohl wichtigsten Förderer und Träger von Kunst und Wissenschaft, in der Neuzeit sperrte sie sich nicht selten gegen die Erkenntnisse einer autonom gewordenen Wissenschaft und wurde als Refugium von Obskuranten und Reaktionären verspottet. Sie hat geistige Neuaufbrüche unterdrückt und Ketzer verfolgt und verbrannt, sie hat aber auch Schulen und Hospitäler gegründet und Armen tägliches Brot gegeben. Ihre Geschichte ist bunt, die Formen, in denen sie die Botschaft von Jesus dem Christus präsentierte und heute präsentiert, sind höchst vielgestaltig. Wo diese Formen ursprungsgetreu sind und eine Antwort auf die sehr unterschiedlichen Fragen der Zeit geben, können wir sie als gelungene Synthese verstehen und uns von ihnen anregen lassen.

Zum Gegenstand einer gesonderten theologischen Reflexion wurde die Kirche erst im Umkreis der Kirchenspaltungen des 16. Jahrhunderts. Sicher gab es auch vorher Überlegungen über Problemstellungen, die heute im Rahmen der Ekklesiologie angesiedelt sind, aber Kirche als solche war zunächst nicht Thema eigener Erörterung. Sie wurde geglaubt, gelebt, doch erst durch die Kontroversen der Reformationszeit entstanden in sich stehende Abhandlungen »De ecclesia«, »Über die Kirche«. Es war die Erfahrung, dass plötzlich religiöse Gruppen gegeneinander standen, die sich jeweils als die Kirche Jesu Christi verstanden und genau dies der Gegenseite absprachen. Die Ekklesiologie entstand aus der Kontroverse um die rechte Kirche, und man sieht es ihr bis heute noch an. Es waren vor allem Anliegen der Verteidigung und der Polemik, die die Lehre von der Kirche prägten. Die Reformation entzündete sich am Protest gegen tatsächliche und gegen vermeintliche Missstände in der alten Kirche, das Konzil von Trient hat seine Aussagen zur Kirche vor allem in der Zurückweisung reformatorischer Positionen formuliert. Was ursprünglich Gegenstand der Polemik war, wurde bald zum »protestantischen Prinzip«, zum »katholischen Grundentscheid« hochstilisiert. Eine umfassende und in sich stehende Ekklesiologie konnten weder das Konzil von Trient noch das Erste Vatikanische Konzil ausarbeiten. Dies blieb dem Zweiten Vatikanischen Konzil vorbehalten. Es war ein Konzil der Kirche über die Kirche und es liegt nahe, heute die Lehre von der Kirche im Anschluss an dieses Konzil darzustellen.

Kirche im Zweiten Vatikanischen Konzil

Das Zweite Vatikanische Konzil (1962–1965) war das erste Konzil, in dem die Kirche intensiv über sich und ihr eigenes Wesen nachdachte. Es hatten sich zahlreiche Probleme angestaut, auf die die Kirche eine Antwort geben musste.

Die Herausforderungen

Unmittelbar nach dem Ersten Vatikanischen Konzil (1869/70) war der Kirchenstaat untergegangen, die Kirche hatte ihre politische Macht eingebüßt, war aber gleichzeitig auch von den mit ihr verbundenen Verwicklungen befreit. Europa war um die Mitte des 20. Jahrhunderts nicht mehr das Zentrum der Welt, die ehemaligen Kolonien kämpften um ihre Freiheit und auch die Kirchen in den Ländern der nun so genannten Dritten Welt wurden selbstbewusst und selbstständig. Immer deutlicher stellte sich in vielen Ländern die Frage, wie die nicht-katholischen christlichen Gemeinschaften zu werten seien, deren Angehörige man nicht mehr einfach als Häretiker und Schismatiker anzusehen vermochte, und wie man sich zu den Religionen stellen sollte, in denen man oft fromme Menschen und nicht nur Heiden erkannte. In manchen traditionell katholischen Ländern zeichnete sich eine Säkularisierung ab, die den Einfluss der Kirche schwinden ließ, der Ost-West-Konflikt hatte die Welt mehrmals an den Rand eines nuklearen Krieges mit unabsehbaren Folgen gebracht, die Wissenschaft hatte gewaltige Fortschritte gemacht und manche ihrer Erkenntnisse schienen mit dem überkommenen biblischen Weltbild unvereinbar zu sein. Trotz aller politischen Gefahren war der Optimismus jedenfalls in Westeuropa und in Nordamerika ungebrochen: Letztlich war man überzeugt, alle Aufgaben und Rätsel der Welt lösen und alle Aufgaben erfüllen zu können, einschließlich der Überwindung von Armut, Hunger und Unterdrückung in weiten Bereichen dieser Welt. Und nicht zuletzt durch die neuzeitliche Philosophie und Theologie stellten sich Fragen, die mit den alten Antworten kaum noch beantwortet werden konnten. Vor allem das historische Denken bedeutete eine

Herausforderung an das Verständnis der Heiligen Schrift. Man erkannte immer mehr, dass die biblischen Texte nicht vom Himmel gefallen sind, sondern aus konkreten Anfragen und Problemstellungen entstanden sind, und dass auch die Dogmen auf dem Hintergrund von konkreten Herausforderungen, zumeist von einseitigen Lösungsversuchen her zu verstehen sind, die als mit der christlichen Botschaft unvereinbar zurückgewiesen wurden. Es waren zahlreiche Probleme und Herausforderungen, auf die die Kirche eine neue Antwort geben musste, viele herkömmliche Lösungsversuche erwiesen sich mehr und mehr als brüchig und wenig überzeugend.

Was ist die Kirche?

Als Papst Johannes XXIII. das Konzil ankündigte und ihm den Auftrag eines »Aggiornamento«, eines »Heutig-Werdens« der Kirche gab, stellte sich auch die Frage nach der Kirche selbst, nach ihrem Auftrag in der Welt von heute und nach ihrem Selbstverständnis, das sich nicht zuletzt an diesem Auftrag festmachen sollte. Die Erwartungen waren dabei sehr unterschiedlich. Sollte die Kirche an ihrer überkommenen Gestalt und Ordnung festhalten, konnte sie als unerschütterlicher Fels in der Brandung der Zeiten den Kräften des Zerfalls der alten Ordnung widerstehen? Oder sollte sie sich in ihrer Ordnung den modernen, demokratischen Entwicklungen anpassen und sich dadurch in einer sich grundlegend verändernden Welt Gehör verschaffen? Wie sollte sie sich darstellen? Und die Frage ging tiefer: Was ist diese Kirche eigentlich in ihrem tiefsten Wesen? Wie verhält sie sich zu den verschiedenen christlichen Gemeinschaften, zu den Religionen? Ist sie eine unter vielen oder hat sie ein Monopol auf die christliche Botschaft, weil sie allein auf dem Fundament Christi und der Apostel aufbaut?

Prägend war vom Anfang der Konzilsvorbereitungen an die Tatsache, dass das Erste Vatikanische Konzil unvollendet und damit einseitig geblieben war. Nach der Definition der Dogmen über den Primat und die Unfehlbarkeit des Papstes war es 1870 wegen des Ausbruchs des deutsch-französischen Kriegs und dem Untergang des Kirchenstaats abgebrochen worden. Dies hatte in der Folgezeit nicht selten dazu geführt, dass die Aussagen über den Papst isoliert und die katholische Kirche in einseitiger Weise als Papstkirche verstanden wurde. Dieser Entwicklung wollte das Zweite Vatikanische Konzil begegnen und nun das bischöfliche Amt betonen, selbstverständlich ohne die Papstdogmen in Frage zu stellen. Auf diesem Weg wollte man eine ausgewogenere Konzeption von Kirche vorstellen. Von diesem Bestreben waren die vorbereitenden Entwürfe geleitet, welche die vatikanischen Kommissionen für das kommende Konzil ausarbeiteten. Das Bischofsamt stand im Mittelpunkt dieser Texte.

Im Verlauf des Konzils wurde jedoch deutlich, dass eine solche Ergänzung der Aussagen zum Papsttum durch ein vertieftes Verständnis des Bischofsamtes nicht hinreichen konnte, um ein überzeugendes Bild von der Kirche zu entfalten. Dieser Entwurf war noch ganz von der Engführung von Kirche auf Hierarchie bestimmt. Die Mehrzahl der Konzilsväter war überzeugt, dass es nicht richtig sei, Kirche vom Amt, auch nicht vom bischöflichen Amt her zu verstehen. Man müsse Kirche zunächst nicht in ihren Strukturen betrachten, sondern von ihrem Wesen, ihrer Aufgabenstellung, ihrem Ursprung her, also von dem her, was alle Glieder der Kirche umfasse und allen gelte, nicht allein den Amtsträgern und der Hierarchie. Um Kirche zu verstehen, gelte es, zunächst das zu formulieren, was allen Gliedern der Kirche gemeinsam ist. Erst dann könne man über Aufgaben, Ämter und Funktionen sprechen, die sich innerhalb der Kirche finden und die für sie unverzichtbar sind. So wurden dem Kapitel über das Bischofsamt, das die vorbereitenden Kommissionen erstellt hatte, zwei grundlegende Kapitel vorangestellt: die Kirche als Mysterium und die Kirche als Volk Gottes.

Kirche als Mysterium

Mit dem Verständnis der Kirche als Mysterium greift das Konzil auf die Tradition der ersten christlichen Jahrhunderte zurück und macht sie fruchtbar. Es wird deutlich, dass die Kirche zunächst nicht eine Institution und eine Hierarchie ist, dass sie nicht funktioniert aufgrund eines detaillierten Kirchenrechts und umfassender Vollmachten des päpstlichen Amtes, sondern dass sie eine geistliche Wirklichkeit ist, dass sie im göttlichen Heilswillen gründet und aus der Kraft der Auferstehung Christi und der Geistsendung erwachsen ist.

Diese geistlich-spirituelle Sicht von Kirche war durch die immer stärkere Betonung von Institution und Hierarchie im Laufe der Jahrhunderte mehr und mehr in den Hintergrund getreten. Das Zweite Vatikanische Konzil greift ganz bewusst auf sie zurück. In geradezu definitorischer Weise beginnt die Kirchenkonstitution:

>»Christus ist das Licht der Völker. Darum ist es der dringende Wunsch dieser im heiligen Geist versammelten Synode, alle Menschen durch seine Herrlichkeit, die auf dem Antlitz der Kirche widerscheint, zu erleuchten, indem sie das Evangelium allen Geschöpfen verkündet. Die Kirche ist ja in Christus gleichsam das Sakrament, das heißt Zeichen und Werkzeug für die innigste Vereinigung mit Gott wie für die Einheit der ganzen Menschheit.« (LG 1)[113]

Bei diesem Text ist festzuhalten, dass nicht die Kirche als Licht der Völker bezeichnet wird, wie das in einem früheren Entwurf vorgesehen war, dann aber auf Anregung von Karl Rahner abgeändert wurde, sondern dass sie das Licht, das allein Christus ist, widerspiegelt. Die Kirche hat ihre Existenz nicht aus sich, sie ist nicht einfach der Zusammenschluss von Menschen gleichen Glaubens, sondern sie gründet im Werk Jesu Christi. Und wenn sie über sich nachdenkt, darf sie zuerst nicht auf sich selbst schauen, sondern auf den, durch den und in dem sie ihr Sein hat.

Um dies deutlich zu machen, greift das Konzil auf das frühkirchliche Bild von der Kirche als dem Mond zurück, der kein eigenes Licht hat, sondern das Licht der Sonne empfängt und es widerspiegelt. Die Kirche hat die Aufgabe, etwas vom Licht Christi aufzufangen und es in die Welt hinein zu reflektieren.

Die frühe Kirche hat mit diesem Bild einen zweiten Gedanken verbunden: Das Licht des Mondes ist unstet. Es gibt Zeiten, in denen es abnimmt, wo es ganz finster zu werden droht und die Kirche keinen Glanz zu verbreiten vermag. Aber gerade dann ist ihr zugesagt, dass es wieder heller wird, dass Christus sie neu ergreift und durch sie sein Werk in dieser Welt greifbar und sichtbar machen wird. Das Konzil stellte sich der Tatsache, dass die Kirche nicht allein heilig, sondern auch sündig ist, dass sie stets der Reinigung und der Umkehr bedarf (LG 8).

Das führt zu der zweiten Aussage, die in dieser Eingangspassage formuliert ist, nämlich dass die Kirche sich »gleichsam als Sakrament« versteht. Hier wird die Aussage der Sakramentenlehre fruchtbar gemacht, wonach die Sakramente Zeichen sind, die das bewirken, was sie bezeichnen. Sie verweisen nicht nur wie Wegweiser auf eine ihnen fremde Wirklichkeit, sondern sie sind als Realsymbole auch Ursache der Gnade, die sie bezeichnen. In der Anwendung auf die Kirche bedeutet das: Eine sichtbare Gruppe von Menschen, die sich als Kirche versammelt, zeigt an und bewirkt die Einheit mit Gott und die Einheit der Menschheit. Die soziologisch erfassbare, institutionelle, rechtlich umschriebene Kirche ist das äußere Zeichen. Sie hat aber ihren Zweck nicht in sich, ist nicht um ihrer selbst willen da, sondern sie erscheint im Konzil als Zeichen und Werkzeug für die Vermittlung des Heils, das Gott den Menschen bereitet hat. Diese Aussage baut einer unkritischen Identifizierung von Christus und der Kirche vor. Die Kirche ist nicht einfach der fortlebende Christus, sie ist auch nicht das Reich Gottes, sondern, wie es heißt, »Zeichen und Werkzeug«. Dies eröffnet die Möglichkeit, Kirche realistisch zu betrachten und sie doch im Glauben festzuhalten. Ihre dunklen Seiten können unvoreingenommen zur Kenntnis genommen und auch kritisiert werden. Sie ist Wegweiser, der aber oft verwaschen ist und fast unleserlich erscheint und gegebenenfalls vielleicht sogar als irreführend erfahren wird. Und dennoch ist sie in aller Vorläufigkeit wirksames Zeichen für die schon anwesende Liebe Gottes in dieser Welt. Sie ist eben Realsymbol. Wo also die Kirche in ihren wesentlichen Vollzügen, in der Verkündigung des Evangeliums, der gottesdienstlichen Versammlung, der tätigen Nächstenliebe lebt, geschieht nicht allein Menschenwerk, sondern dort ist der erhöhte Herr in seinem Geist mitten in seiner Gemeinde gegenwärtig. Menschliche Handlungen werden in aller Gebrochenheit und Armseligkeit zum Zeichen göttlicher Nähe. Gott hat sich endgültig der Kirche zugesagt, er ist in ihrem Tun am Werk. Seine Zusage macht ihre Verkündigung und ihre Zeichenhandlungen zu Ereignissen, in denen seine Kraft dem Menschen unverbrüchlich zu Teil wird, trotz aller menschlichen Schwäche und Fehler.

In der nachkonziliaren Rezeption hat das Wort von der Sakramentalität der Kirche manchmal eine Deutung erfahren, als würde die Kirche damit in einen Bereich erhoben, in dem es nur noch schweigende und lobpreisende Verehrung geben kann. Die Kirche und ihr Amt, vielleicht gar ihre Amtsträger und ihr Wirken würden dem rationalen Diskurs und jeder Kritik entzogen. Gegen dieses Missverständnis gilt es zu betonen, dass das Konzil in der Aussage von der Sakramentalität gerade eine Differenz zwischen dem steten Reformbedarf der Kirche und der Sündigkeit ihrer Amtsträger einerseits und der Heiligkeit und Wirksamkeit ihres Tuns andererseits festhalten wollte.

Kirche als Volk Gottes

Zur Beschreibung der konkreten Gestalt der Kirche wählte das Zweite Vatikanische Konzil das Bild von der Kirche als Volk Gottes. Das Konzil verstand die Kirche als pilgerndes Gottesvolk, es »schreitet zwischen den Verfolgungen der Welt und den Tröstungen Gottes auf dem Pilgerweg dahin« (LG 8). Dieser Ansatz machte es möglich, eine Reihe von Aspekten zu bedenken, die das Konzil für bedeutsam erachtete.

Gott offenbart sich in der Geschichte. Kirche als Volk Gottes ist unterwegs, sie hat keinen bleibenden Ort und ist stets der Reform bedürftig, sie ist »semper reformanda« (deutsch: eine sich immer erneuernde). Das Konzil wollte in dieser Vorstellung der Tatsache gerecht werden, dass Kirche der Geschichte und ihrer Veränderung unterworfen ist, dass auch ihre Glaubensaussagen und Dogmen nicht einfach vom Himmel gefallen sind, sondern als Antworten auf konkrete Herausforderungen und als kontextbedingte sprachliche Festschreibungen von Glaubenserfahrungen gedeutet werden müssen. Um die Glaubensaussagen recht zu verstehen, müssen diese Herausforderungen mitbedacht werden. Kirche und ihre Botschaft sind keine überzeitliche Idee, sondern sie stehen in einer konkreten Geschichte. Auf diesem Pilgerweg, so will das Konzil festhalten, ist die Kirche immer von der Sünde und vom Abfall von ihrem Herrn bedroht. Sicher ist sie die Gemeinschaft der Heiligen, aber eben auch der Sünder.

Das Volk Gottes umfasst Israel und die Kirche; Kirche gründet im Volk Gottes des Alten Bundes. Die zentrale Aussage des Alten Testaments, dass Israel Volk Gottes ist und dass Gott zum Heil der Menschen ein Volk und nicht allein Einzelne berufen hat, wird vom Konzil deutlich unterstrichen. In Israel erkennt die Kirche ihre Wurzel: Sie ist in das Volk Gottes aufgenommen, in dieses eingepfropft, wie Paulus im Römerbrief schreibt (Röm 11,17–24). Israel ist auch nach Christus Volk Gottes, es ist nicht aus der Verheißung entlassen. Darum weist das Konzil jeden Antisemitismus zurück, wie er sich nicht selten auch in christlicher Gestalt entwickelt hat. Das Konzilsdekret über das Verhältnis der Kirche zu den nicht-christlichen Religionen mit den Eingangsworten »Nostra aetate«, das im Kern ein Dekret über das Verhältnis zum Judentum ist, verurteilt jeden religiös bedingten Antisemitismus.[114]

In besonderer Weise hat sich der Begriff Volk Gottes bewährt, um die Gemeinschaft aller in der Kirche und die fundamentale Gleichheit ihrer Glieder vor Gott zum Ausdruck zu bringen. Das Wort vom Leib Christi, das die Ekklesiologie vor dem Zweiten Vatikanischen Konzil weithin bestimmt hatte, war oft so verwendet worden, dass vor allem der Unterschied zwischen den einzelnen Gliedern, insbesondere der Unterschied von Laien und Klerikern hervorgehoben wurde. Volk Gottes dagegen zeigt Kirche als vielgestaltige Gemeinschaft. Communio (deutsch: Gemeinschaft) ist eines der Leitmotive des Zweiten Vatikanischen Konzils. Kirche gründet in der Gemeinschaft, die Gott selbst ist. Gott ist in christlicher Überzeugung nicht in starrer Einheitlichkeit und Unbeweglichkeit zu verstehen, sondern als trinitarisches Leben, also als Beziehung und Dialog. An diesem Gottesverständnis orientiert sich das Bild der Kirche als communio. Sie ist »das von der Einheit des Vaters und des Sohnes und des Heiligen Geistes her geeinte Volk« (LG 4).

Kirche als Gemeinschaft

Als Volk Gottes ist die Kirche Gemeinschaft, communio. Dieser Gedanke bestimmt das Bild von der Kirche, wie es das Konzil gezeichnet hat, in vielfältiger Hinsicht. Dies gilt zunächst für das Verhältnis von Ortskirche und Weltkirche. Nach dem Ersten Vatikanischen Konzil vertraten manche Theologen die Auffassung, nun habe das Konzil keine Funktion mehr, der Papst habe alle Vollmacht in der Kirche; jetzt könnten allein noch seine Anordnungen gehorsam angenommen und ausgeführt werden. Kirche erschien allein als Weltkirche, die Diözesen als ihre Verwaltungseinheiten und Unterabteilungen. Demgegenüber hat das Zweite Vatikanische Konzil die Bedeutung der Ortskirche neu hervorgehoben. Schon dass das Konzil überhaupt stattgefunden hat, dass die Bischöfe um rechte Glaubensaussage und Gestalt der Kirche gerungen haben, hat einen einseitigen Papalismus widerlegt. Das Konzil war als solches eine Korrektur an einem zentralistischen oder gar absolutistischen Kirchenbild.

Gemeinschaft der Ortskirchen

Das Konzil betont, dass Kirche in den Ortskirchen verwirklicht ist, sie sind Kirche, nicht Unterabteilungen der Universalkirche. Vielmehr realisiert sich die Universalkirche in der Gemeinschaft der Ortskirchen. Sie verwirklichen durch ihre Offenheit auf die anderen Ortskirchen auch die Weltkirche. In den Ortskirchen erfolgt die Inkulturation des Christentums in der Begegnung mit den jeweiligen historischen und kulturellen Herausforderungen. Unterschiede zwischen den Ortskirchen und auch Differenzen zur Ortskirche von Rom sind damit durchaus legitim.

Ortskirchen im eigentlichen Sinn, so wie es das Konzil versteht, sind die von einem Bischof geleiteten Diözesen. Angesichts der Tatsache, dass in vielen Regionen diese Diözesen sehr groß sind und weithin als Verwaltungseinheiten erscheinen, sind, vielleicht in abgeleiteter Form, auch die Pfarrgemeinden als Ortskirchen zu sehen. In ihnen geschieht, was Kirche zur Kirche macht: Leiturgia, Martyria und, jedenfalls zu einem guten Teil, die Diakonia, selbst wenn diese teilweise auch an überpfarrliche Institutionen delegiert wird. Kirche am Ort beinhaltet jedenfalls, dass hier Kirche konkret erfahrbar und lebbar wird. Darum ist es problematisch, wenn wegen des Priestermangels übergroße Pfarrverbände eingerichtet werden und damit kirchliches Leben aus der alltäglichen Erfahrungswelt der Menschen auszieht.

In der Folge des Konzils und seiner Betonung der Ortskirchen sind besonders in den Kirchen der Dritten Welt Basisgemeinden entstanden, die sehr verschiedene Gestalt angenommen haben. Oft sind sie Untergliederungen von übergroßen Pfarreien. Sie feiern Gottesdienste, lesen gemeinsam die Schrift. Sie kümmern sich um die Alten und Kranken und bestatten ihre Toten. In ihnen wird Kirche in ihren Vollzügen konkret. Viele Dienste und lokale Ämter sind entstanden, die diese Aufgaben am Ort wahrnehmen[115]. Oft bedenken Christen in diesen Basisgemeinden auch die Lebenssituation, in der sie stehen, und sie erkennen, dass ihre Armut weder der Wille Gottes noch ein Naturgesetz ist, sondern oft auf Ausbeutung und Unterdrückung beruht. Diese Erkenntnis führt dazu, dass solche Gemeinden auch gesellschaftlich und politisch aktiv werden, dass sie dazu beitragen, die Lebenssituation der Armen und Armgemachten zu verbessern. Nicht selten entzünden sich an diesen Bemühungen aber auch Konflikte mit den Herrschenden, gegebenenfalls auch mit den herrschenden Kreisen in der Kirche. Dies hat dazu geführt, dass solche Basisgemeinden in manchen Regionen und Diözesen derzeit eher in den Hintergrund treten. Es bleibt abzuwarten, ob sich die Zukunft der Kirche nicht gerade auf solche Gemeinden wird stützen müssen.

Bischofsamt und Bischofskollegium

In den Rahmen der Kirche als Volk Gottes stellt das Konzil nun auch das Bischofsamt. Es wird in Übereinstimmung mit der frühen Christenheit als das zentrale Amt in der Kirche gewertet. Das Konzil macht deutlich, dass die Bischöfe nicht Delegierte des Papstes sind, sondern Zeugen des Glaubens ihrer jeweiligen Ortskirchen. Um ihr Amt ausüben zu können, müssen sie in Gemeinschaft mit dem Bischof von Rom stehen, doch dieser gehört selbst dem Kollegium der Bischöfe an und steht nicht über ihm. Das gilt insbesondere für das Konzil, zu dem der Papst als Bischof von Rom gehört. Ohne ihn könnte es nicht das Konzil sein. Der die Geschichte der Kirche begleitende Konflikt zwischen Konzil und Papst, Konziliaristen und Papalisten, die jeweils die Herrschaft des einen über den anderen forderten, wird im Konzil durch die Betonung der communio, der Gemeinschaft und der gegenseitigen Verpflichtung beider überbrückt.

Verhältnis von Lehramt und Theologie

Das Wort von der Kirche als Gemeinschaft bestimmt im Zweiten Vatikanischen Konzil und in manchen nachkonziliaren Dekreten auch das Verhältnis von bischöflichem Lehramt und Theologie. Beide sind unterschieden, sie haben unterschiedliche Aufgaben zu erfüllen, und dennoch sind sie aufeinander angewiesen, stehen im Dialog und sind beide gerade in ihrer Eigenständigkeit für die Kirche unverzichtbar.

Gemeinschaft mit Armen und Notleidenden

Communio, Gemeinschaft bestimmt nach den Aussagen des Konzils das Verhältnis von Priestern und Laien, von Frauen und Männern in der Kirche. Besonders betont das Zweite Vatikanische Konzil die Gemeinschaft mit den Armen, den Notleidenden, den Unterdrückten und fordert Teilen und Partizipation mit ihnen. Dabei bildet Europa nicht mehr das Zentrum der Kirche. Vielmehr stehen die Ortskirchen in einem gegenseitigen Austausch, in dem gerade die materiell armen Kirchen nicht selten die geistig und geistlich anregenden und fruchtbaren sind. Diese Gedanken wurden vor allem in Südamerika in der dort entstandenen und dann vor allem in den Südregionen der Erde rezipierten und weiterentwickelten Theologie der Befreiung aufgegriffen und haben reiche Frucht getragen.

Volk Gottes und Ökumene

Besondere Bedeutung hat die Konzeption von der Kirche als Volk Gottes für den ökumenischen Gedanken. Sie machte es möglich, eine unterschiedliche, gegebenenfalls auch eine gestufte Zugehörigkeit zur Kirche festzuhalten, andererseits musste die römisch-katholische Kirche nicht mehr exklusiv mit der Kirche Jesu Christi identifiziert werden. Das Konzil hält in Lumen gentium 8 daran fest, dass in der römisch-katholischen Kirche die Kirche Jesu Christi »verwirklicht ist« (lateinisch: subsistit in). Die Frage, inwieweit andere Konfessionen damit als Kirchen anerkannt sind oder anerkannt werden könnten, wird derzeit kontrovers diskutiert. Die Konzilsväter haben in dieser Formulierung jedenfalls eine Öffnung auf die nicht-katholischen Kirchen hin gesehen und diese Aussage als Relativierung eines römisch-katholischen Exklusivanspruchs verstanden. Auch über diese Formulierung hinaus war die ökumenische Verpflichtung eines der durchgängigen Motive des Zweiten Vatikanischen Konzils. Dies wurde insbesondere im Ökumenismusdekret (UR) deutlich.

Die Kirche in der Welt von heute

Das Zweite Vatikanische Konzil war ein Reformkonzil. Es war das erste Konzil in der Geschichte der Kirche, das kein Dogma in dem Sinne verkündet hat, dass Irrlehrer verurteilt und Lehrmeinungen als mit dem Glauben der Kirche unvereinbar zurückgewiesen worden wären. Es ging um die Erneuerung der Kirche und ihres Lebens. Die Umsetzung der theologischen Selbstbesinnung – also des Blickes der Kirche »nach innen« – erfolgte vorwiegend in der Kirchenkonstitution. Der Blick in die Praxis der Kirche geschah schwerpunktmäßig in der Pastoralkonstitution »Die Kirche in der Welt von heute« (Gaudium et spes, GS).[116] Sie stellt den Blick der »Kirche nach außen« dar. Dabei ist schon die Überschrift dieses Dokuments höchst bedeutsam. Es bezeichnet sich als Konstitution. Konstitutionen sind in der Kirche der Neuzeit die Texte, denen höchste kirchenamtliche Verbindlichkeit zukommt. Dogmen wurden in Form von Konstitutionen verkündet. Diese höchste Form der Verbindlichkeit beansprucht das Konzil nun in dem umfangreichen Text, in dem die Kirche über ihre Beziehung zur Welt nachdenkt. Das zeigt, dass sich die Kirche in neuer Weise versteht, als auf die Welt und die Menschheit, »ihre Freude und Hoffnung, Trauer und Angst« verwiesen, wie die Eingangsworte zu diesem Dokument lauten (GS 1). Kirche steht nicht in sich und ist nicht aus sich verstehbar, sondern sie definiert sich in ihrer Relation zur Welt, als Dienst an der Menschheit und ihrer Einheit.

Die Welt, in deren Dienst sich das Konzil definiert, ist dabei nicht eine abstrakte Wirklichkeit, es ist, wie die Überschrift der Pastoralkonstitution lautet, die Welt von heute in ihrer geschichtlichen Entfaltung, ihrer kulturellen Vielfalt, in ihrer historischen Bedingtheit und Veränderlichkeit. Damit ist das Konzept einer überzeitlich und unveränderlich existierenden Kirche im Prinzip überwunden. Die Vorstellung, dass die Kirche als göttliche Stiftung dem geschichtlichen Wandel entzogen sei, eventuell gar dass sie als Fels der Brandung dem Fluss geschichtlicher Veränderung zu widerstehen habe und in ihr alles bleiben müsse, wie es immer war, ist damit grundsätzlich preisgegeben. Kirche definiert sich im Konzil in ihrer Relation auf eine veränderliche Welt und unterwirft sich damit auch selbst dieser Veränderlichkeit. Kirche ist »Kirche für andere«, sie ist situationsbezogen und damit dem Wandel der Herausforderungen in der Geschichte und in den unterschiedlichen Kulturen unterworfen.

Man hat der Pastoralkonstitution manchmal vorgeworfen, sie sei unausgereift, allzu sehr von den Nöten und Hoffnungen der 60er Jahre des vorigen Jahrhunderts bestimmt. Aber vielleicht macht gerade das ihren Wert aus. Das Konzil wollte eben nicht nur ewige Wahrheiten verkünden, sondern auf die konkreten Fragen eingehen, es mühte sich, ehrlich und bescheiden einen Beitrag zu leisten zu den Lebens- und Überlebensfragen der Menschheit heute. Sicher würde fünfzig Jahre nach dem Konzil manche Frage anders lauten und auch manche Antwort würde heute wohl anders aussehen. Das damalige »Heute« war keine überzeitliche Gegenwart. Verbindlich sind folglich nicht so sehr die Einzelaussagen dieses Dokuments, sondern die Art und Weise, wie hier die Relation von Frage und Antwort aus der christlichen Botschaft praktiziert wurde. Insbesondere hat das Konzil die Armutsforderung Jesu und der mittelalterlichen Reformbewegungen neu gehört und sich an die Armen, die Ausgebeuteten und Unterdrückten gewandt: »Der Geist der Armut und Liebe ist Ruhm und Zeugnis der Kirche Christi« (GS 88). Diese Worte haben mächtig weitergewirkt. Sie haben insbesondere in Lateinamerika zu einer »vorrangigen Option für die Armen« geführt und in der Befreiungstheologie, aber auch über diese hinaus das Selbstverständnis der Kirchen geprägt und oft auch entscheidend verändert.

In der Pastoralkonstitution wandte sich die Kirche an alle, die bereit waren, ihr Wort zu hören, nicht nur an Katholiken, sondern an alle Menschen guten Willens, gerade auch an die Nicht-Gläubigen und Atheisten. Das Konzil bot allen einen offenen Dialog an, der dazu helfen sollte, die Welt schöner und lebenswerter zu machen. Der Begriff Dialog wurde zu einem Hauptwort des Konzils, insbesondere der Pastoralkonstitution. Man muss sogar sagen, dass sich das Angebot zu einem ehrlichen Dialog und zur Bereitschaft, voneinander zu lernen, besonders intensiv an Gruppen gerichtet hat, die der Kirche eher fremd gegenüberstehen. Die Ungläubigen werden deutlicher als Dialogpartner angesprochen als die Gläubigen anderer Religionen, der verschiedenen christlichen Konfessionen oder gar die Katholiken. Das Konzil bemühte sich redlich, einen Beitrag zu leisten, damit Menschen unterschiedlicher Überzeugung und Herkunft zusammenwirken können, um die Welt besser und menschlicher zu gestalten. Allerdings stellt sich die Frage, ob das Angebot nach außen, in einen Dialog einzutreten, erfolgreich sein kann, wenn die Kirche in ihrem Inneren diesen Dialog nur sehr wenig pflegt und hier andere Mechanismen zur Willensbildung und zur Interpretation der christlichen Botschaft dominieren. Nur eine dialogische Kirche wird auch als Dialogpartner angenommen werden. Hier besteht Handlungsbedarf. Doch die Pastoralkonstitution über die Kirche in der Welt von heute hat gezeigt, dass die christliche Botschaft in diesem Dialog etwas einbringen kann, dessen die Welt bedarf. Die Welt hat es dem Konzil gedankt, dass sie nicht verurteilt, sondern als Partner ernst genommen wurde. Die Er-

wartungen an die Kirche waren beim Abschluss des Konzils hoch ge-
steckt.

Eine schwierige Rezeptionsgeschichte und ihre Ursachen

In der nachkonziliaren Diskussion um das rechte Verständnis von Kirche
und ihre angemessene Gestalt berufen sich fast alle auf Aussagen des
Konzils und kommen dennoch oft zu recht unterschiedlichen Ergebnis-
sen. Dies ist möglich, weil im Konzil selbst verschiedentlich gegensätzliche Visionen von Kirche nebeneinander stehen, die kaum miteinander
ausgeglichen werden konnten. So findet man im Zweiten Vatikanischen
Konzil nicht allein Formulierungen, die die Kollegialität der Bischöfe
und ihre gemeinsame Verantwortung in der Kirche als Ganzer festschrei-
ben, sondern auch Aussagen über die Autorität und Vollmacht des Papstes, die sogar über die des Ersten Vatikanischen Konzils hinausgehen. So
kann sich heute eine »vorkonziliare« Ekklesiologie scheinbar ebenso auf
Konzilstexte berufen wie Gruppierungen in der Kirche, die sich vor allem
den Neuansätzen verpflichtet wissen, die das Zweite Vatikanische Konzil
prägten. Welche Konzilstexte heute z. B. in kirchenamtlichen Dokumen-
ten zitiert werden, ist nicht primär eine Frage einer sachgemäßen Interpretation, sondern eine Entscheidung für ein bestimmtes Kirchenbild.
Es gibt die Tendenz, das Zweite Vatikanische Konzil vor allem in seiner
Übereinstimmung mit dem Ersten Vatikanischen Konzil und dem Konzil von Trient zu sehen, ebenso wie die Überzeugung, am Konzil sei vor
allem das zu betonen, was es über diese früheren Konzilien hinaus gebracht und formuliert hat. Weil in den Konzilstexten oft beide Grund-
modelle von Kirche unvermittelt nebeneinander stehen, sind darin die
Konflikte vorprogrammiert, die die Jahre seit dem letzten Konzil prägen
und die zu einem guten Teil die heutige Erfahrung von Kirche bestimmen.

Ämter und Stände der Kirche

Das Zweite Vatikanische Konzil beginnt seine Aussagen über die Kirche
nicht, wie bis dahin fast selbstverständlich, bei den Ämtern in der Kirche,
insbesondere beim Papstamt, sondern es stellt zunächst dar, was allen in
der Kirche gemeinsam ist, es versteht die Kirche als Volk Gottes.

Der Laie und das Volk Gottes

Unser Begriff »Laie« leitet sich vom griechischen Wort laós ab, und dieses bedeutet »Volk«.[117] Laie ist nach biblischem Verständnis also, wer zum Volk gehört. Dabei hat das Wort *laós* einen höchst positiven Bedeutungsgehalt: Es bezeichnet an allen theologisch wichtigen Stellen nicht die einfachen Leute oder gar die primitiven oder unterdrückten Volksmassen im Gegensatz zu den Führern, sondern das auserwählte Volk, das Volk Gottes im Gegensatz zu den Heiden, den »Nationen«. Es gibt im Alten Testament nur ein Volk, einen *laós*, neben ihm stehen die *éthne*, die heidnischen Nationen. Israel ist das Volk schlechthin.

Auch im Neuen Testament werden die Gott zugehörigen Menschen als laós bezeichnet. Nun erscheint die Kirche als Volk Gottes. Gott selbst hat sich »aus den Heiden ein Volk« bereitet (Apg 15,14). Und Paulus schreibt: »Ich werde als mein Volk berufen, was nicht mein Volk war, und als Geliebte jene, die nicht geliebt war. Und dort, wo ihnen gesagt wurde: Ihr seid ›Nicht-mein-Volk‹, dort werden sie Söhne des lebendigen Gottes genannt werden« (Röm 9,25 f.).

Laós ist nun nicht mehr einfach das Volk Israel, zu dem man durch Abstammung gehört, sondern die christliche Gemeinde, der man im Glauben eingegliedert wird. In diesem theologisch gefüllten Sinn betrachtet ist *laós* der höchste Ehrentitel, der einem Christen gegeben werden kann. Man ist Laie, wenn man zum Volk Gottes gehört, wenn man an Christus glaubt und von ihm berufen ist. Insofern sind alle – selbstverständlich auch die Amtsträger – »Laien«. Der Begriff Laie unterscheidet die Gläubigen von den Ungläubigen, das Volk vom Nicht-Volk, die Christen von den Nicht-Christen. Er bezeichnet aber nicht unterschiedliche Stände innerhalb der Kirche.

Nun leitet sich aber unser Begriff »Laie« nicht direkt von *laós* her, sondern von dem griechischen Eigenschaftswort »*laikós*« (deutsch: zum Volk gehörig). Dieser Begriff bezeichnet Dinge und Personen, die keinen Bezug zum Gottesdienst haben. *Laikós* ist die Landbevölkerung im Gegensatz zu den führenden Kreisen in der Stadt. Dieser Begriff *laikós*, aus dem sich unser Wort Laie entwickelt hat, findet im Neuen Testament keine Verwendung. So etwas wie eine innerkirchliche Differenz zwischen einer führenden Schicht, die für den Gottesdienst zuständig ist, und der breiten Masse des einfachen Volkes, die dazu keinen Zugang hat, ist mit dem Bild der Kirche, wie es das Neue Testament zeigt, nicht vereinbar. Hier

sind vielmehr alle, die an Christus glauben, »Brüder und Schwestern«
(z. B. Mk 3,31–35).

Volk Gottes in Einheit und Differenzierung

Innerhalb dieser Gemeinschaft der Brüder und Schwestern haben einige besondere Aufgaben, bestimmte Charismen und Ämter. Von diesen besonderen Aufgaben werden manche auf Zeit ausgeübt, manche auf Dauer, manche spontan, manche durch einen besonderen Auftrag übertragen. Manche erweisen sich durch charismatische Vollmacht, andere werden verliehen. Die Bezeichnungen für diese Funktionen und Ämter sind im Neuen Testament noch fließend, es gab unterschiedliche Entwicklungslinien, nicht nur jene, die auf Amtlichkeit hin tendieren. Doch über alle Differenzen hinweg lässt sich feststellen, dass im Neuen Testament diese Funktionen und Ämter eigens benannt werden. Dagegen gibt es keine gemeinsame Bezeichnung für alle jene, die keine derartigen Funktionen ausüben. Es gibt also innerhalb des Volkes Gottes besondere Aufgaben, sie werden in einer noch offenen Terminologie eigens benannt. Aber die Nicht-Amtsträger bekommen nie eine eigene Bezeichnung, sie sind die Glaubenden, die Brüder und Schwestern, das Volk, der *laós*. In der biblischen Betrachtung wurde deutlich, dass dort, wo Jesus die Zwölf als »Brüder«, als adelphoi, anspricht, sich darin das Volk Gottes »als eine neue große Bruderschaft abzeichnet«[118]. Innerhalb dieses *laós* gibt es Charismen, Funktionen und Ämter, ausgeübt von Frauen und Männern, die bestimmte Aufgaben zu vollziehen haben. Sie sind um der Brüder und Schwestern willen da, haben ihnen zu dienen; sie werden durch ihre Aufgaben für die Schwestern und Brüder definiert.

Diese Sicht der Kirche als Volk Gottes wurde im Laufe der Kirchengeschichte durch eine Struktur überlagert, in der das Amt immer mehr Vollmachten auf sich vereinigte. Die Gründe dafür waren vielfältig.

In der Abwehr gnostischer Tendenzen dienten etwa bei Ignatius Amtsstrukturen dazu, die Sichtbarkeit und historische Konkretion der christlichen Kirche zu befestigen und die Verflüchtigung der Botschaft in eine überzeitliche Weisheitslehre abzuwehren. Bei Tertullian und Irenäus sollten Amtsstrukturen helfen, die überlieferte Botschaft getreu zu bewahren und sie vor Verfälschungen zu schützen. Darüber hinaus haben aber auch Einflüsse der spätantiken Gesellschaftsordnung die Gestalt der christlichen Gemeinden und die Entwicklung der kirchlichen Ämter mitgeprägt.

Dies führte dazu, dass sich schon in den frühen christlichen Jahrhunderten ein Stand von Amtsträgern innerhalb der christlichen Gemeinden herausbildete, der sich mehr und mehr von den einfachen Gläubigen unterschied und von ihnen absonderte. Kein Geringerer als der junge Joseph Ratzinger hat darauf aufmerksam gemacht, dass bereits vom dritten Jahrhundert an in der Kirche das Wort »Bruder« nicht mehr als Anrede für die Christen untereinander verwendet wurde. Als Mitbruder (lateinisch: confrater) titulierten sich seither nur noch die Amtsträger untereinander. Dieser Bruderbegriff war aber nicht mehr durch die Gemeinschaft des Glaubens begründet, sondern durch das aus der römischen Gesellschaft übernommene »Motiv der Brüderlichkeit der Fürsten untereinander«. Nur noch die (höheren) Amtsträger verstanden sich als

»Mitbrüder«, sie erachteten die Laien als ihre »geistlichen Söhne«[119] und sie wurden von diesen als »Väter« angesprochen. Ratzinger urteilte: »Das ist nicht mehr die alte Bruderschaft der Gläubigen, was sich hier zeigt«[120].

Laien und Klerus

Damit begann eine Entwicklung, der zufolge der Begriff Volk nicht mehr die Einheit der Kirche und ihre Differenz zu den Nicht-Glaubenden zum Ausdruck brachte, sondern eine ständische Gliederung innerhalb der christlichen Gemeinde. Der Begriff *laós* nahm eine soziologische Bedeutung an und bezeichnete in diesem Kontext die einfachen Leute, die Nicht-Amtsträger. Die Amtsträger gehören damit nicht mehr zum Volk. Der Klerus als Stand differenziert sich vom laós, der zum Stand der Laien wird.

Doch zunächst war die Differenzierung in Laien und Klerus noch umfangen von der Gemeinschaft innerhalb der Kirche. Für die Alte Kirche war es selbstverständlich, ja es galt als göttliches Gebot, dass niemand zum Bischof bestellt werden konnte, der nicht von den Gemeinden gewählt und von den Bischöfen der Region angenommen und von ihnen geweiht wurde. Die Gemeinschaft von Bischof und Volk war überaus eng: Die Gemeinde konnte nicht sein ohne ihren Bischof, der Bischof nicht ohne die Zustimmung der Gemeinde. Das Volk trug alle wichtigen Entscheidungen mit, die Laien waren keineswegs nur gehorsame Empfänger oberhirtlicher Anweisungen. Von Cyprian von Karthago, dem großen Bischof des dritten Jahrhunderts, wird häufig der Ausspruch zitiert: »Nihil sine episcopo« (deutsch: »Nichts ohne den Bischof«). Nicht selten soll dieser Satz heute belegen, dass Bischof und Hierarchie allein in der Kirche verantwortlich seien und dass darum nichts ohne sie oder gar gegen sie geschehen dürfe. Aber derselbe Cyprian erklärte seinem Presbyterium gegenüber: »Nihil sine consilio vestro« (deutsch: »Nichts ohne euren Rat«). Und zu seiner Gemeinde sagt er: »Nihil sine consensu plebis« (deutsch: »Nichts ohne die Zustimmung des Volkes«). Joseph Ratzinger hat dieses Zusammen, wo der Bischof, das Presbyterium und das Volk gemeinsam in der Kirche verantwortlich sind, wo keiner überstimmt oder mundtot gemacht werden kann, wo jeder nicht nur gehört wird, sondern wo der Konsens aller die Bedingung für alle wichtigen Entscheidungen ist, als »das klassische Modell kirchlicher ›Demokratie‹« bezeichnet[121]. Die Laien waren zu einem eigenen Stand in der Kirche geworden, aber die Kirche war als Gemeinschaft verstanden, wo noch Communio und Konsens die Entscheidungen bestimmten.

Diese antike und frühmittelalterliche Einheit wurde im Investiturstreit bald nach der Wende zum zweiten Jahrtausend zerschlagen. Papst Gregor VII. kämpfte dagegen, dass die Bischöfe durch den Kaiser bzw. die Fürsten eingesetzt wurden. Der geistliche Bereich ist, so sein Argument, dem weltlichen überlegen. Als Angehöriger des weltlichen Standes ist der Kaiser Laie und jeder Kleriker steht über ihm. Das Ereignis von Canossa 1076, wo Kaiser Heinrich IV., den Papst Gregor VII. mit dem Kirchenbann belegt hatte, den Papst um die Lösung von diesem Kirchenbann bat, wurde zum Symbol für die Entgegensetzung von weltlicher und geistlicher Gewalt. Laien im Sinne dieser hochmittelalterlichen Auseinandersetzungen waren nicht die einfachen Gläubigen, sondern die Fürsten, die Könige, der Kaiser, deren Rechte innerhalb der Kirche beschnitten werden sollten. Ihren Höhepunkt fand diese Entwicklung bei Papst Bonifaz VIII., der 1296 in der Bulle »Clericis laicos« feierlich feststellte: »Dass die Laien den Klerikern bitter feind sind, überliefert das Altertum, und auch die Erfahrungen der Gegenwart geben es deutlich zu erkennen«[122]. Selbst wenn konkrete politische Auseinandersetzungen diese Formulierung mitbestimmt haben, so war damit eine Entgegensetzung in gegnerische, wenn nicht gar feindliche Gruppen festgeschrieben. Die Einheit von Gottes *laós* war einer Zwei-Klassen-Gesellschaft gewichen. Die Amtsträger hatten sich zu einem eigenen innerkirchlichen Stand, zur »Amtskirche« zusammengeschlossen und übrig blieben die »Laien« als die Nicht-Priester.

Auf der einen Seite stehen nun die Amtsträger, die rechtmäßig geweiht sind, die ein Leben nach den Regeln der evangelischen Räte in christlicher Vollkommenheit führen oder führen sollen. Daneben steht die breite Masse der Laien, die, wie der Begriff dann lautete, im »Stand der Unvollkommenheit« leben. Die eigentlichen, rechten Christen sind die Kleriker. Der Stand der Laien kann letztlich nur als Zugeständnis an die menschliche Schwäche akzeptiert werden. Wer sich mit weltlichen Dingen beschäftigt, lässt sich von dem ablenken, was im Grunde allein nötig ist, und er hat keinen Anteil an der Ordnung des Heiligen. Das wahre Bild des Christen bietet der Kleriker, wer ihn betrachtet und sein Leben recht würdigt, dem entgeht nichts, was christliche Existenz bestimmt. Der Kleriker ist der volle Christ, der Laie ist es insoweit, als er mit dem Kleriker übereinstimmt. Was ihn von diesem unterscheidet, begrenzt und verdunkelt auch sein Christsein. Nachdem die Zeit der frühchristlichen Märtyrer zu Ende war, entstammten fast alle Heiligen als Vorbilder des Glaubens dem Klerikerstand: Es sind Ordensgründer, Mönche und Ordensfrauen, Bischöfe oder Päpste. Der Laie scheint, wenn auch nicht prinzipiell, so doch faktisch, kaum noch einen Zugang zur Heiligkeit zu haben. Trotz aller Gegenbewegungen etwa in den Orden und in den mittelalterlichen Armutsbewegungen wurde die Kirche vom Amtsträger her bestimmt. So war es nur konsequent, dass das Wort von der »Amtskirche« geprägt wurde, zu dem das Volk nicht gehörte, und vom Volk Gottes, das sich in der Differenz zur Hierarchie verstand, so sehr dieses Modell auch dem Grundverständnis der Kirche widerspricht.

Die Säkularisierung und die Erfahrung, dass die Priester nicht mehr in der Lage waren, der Gesellschaft in allen ihren Bereichen die christliche Botschaft zu vermitteln, wurden zum Anlass dafür, dass sich die offizielle Kirche vornehmlich im 19. und 20. Jahrhundert wieder auf den Laien besann. Im alltäglichen Leben der Familien, an den Arbeitsplätzen, in der Kultur, der Politik waren die Priester kaum noch präsent. Hier sollten in der von Papst Pius XI. (1922–1939) ausgerufenen »Katholischen Aktion« die Laien die christliche Verkündigung und den »Weltdienst« wahrnehmen, während die Priester den »Heilsdienst« zu verrichten hätten. Dennoch wurde damit das traditionelle hierarchische Kirchenbild keineswegs aufgegeben. Denn der Weltdienst sollte ausschließlich in Unterordnung und im Gehorsam gegenüber der Hierarchie vollzogen werden können. Es gibt – so die kirchenamtliche Konzeption – nur ein Apostolat der Kirche, das Christus dem Papst und den Aposteln anvertraut hat. Diese üben es überall dort aus, wo es ihnen möglich ist. Darüber hinaus delegieren sie die ihnen verliehene Vollmacht weiter an die Laien, damit diese in ihrem Auftrag die Welt und die Gesellschaft verchristlichen. Das Laienapostolat ist demnach die »Teilnahme der Laien am bischöflichen Apostolat«, die Katholische Aktion wurde verstanden als »ein Werkzeug in der Hand der Hierarchie, sie soll gleichsam die Verlängerung ihres Armes sein, sie ist darum ihrer Natur gemäß der Leitung der kirchlichen Obrigkeit unterstellt«[123]. Die Mitarbeit der Laien war jetzt also durchaus erwünscht, aber nur in Unterordnung unter die Hierarchie. Aufbrüche von der Basis her, wie sie in den katholischen Verbänden im 19. Jahrhundert geschahen, wurden nach wie vor beargwöhnt und verurteilt. Der Laie war jetzt geschätzt, aber er war es nach dem Wort Papst Pius' XII. als der »verlängerte Arm der Bischöfe«. Er hat seine kirchliche Vollmacht allein aus Delegation durch die Hierarchie, der alle Gewalt ursprünglich zukommt und die sie jederzeit wieder an sich ziehen kann.

Der Laie im Zweiten Vatikanischen Konzil

Das Bild des Laien als durch die Hierarchie Delegierter bestimmte die katholische Theologie bis zum Vorabend des Zweiten Vatikanischen Konzils. Das Konzil hat im Rückgriff auf die Alte Kirche mit dieser Sichtweise gebrochen. Noch vor jeder Differenzierung in einzelne Aufgaben, Charismen und Ämter ist die Kirche zunächst Mysterium und Volk Gottes. In ihm sind alle Brüder und Schwestern und insofern einander gleich. Damit hat die Wertung der Laien eine ganz neue Grundlage gefunden. »Der Apostolat der Laien ist Teilnahme an der Heilssendung der Kirche selbst. Zu diesem Apostolat werden alle vom Herrn selbst durch Taufe und Firmung bestellt« (LG 33). Entscheidend ist hier das betonte »selbst«: Laien haben teil am Apostolat der Kirche selbst, sie sind von Christus selbst dazu berufen. Damit ist die Vorstellung überwunden, Laien seien von der Hierarchie delegiert und ihr damit untertan, die Vorstellung vom »verlängerten Arm der Bischöfe« kommt nicht mehr vor.

Das Konzil spricht vielmehr von einer wahren »Gleichheit in der allen Gläubigen gemeinsamen Würde und Tätigkeit zum Aufbau des Leibes Christi« (LG 32), es bezeichnet die Laien als »wahre Apostel« (AA 6). Folglich »richtet sich alles, was [in der Kirchenkonstitution] über das Volk Gottes gesagt wurde, in gleicher Weise an Laien, Ordensleute und Kleriker« (LG 30). Und sogar das dreifache Amt Christi, von dem her oft das Bischofsamt interpretiert wurde, wird ihnen zugesprochen, wenn es heißt, dass Laien als Getaufte und Gefirmte am königlichen, prophetischen und priesterlichen Amt Christi teilhaben. Damit wird es zunehmend schwierig, den Laien zu definieren, denn alles, was über ihn positiv gesagt wird, trifft auch für den Amtsträger zu und die Bestimmung des Laien als Nicht-Priester oder Nicht-Kleriker wollte das Konzil vermeiden.

Das bedeutet nicht, dass man zur alten »Hierarchologie« zurückkehren und Kirche auf das Amt reduzieren sollte oder das missverständliche Wort von der »Amtskirche« legitimieren dürfte. Es gilt vielmehr, den Begriff laós wieder in dem Sinne ernst zu nehmen, den er vom Ursprung her hatte, nämlich als Bezeichnung für die Kirche als Ganze. »Volk« bezeichnet in biblischem Verständnis keine soziologische Größe. Er trennt nicht Stände innerhalb der Kirche, die Nicht-Priester von den Amtsträgern. Die Theologie des Volkes Gottes schließt eine Sicht der Kirche aus, in der das Amt – oder einige Amtsträger – für die Kirche sprechen und entscheiden, und die Nicht-Amtsträger hören und gehorchen. Volk Gottes bezeichnet aber auch nicht die Masse der Unterdrückten und Ausgebeuteten, die Armen der oft beschworenen Basis im Gegensatz zur Hierarchie. Volk Gottes umreißt die Einheit und Gemeinschaft aller in der Kirche in ihrer legitimen Vielfalt.

Aus diesen Überlegungen folgt die These, dass die Besinnung auf den »Laien«, die derzeit weithin gefordert wird, übergehen sollte in eine Besinnung auf das Volk Gottes, seine Gestalt und seine Strukturen. Die derzeitige Bemühung um eine Theologie des »Laien« erscheint als ein Zeichen dafür, dass in Theologie und Praxis der Kirche das Volk Gottes noch nicht entsprechend ernst genommen wird. Die Organisationsformen, in denen dieses seinen Glauben formulieren könnte, sind erst sehr anfanghaft entwickelt. Entscheidungskompetenz haben sie kaum. Immer noch sind die Vollmachten in der Kirche fast völlig dem Klerus vorbehalten, und dieser ist frei, ob und wie er die »Laien« in den Prozess der Entscheidungsfindung einbezieht, wer gehört wird und wer nicht. Dem Amt sind im Laufe der Geschichte vielfältige Vollmachten und Kompetenzen zugewachsen, die sich keineswegs notwendig und vom Wesen der Kirche her mit ihm verbinden. Damit wurde die Idee des Volkes Gottes und der gemeinsamen und gleichen Würde aller verdunkelt. Kirche erscheint auch nach dem Konzil noch häufig weniger als Volk Gottes denn als eine Pyramide, in der die Oberen bestimmen und die »Laien« weithin von Verantwortung ausgeschlossen sind.

Diese These widerspricht nicht der Aussage, dass es in der Kirche verschiedene Dienste und Ämter geben muss, die bestimmte Aufgaben zu vollziehen haben. Ohne diese Ämter wäre das Volk nicht das Volk Gottes, nicht die Kirche.

Das Amt und die Ämter
Geistiger Ort zur Entwicklung der Ämter

Das Neue Testament zeigt innerhalb des Volkes Gottes eine Vielzahl von Charismen, Funktionen und Ämtern, die auf Zeit oder auf Dauer, spontan oder formell übertragen ausgeübt wurden. Sie gründen im Auftrag Christi und seines Geistes, stehen im Volk Gottes, im *laós*, und erweisen sich dadurch als geistgewirkt, dass sie der Auferbauung der Gemeinde dienen. Dabei sind die Amtsstrukturen im Neuen Testament noch fließend, auf die Art und Weise der Amtseinführung wird kaum reflektiert. Die Kirche stand in neutestamentlicher Zeit in der Erwartung der Wiederkunft des Herrn, sie war bestimmt vom Ruf zur Umkehr, zu einem Leben, das nicht den Normen der Welt und der Gesellschaft entsprach, sondern auf die kommende Welt ausgriff. Doch als sich die junge Kirche auf eine bleibende Präsenz in der Welt und in der Geschichte einstellen musste, wurden Strukturen der Bewahrung des Ursprungs, der Treue und der Übersetzung in die jeweilige Zeit und Kultur hinein immer wichtiger. In diesem Rahmen erfolgte die Ausgestaltung von Ämtern. Selbst wenn die Formen, die das Amt annahm, von den gesellschaftlichen Gegebenheiten her mitgeprägt wurden, waren doch die entscheidenden Weichenstellungen in der biblischen Botschaft grundgelegt. Die Ämter sind dazu bestimmt, auf dem Grund weiterzubauen, den Christus gelegt und den die Apostel überliefert haben. Daraus ergeben sich die Aufgaben des Amtes: Es ist am Amt des Apostels als dem Verkünder der Frohbotschaft, dem Gründer von Gemeinden, dem Band der Einheit zwischen den Gemeinden orientiert. In dieser Funktion ist der Apostel bleibender Grund der Kirche. Vom Verständnis des Apostels her ergeben sich die Grundstrukturen des Amtes.

Amt als Relationsbegriff

Über das Amt lässt sich nur von der Kirche her sprechen, es steht in der Kirche und muss von der Gemeinde her verstanden werden. Im Zweiten

Vatikanischen Konzil wurde das Amt grundsätzlich nicht als Vollmacht, sondern als Dienst (lateinisch: ministerium) bezeichnet. Ein Dienst lässt sich nur von dem Auftrag her verstehen, den er zu erfüllen hat, um dessentwillen er da ist. Das schiebt einer klerikalistischen Sicht der Kirche einen Riegel vor, die Kirche im Amt grundgelegt sieht und Kirchengründung primär in der Einsetzung der Apostel oder des Primats des Heiligen Petrus sieht. Ausgangspunkt und Rahmen der Lehre vom Amt ist, wie es das Zweite Vatikanische Konzil exemplarisch praktiziert hat, die Kirche als Mysterium und als Volk Gottes. Folglich wurden im Konzil diese beiden Kapitel der Darlegung des Amtes vorausgestellt. Der hl. Augustinus beschreibt diesen Gedanken in einer Predigt über sein Bischofsverständnis: »Wo mich erschreckt, was ich für euch bin, da tröstet mich, was ich mit euch bin. Für euch bin ich Bischof, mit euch bin ich Christ. Jenes bezeichnet das Amt, dieses die Gnade, jenes die Gefahr, dieses das Heil«[124].

Gegenüber von Amt und Gemeinde

Aus dieser Einbettung des Amtes in die Kirche folgt jedoch nicht, dass dieses als Delegation aus der Gemeinde verstanden werden könnte, so als ob diese die ihr zukommende Vollmacht einem Einzelnen übertragen würde. Es gehört zur Struktur der Kirche, dass sie auch das Gegenüber zu Christus und zu seinem Wort in sich schließt. Amt umfasst auch ein Gegenüber zur Gemeinde. Der Amtsträger ist nicht allein ihr Vertreter und Repräsentant, er ist auch Repräsentant Christi gegenüber der Gemeinde, er spricht und handelt in seinem Namen und steht in der Verantwortung zu ihm. Er kann und muss der Gemeinde gegebenenfalls auch Dinge sagen, die ihr nicht schmeicheln, die sie nicht gerne hört.

Das Amt und seine Aufgaben in der Kirche

Aus dieser grundlegenden Bestimmung folgen die Aufgaben, die Amtsträger zu erfüllen haben. Hier ist zunächst festzuhalten, dass das Amt der Apostolizität der Kirche, der Tradition dient, es ist dazu da, diese in der Kirche lebendig zu halten. Ein Amt wurde in der frühen Kirche nötig, als diese sich auf Dauer in der Welt einrichten musste und die Gefahr bestand, dass in Predigt und Überlieferung fremde oder fragwürdige Traditionen Eingang finden und die rechte Botschaft überlagern und verdrängen würden. Nach dem Zeugnis von Tertullian und dem Kirchenvater Irenäus von Lyon hat die Kirche schon um das Jahr 200 die rechte Überlieferung an die Amtsnachfolge gebunden. Dabei war der Gedanke leitend, dass in all den Gemeinden, in denen ein Apostel einen Leiter eingesetzt hatte, damit dieser die rechte Lehre bewahre und weitergebe und sie vor Verfälschung schütze, in denen weiterhin Nachfolger als Gemeindeleiter eingesetzt wurden, die diese Aufgabe übernahmen, dass in diesen Gemeinden alle Gewähr gegeben sei, dass sie die apostolische Lehre erhalten haben und immer noch verkünden. Die Amtssukzession ist nach Überzeugung der frühen Kirche ein Mittel, die rechte Lehre zu bewahren, und Zeichen für die Treue zum Ursprung. Das Amt steht im Dienst der Treue zu der Botschaft, die ein für alle Mal verkündigt wurde. Es hat die apostolische Lehre zu bewahren, dafür zu sorgen, dass sie nicht durch ein Fremdes, ihr Entgegengesetztes überlagert wird. Das Wort Gottes zu verkünden ist folglich die erste Aufgabe des Amtsträgers. Das Amt ist in seiner ungebrochenen Nachfolge, der Amtssukzession, Dienst an der Einheit der Kirche und ihrer Botschaft durch die Geschichte hindurch. Amt ist also Dienst an ihrer Einheit in der zeitlichen Erstreckung. Ebenso dient das Amt der Einheit der Kirche im Raum. Der Amtsträger sorgt als Gemeindeleiter für die Einheit am Ort; durch die Gemeinschaft der Amtsträger untereinander wird die Einheit der Ortskirchen in der Universalkirche gewährleistet und ausgedrückt. Amtsträger tragen Verantwortung für die örtliche, die regionale, aber auch für die universale Kirche. Durch die Offenheit der Ortskirchen untereinander, dadurch dass sie füreinander Verantwortung übernehmen, ereignet sich jeweils am Ort die »eine, heilige, katholische und apostolische Kirche« des Glaubensbekenntnisses.

Einheit der Kirche durch die Geschichte hindurch bedeutet keineswegs nur Festhalten an unveränderlichen Sätzen und Formen. Tradition ist ein lebendiges Geschehen der Weitergabe. So fand das Amt selbst seine Gestalt im Übersetzungsprozess der biblischen Botschaft hinein in die griechisch-hellenistische Welt. Dabei wurde nicht einfach das immer schon Gegebene festgehalten. Wie gesehen wurde schon in der Begegnung mit dem griechischen Denken im Hellenismus das Christentum durch neue Fragestellungen herausgefordert, mit denen die Urgemeinde noch nicht konfrontiert worden war und auf die Jesus selbst noch keine Antwort gegeben hatte. Diese Fragen waren neu und sie wurden in einem schöpferischen Prozess in Treue zur Überlieferung beantwortet. Im Glauben und unter der Führung des Heiligen Geistes war es nach Überzeugung der Kirche möglich, auf neue Fragen eine rechte und ursprungs-getreue Antwort zu formulieren. Die Hellenisierung war der am tiefsten gehende Prozess einer Inkulturation, den die christliche Botschaft je durchlaufen hat. Die Übersetzung, die dabei geleistet werden musste, ging nicht ohne Reibungsverluste vonstatten. Aber es wäre falsch, heute eine Inkulturation des Christentums in nicht-europäischen und moder-nen Kulturen zu fordern, gleichzeitig aber die Hellenisierung des Chris-tentums als den Sündenfall der frühen Christenheit zu verwerfen. Ebenso problematisch wäre es, die Hellenisierung in der Dogmenbil-dung und in der Entfaltung der Strukturen in der Alten Kirche für nor-mativ zu erachten, heutige Bemühungen um eine Inkulturation in eine nicht oder nicht mehr hellenistisch denkende Welt dagegen von vorne-herein zu verwerfen. Die Tradition, der das Amt zu dienen hat, ist ein dyna-mischer Prozess, nicht die bloße Wiederholung des immer Gleichen.

Der Apostel gibt weiter, was er selbst empfangen hat, was ihm zuteil geworden ist, er will nicht selbst etwas machen. Christlicher Glaube be-steht zunächst nicht darin, etwas zu leisten, zu erfinden, sondern sich beschenken zu lassen, die Gabe Gottes dankbar anzunehmen. Das Heil ist nicht unser Werk, sondern es ist uns gegeben. Diese Grundstruktur christlicher Existenz wird dadurch sichtbar, dass das Amt durch das Sa-krament der Ordination, die Weihe, übertragen wird. Man kann es nicht verdienen, nicht fordern, es wird als Gabe und Geschenk empfangen.

Dem Amtsträger als Vorsteher der Gemeinde kommt es zu, in dieser und mit ihr die Feier der sakramentalen Zeichen zu leiten, also die Sakra-mente der Initiation, der Versöhnung und das Herrenmahl zu feiern. Er repräsentiert die Ortskirche und macht die Einbindung in die Gemein-schaft mit den anderen Kirchen und deren Amtsträgern sichtbar. In der Eucharistiefeier wird die Einheit der Kirche in Zeit und Raum lebendig: die Einheit mit allen Gemeinden, die sich in der Feier des Herrenmahls versammeln, die Einheit aber auch mit den Heiligen, die zu allen Zeiten Vorbilder des Glaubens waren. Damit erweist sich der Amtsträger als der genuine Vorsteher der Feier des Herrenmahls. Im Sakrament der Weihe, also in der Ordination bestellt er als Ordinierter selbst wiederum Amts-träger, um die Weitergabe der apostolischen Botschaft zu gewährleisten. Amtsträger haben ausreichend viele Amtsträger zu ordinieren und Mit-arbeiter zu bestellen, damit das Wort Gottes nicht verstummt und dass die Sakramente, insbesondere die Eucharistie, in den gläubigen Gemein-schaften gefeiert werden kann.

Ebenso wie Taufe und Firmung verleiht auch die Weihe einen sakramentalen, unverlierbaren Charakter. Er besagt, dass diese Sakramente ein für alle Mal empfangen und nicht wiederholt werden. Die Lehre vom sakramentalen Charakter entstand in der frühen Kirche, als Getaufte, die in Verfolgungszeiten vom Glauben abgefallen waren, sich wieder bekehrten. Verlangt ihre Wiederaufnahme in die Kirche die erneute Taufe? Die Kirche entschied sich damals dagegen: Die Taufe gilt ein für alle Mal, sie prägt den Menschen in seiner Person und bedarf darum keiner Wiederholung. Diese Konzeption vom prägenden Charakter wurde in der Folgezeit auch auf die anderen Sakramente angewandt, die ebenfalls nicht wiederholt wurden: die Firmung und die Priesterweihe. Die Lehre vom sakramentalen Charakter besagt also nicht eine Überlegenheit des Amtsträgers über den Laien, sondern deutet die Tatsache, dass die Weihe nicht wiederholt wird, wenn jemand sein Amt wechselt und ein neues Amt übernimmt. Insofern unterscheidet sich die Ordination von der Investitur, der Beauftragung mit einem konkreten (Pfarr-)Amt. In der Konsequenz ist das Amt grundsätzlich als Lebensprojekt zu verstehen, nicht als »Job«. Der Auftrag, der in der Weihe übergeben und empfangen wird, und die Zusage der Gnade prägen die Person als Ganze.

Bedingungen für den Empfang der Weihe

In der katholischen Kirche ist das Amt Männern vorbehalten, eine Tatsache, die zu vielfältigen und manchmal bitteren Kontroversen geführt hat. Die Gründe, die dafür angeführt werden, bringen Angemessenheitsargumente, die – bei allem Gewicht, das ihnen zugemessen wird – nicht von der Art sind, dass sie von der christlichen Botschaft her zwingend eine Ordination von Frauen ausschließen würden. Jedenfalls ist festzuhalten, dass niemand ein Recht auf Ordination hat. Die Kirche hat die Vollmacht, Kriterien für den Zugang zum Amt aufzustellen. Ob die Gründe, die derzeit gegen die Ordination von Frauen angeführt werden, auf Dauer tragen, oder ob diese Praxis dazu führt, dass sich die Kirche von den Entwicklungen unserer Zeit entfremdet, wird die Zukunft zeigen. Sicher werden dabei auch die Erfahrungen anderer kirchlicher Gemeinschaften von Belang sein, die sich für eine Ordination von Frauen entschieden und ihnen den Zugang zu allen kirchlichen Ämtern eröffnet haben.

Eine Besonderheit der katholischen Amtspraxis ist es, dass das Amt des Bischofs und des Priesters mit der Zölibatsverpflichtung verbunden ist. Die Zahl der jungen Männer, die bereit sind, diese zu übernehmen, ist natürlich begrenzt. So bedeutsam sich diese Regelung für die Praxis erweist, so wenig ist sie theologisch relevant. Dies zeigt die abweichende Ordnung in den mit Rom unierten Ostkirchen, die verheiratete Priester haben, ohne dass dies eine Glaubensdifferenz begründen würde. Auch hier gilt, dass die Kirche die Freiheit hat, die Zugangsbedingungen zur Ordination festzusetzen und sie so zu wählen, dass das Zeugnis der Kirche eindeutig ist und bleibt. Allerdings hat sie wohl nicht das Recht, Voraussetzungen aufzustellen, welche die Verkündigung des Wortes Gottes sowie die Feier der Sakramente, insbesondere der sonntäglichen Eucharistiefeier, in vielen Gemeinden in Frage stellen.

Gliederung des Amtes
Das Bischofsamt

Das kirchliche Amt wird, wie es im Zweiten Vatikanischen Konzil heißt, »seit alters« in dreifacher Stufung als das Amt des Bischofs, des Priesters und des Diakons ausgeübt (LG 28). Die Vollgestalt des Amtes, so wie es sich theologisch darstellt, ist im Bischofsamt verwirklicht. Alle anderen Ämter sind von ihm her zu betrachten und zu verstehen. Diese Aussage des Konzils ist keineswegs selbstverständlich. Denn im Laufe der neuzeitlichen Konzentration aller kirchlichen Vollmacht auf den Papst, die ihren Höhepunkt im Ersten Vatikanischen Konzil hatte, waren die Bischöfe theologisch mehr und mehr in den Hintergrund getreten. Schon in der mittelalterlichen Sakramentenlehre erachtete man die Bischofsweihe nicht als Sakrament, sondern lediglich als Sakramentale. Das Bischofsamt reduzierte sich damit auf eine Verwaltungsfunktion, die gegebenenfalls zusätzlich mit weltlicher Macht ausgestattet war. Die Bischöfe der Reichskirche hatten nach vorherrschender Deutung eine zweifache Vollmacht: die Weihegewalt und die Jurisdiktion, also die Hoheit in allen Rechts- und Verwaltungsdingen. Dabei konnten beide Vollmachten auch auseinandertreten, gegebenenfalls sogar unterschiedlichen Personen verliehen werden. Dann stand neben oder unter dem Bischof, der in der mittelalterlichen Kirche oft nicht einmal die Priesterweihe empfangen hatte, wohl aber die Jurisdiktion besaß, der Weihbischof, der die geistli-

chen Vollzüge wahrzunehmen hatte, aber dem keine Jurisdiktion zu-
kam.

Das Amt wurde traditionellerweise von der Vollmacht zur Feier der Eucharistie und der Sündenvergebung her betrachtet, und diese wird in der
Priesterweihe verliehen. Damit erschien der Priester als der Amtsträger
schlechthin. Zwar führte man die Unterscheidung von Bischof, Priester
und Diakon auf göttliche Einsetzung zurück, doch Paradigma des Amtsträgers war der Priester, nicht der Bischof. Die Priesterweihe überträgt
nach dieser Deutung das eine und ungeteilte Amt, lediglich einige Be-
fugnisse, insbesondere die der Firmung und der Ordination, blieben
rechtlich dem Bischof vorbehalten.

Gegenüber dieser Konzeption hat das Zweite Vatikanische Konzil auf die
Alte Kirche zurückgegriffen und das Bischofsamt erheblich aufgewertet.
In Ergänzung zu den Aussagen des Ersten Vatikanischen Konzils wird
nun auch vom bischöflichen Amt gesagt, dass es göttlichen Rechts ist,
dass Bischöfe »eine ihnen eigene Gewalt innehaben« und darum »nicht
als Stellvertreter der Bischöfe von Rom zu verstehen« sind (LG 27). Vor
allem aber lehrt das Zweite Vatikanische Konzil, »dass durch die Bischofsweihe die Fülle des Weihesakramentes übertragen wird« (LG 21).
Die Weihe ist zufolge des Konzils die Quelle sowohl der jurisdiktionellen
als auch der sakramentalen Vollmacht des Bischofs. Diese ist als ganze
sakramentalen Ursprungs und muss darum mit geistlichen Mitteln ausgeübt werden. In weltlichen Kategorien ausgedrückt muss man sagen:
Die Bischöfe waren die großen »Gewinner« des Konzils, ihr Amt erfuhr
gegenüber der vorkonziliaren Lehre eine erhebliche Aufwertung. Dies
gilt besonders für die Aussagen über die Kollegialität der Bischöfe, wonach die Bischöfe insgesamt eine gemeinsame Verantwortung für die
Kirche als Ganze tragen und der Papst als Bischof von Rom seine Aufgabe
innerhalb dieses Kollegiums wahrnimmt. Mit diesen Aussagen sollten
im Konzil Kontroversen bereinigt werden, die die Geschichte der Kirche
in der Verhältnisbestimmung von Papst und Bischof, von Papst und Konzil ein Jahrtausend hindurch begleitet und oft auch erschüttert hatten.

Das Papstamt

Es war ein langer historischer Prozess, in dem das Papstamt die Stellung
erreichte, die im Ersten Vatikanischen Konzil (1869/70) umschrieben und
in den beiden Dogmen vom Primat und der Unfehlbarkeit des Papstes

festgelegt wurde. In diesem Konzil sollte der Konziliarismus, also die Lehre von der Überlegenheit des Konzils über den Papst, endgültig überwunden werden.

Die Einsetzung des Primats

Die Einsetzung des päpstlichen Primats erkennt das Konzil in der Stellung, die Petrus innerhalb des Apostelkollegiums innehatte (DH 3053–3055). Die biblischen Texte belegen eine besondere Funktion, die Petrus im Jüngerkreis einnahm, wo er verschiedentlich als Sprecher der Zwölf aufgetreten ist. Diese Sprecherfunktion interpretiert das Konzil »als wahren und eigentlichen Vorrang der Rechtsbefugnis«. Petrus hatte demnach nicht nur einen Ehrenvorrang, eine besondere Fähigkeit, sondern bereits einen echten Jurisdiktionsprimat, der ihm direkt von Jesus Christus übertragen wurde. Das Wort vom Felsen und vom Bauen der Kirche (Mt 16,18 ff.) bietet dafür den entscheidenden Beleg. Es herrscht heute weitgehend ein Konsens, dem auch nicht-katholische Theologen zustimmen, dass Petrus innerhalb des Zwölfer-Kreises um Jesus eine Sonderstellung einnahm, dass er als Sprecher auftrat und an Wendepunkten im Leben Jesu und in der Entstehung der frühen Kirche eine wichtige Rolle spielte.

Aber es wird auch darauf hingewiesen, dass unmittelbar neben den großen biblischen Verheißungsworten immer auch massive Zurückweisungen stehen. Auf das Verheißungswort im Matthäus-Evangelium: »Du bist Petrus der Fels« folgt der Tadel Jesu: »Weg mit dir, Satan, ... du hast nicht das im Sinn, was Gott will« (Mt 16,23). Im Lukas-Evangelium folgt auf den Auftrag, die Brüder zu stärken, das erschreckende »Ehe heute der Hahn kräht, wirst du mich dreimal verleugnen« (Lk 22,61). Und bei Johannes weist die dreimalige Frage »Liebst du mich« (vgl. Joh 21,15–17) auf die dreimalige Verleugnung zurück. Petrus ist nach biblischer Lehre Felsen und Skandalon zugleich. Eine einseitige Berufung auf das Felsenwort im Matthäus-Evangelium wird dem biblischen Befund ebenso wenig gerecht wie eine einseitige Kritik an seinem Wankelmut.

Die Fortdauer des petrinischen Primats im römischen Bischof

Die Rechtsbefugnis des Petrus, die das Erste Vatikanische Konzil konstatiert, ist nach dessen weiteren Aussagen auf die römischen Bischöfe übergegangen (DH 3056–3058). Dies ist die Aussage des zweiten Kapitels, in dem anhand einiger eher zufällig erscheinender Beispiele aus der frühen

Kirche der Vorrang des römischen Bischofs von Anfang an belegt werden soll. In der Beurteilung dieser Belege ist die Theologie heute wesentlich zurückhaltender als das Erste Vatikanische Konzil. Dennoch kann die oft angeführte These, der römische Primat sei einfach aus der Position der Reichshauptstadt und ihres Bischofs erwachsen, für sich allein die Stellung der römischen Bischöfe nicht erklären. Ihr Vorrang wurde vor allem damit begründet, dass die Stadt die Gräber der Apostel Petrus und Paulus besaß. Apostelgräber waren in der frühen Christenheit stets Garanten für die Gründung der Gemeinde durch einen Apostel und damit für die Bewahrung der apostolischen Botschaft. Irenäus von Lyon zufolge ist Rom dadurch ausgezeichnet, dass am Anfang dieser Gemeinde nicht nur ein Apostel steht, sondern sogar zwei, Petrus und Paulus. Damit hatte Rom eine besondere Bedeutung für die Gewährleistung des rechten Glaubens.

Der Gehalt des päpstlichen Primats

Inhalt und Wesen des Vorrangs des römischen Bischofs werden im dritten Kapitel dargestellt. Hier wollte das Konzil den »Gallikanismus« zurückweisen. In dieser vor allem in Frankreich beheimateten Position galt der Grundsatz, dass päpstliche Verlautbarungen und Anordnungen erst durch eine nachträgliche Ratifizierung der Bischöfe, den sog. »consensus ecclesiae« (deutsch: die Zustimmung der Kirche) verbindlich würden. Um diese Theorie ein für alle Mal auszumerzen, wurde im Ersten Vatikanischen Konzil betont, »dass die römische Kirche auf Anordnung des Herrn den Vorrang der ordentlichen Vollmacht über alle anderen innehat, und dass diese Jurisdiktionsvollmacht des Römischen Bischofs, die wirklich bischöflich ist, unmittelbar ist: ihr gegenüber sind die Hirten und Gläubigen jeglichen Ritus und Ranges zu hierarchischer Unterordnung und wahrem Gehorsam verpflichtet, nicht nur in Angelegenheiten, die den Glauben und die Sitten, sondern auch in solchen, die die Disziplin und Leitung der auf dem ganzen Erdkreis verbreiteten Kirche betreffen.« (DH 3060)

Nach dieser Aussage des Konzils hat der Papst alle bischöflichen Rechte in der Kirche. Er kann diese jederzeit in allen Ortskirchen ausüben und jede Entscheidung an sich ziehen. Dabei ist diese Vollmacht nicht auf Fragen des Glaubens und der Sitten begrenzt, sondern gilt auch in der Ordnung und Leitung der Kirche. Es fällt tatsächlich schwer, angesichts dieser Aussagen zum Primat des römischen Bischofs noch einen genuinen

Ort für die Bischöfe zu finden. Der Gallikanismus war damit zweifellos zerstört, aber nicht wenige Kritiker des Konzils hatten den Eindruck, dass damit auch das Bischofsamt selbst abgeschafft sei. Denn der Bischof ist nach der Entscheidung der Alten Kirche in jeder Diözese einer, er repräsentiert die Einheit der Ortskirche und führt sie in die Gemeinschaft mit den anderen Ortskirchen. Indem im Ersten Vatikanischen Konzil dem Papst die vollen bischöflichen Rechte in jeder einzelnen Diözese zugesprochen wurden, schien er den Kritikern des Konzils an die Stelle der Ortsbischöfe zu treten, das Bischofsamt im Sinne der Alten Kirche dagegen als abgeschafft.

Diese Interpretation hatte auch politische Konsequenzen. Denn nun schien es, dass die Staaten kirchenpolitische Belange nicht mehr mit den Bischöfen zu regeln hätten, denn diese hätten keine eigene Vollmacht mehr, sondern seien nur noch Delegaten des Papstes, seine Beamten. Diese Deutung war nach dem Ersten Vatikanischen Konzil insbesondere deshalb brisant, weil damals die Auseinandersetzungen um den Kirchenstaat ihren Höhepunkt erreichten. Wenn die Bischöfe nur noch Beamte des Papstes sind, und dieser nach wie vor beanspruchte, Souverän des Kirchenstaats zu sein, stehen sie dann nicht im Dienste einer ausländischen Macht? Können sie dann in ihren Ländern als verfassungstreu angesehen werden?

Der deutsche Reichskanzler Bismarck urteilte nach dem Ersten Vatikanischen Konzil, die Bischöfe seien »Beamte eines fremden Souveräns geworden, und zwar eines Souveräns, der vermöge seiner Unfehlbarkeit ein vollkommen absoluter ist, mehr als irgendein absoluter Monarch der Welt« (DH 3112). Gegen diesen Verdacht mangelnder Verfassungstreue haben sich die deutschen Bischöfe in einer »Kollektiverklärung« im Jahr 1875 gewandt. Darin heißt es: »Nach dieser Lehre der katholischen Kirche ist der Papst Bischof von Rom, nicht Bischof irgendeiner anderen Stadt oder Diözese, nicht Bischof von Köln oder Breslau usw. ... Kraft derselben göttlichen Einsetzung, worauf das Papsttum beruht, besteht auch der Episkopat; auch er hat seine Rechte und Pflichten vermöge der von Gott selbst getroffenen Anordnung, welche zu ändern der Papst weder das Recht noch die Macht hat ... Was insbesondere die Behauptung betrifft, die Bischöfe seien durch die vatikanischen Beschlüsse päpstliche Beamte ohne eigene Verantwortlichkeit geworden, so können wir dieselbe nur mit aller Entschiedenheit zurückweisen; es ist wahrlich nicht die katholische Kirche, in welcher der unsittliche und despotische

Grundsatz, der Befehl des Oberen entbinde unbedingt von der eigenen Verantwortlichkeit, Aufnahme gefunden hat« (DH 3113–3115). Diese Deutung der deutschen Bischöfe wurde vom Papst als authentisch bestätigt (DH 3112).

Damit ist festzuhalten, dass die Päpste nicht Weltbischöfe sind und die Diözesen nicht Unterabteilungen oder Außenbezirke der Weltkirche. Trotz eines durchaus missverständlichen Wortlauts, der im Sinn absolutistischer Herrschaftsansprüche ausgelegt werden könnte, darf aus dem Dogma vom Primat des Papstes keine bedingungslose Gehorsamsforderung herausgelesen werden. Aufgabe des Papstes ist es vielmehr, der Einigung und der Gemeinschaft der Ortskirchen zu dienen, diese zu fördern, nicht aber Aufgaben zu übernehmen, die am Ort gelöst werden können und müssen. Umgekehrt haben zudem die Ortsbischöfe die Pflicht, in Gemeinschaft mit dem Papst die Entwicklung der Weltkirche auf ihrem Weg in die Zukunft zu gestalten.

Das Dogma von der Unfehlbarkeit und seine Interpretation

Die größte Aufmerksamkeit fand bereits im Ersten Vatikanischen Konzil das vierte Kapitel mit der Definition der päpstlichen Unfehlbarkeit. Daran hat sich bis heute nichts geändert. Auch hier gilt es zunächst, den Konzilstext zur Kenntnis zu nehmen:

»Wenn der Römische Bischof ›ex cathedra‹ spricht, d. h., wenn er in Ausübung seines Amtes als Hirte und Lehrer aller Christen kraft seiner höchsten Apostolischen Autorität entscheidet, dass eine Glaubens- oder Sittenlehre von der gesamten Kirche festzuhalten ist, dann besitzt er mittels des ihm im seligen Petrus verheißenen göttlichen Beistandes jene Unfehlbarkeit, mit der der göttliche Erlöser seine Kirche bei der Definition der Glaubens- oder Sittenlehre ausgestattet sehen wollte; und daher sind solche Definitionen des Römischen Bischofs aus sich, nicht aber aufgrund der Zustimmung der Kirche unabänderlich« (DH 3074).

In diesem Text fällt zunächst auf, dass die Definition recht kompliziert geworden ist. Das Konzil hat nicht, wie manche Bischöfe es gewollt hatten, eine nicht näher qualifizierte Unfehlbarkeit des Papstes deklariert, vielmehr sind viele Bedingungen und Klauseln angeführt.

Als erstes ist festzuhalten, dass Unfehlbarkeit nicht eine moralische Qualität des Papstes besagt, sie hat nichts zu tun mit persönlicher Heiligkeit.

Gegenstand unfehlbarer Äußerungen können ausschließlich Glaubens-
und Sittenfragen sein. Alles andere, etwa was zur Ordnung, zum Recht
in der Kirche gehört, ist von vorneherein davon ausgeschlossen.
Unfehlbarkeit bedeutet nicht neue Offenbarung. Diese ist abgeschlossen
und Unfehlbarkeit kann sich nur auf ihre richtige Interpretation beziehen. Vorstellungen, die eine unmittelbare Verbindung des Papstes zu
Gott erkennen wollten, durch die stets neue Erkenntnisse vermittelt
würden, widersprechen dem Konzilstext.

Vor allem aber: Träger der Unfehlbarkeit ist nach Aussage des Konzils –
und das wurde im Zweiten Vatikanischen Konzil bekräftigt – die Kirche,
und zwar die Kirche als Ganze. Unter eng umrissenen Bedingungen
kann der Papst, wie es heißt, jene Unfehlbarkeit beanspruchen, »mit der
der göttliche Erlöser seine Kirche ausgestattet sehen wollte«. Wenn der
Glaube gefährdet ist, wenn seine rechte Interpretation umstritten ist, le-
gen nach altkirchlicher Praxis die Bischöfe in einem Konzil Zeugnis für
den rechten Glauben ab und formulieren ihn verbindlich. Dies kann gegebenenfalls, wenn es sich als nötig erweist, etwa wenn ein Konzil nicht
zusammentreten kann, auch der Papst alleine. Aber es kann immer nur
der Glaube der Kirche sein, was er formuliert, nicht etwas anderes.

Der Schlusssatz, in dem die »Zustimmung der Kirche« als Bedingung für
Unfehlbarkeit abgelehnt erscheint, ist lediglich die Zurückweisung der
gallikanischen Forderung eines »consensus ecclesiae«, d. h. einer nach-
träglichen Ratifizierung päpstlicher Glaubensaussagen durch die Bischöfe. Nur das ist abgelehnt, nicht die Tatsache, dass immer nur der
Glaube der Kirche verbindlich zum Ausdruck gebracht werden kann. Gegenüber jeder maximalistischen Interpretation des Ersten Vatikanischen
Konzils, die wiederum Anlass für überzogene Kritiken werden könnte,
ist festzuhalten, dass die Kirche nicht deswegen im Glauben gehalten
wird, weil sie einen unfehlbaren Papst hat, sondern dass der Papst unfehlbar ist, wenn er und insoweit er jenen Glauben der Kirche verbindlich
vorträgt, in dem Gott seine Kirche hält.

Bedingung der Unfehlbarkeit ist, dass der Papst, wie es heißt, »ex cathedra« spricht. Diesen Begriff hat das Erste Vatikanische Konzil umschrieben als: »in Ausübung seines Amtes als Hirte und Lehrer aller Christen«.
Dabei ist nicht festgelegt, in welcher Weise eine solche Äußerung erfolgt,
nur muss sie eindeutig als letztverbindlich und unfehlbar gekennzeichnet sein. Und das ist die große Ausnahme. Seit 1870 hat ein Papst erst ein
einziges Mal mit diesem Anspruch gesprochen, und zwar 1950 bei der

Definition der leiblichen Aufnahme Mariens in den Himmel. Die normale Lehrverkündigung einschließlich der Enzykliken gehört nicht zum unfehlbaren Lehramt, ganz zu schweigen von den Verlautbarungen der vatikanischen Ämter.

Wie aber ist die Aussage »Hirte und Lehrer aller Christen« zu interpretieren? Das Erste Vatikanische Konzil hat wohl als »alle Christen« die Katholiken verstanden und Nicht-Katholiken als Häretiker und Schismatiker und damit von der Kirche Abgefallene angesehen. Das Zweite Vatikanische Konzil aber hat in feierlichen Worten nicht römisch-katholische Gläubige als Christen anerkannt. Sie sind »durch den Glauben in der Taufe gerechtfertigt und Christus eingegliedert, darum gebührt ihnen der Ehrenname des Christen« (UR 3)[125]. Die Konfessionen, in denen sie ihren Glauben leben, werden als Kirchen und kirchliche Gemeinschaften gewürdigt. Es stellt sich die Frage, ob damit nicht unfehlbares Sprechen des Papstes daran gebunden ist, dass der Papst als Repräsentant der Christenheit als Ganzer spricht. Diese Deutung würde jedenfalls dem Text des Dogmas nicht widersprechen. Mit Sicherheit ist festzuhalten, dass die Aufgabe des Papstes darin besteht, für alle Christen da zu sein. Die Einigung der Christenheit ist seine ureigene Aufgabe und Verantwortung. An diesem Anspruch muss sich das Amt messen lassen.

In neueren kirchenamtlichen Erklärungen wurde festgehalten, dass Unfehlbarkeit nicht bedeutet, eine Aussage sei bestmöglich, unüberbietbar, abschließend klärend. Lediglich direkter Irrtum wird ausgeschlossen. So gesehen besagt das Dogma von der Unfehlbarkeit nicht mehr, als dass der Papst, wenn er als Repräsentant der Kirche als Ganzer in einer besonderen Situation über Glaubens- und Sittenfragen entscheidet, vor Glaubensabfall und Häresie bewahrt ist, weil die Kirche nicht aus der Wahrheit herausfällt. Ein weitergehender Anspruch von Unfehlbarkeit sollte weder behauptet noch kritisiert werden, er wäre von den Aussagen des Ersten Vatikanischen Konzils nicht gedeckt.

Ein ökumenisches Papsttum?

Zweifellos ist der Anspruch auf Unfehlbarkeit ein Anstoß, der auch das ökumenische Klima nach wie vor belastet. Dennoch ergeben sich ökumenisch weiterführende Perspektiven, insofern der Papst als »Hirte und Lehrer aller Christen« bezeichnet wird. Die schwierigeren Probleme ergeben sich aus der Definition des Primats, wie er im Ersten Vatikanum umschrieben wurde. Hier ist jedenfalls mitzubedenken, dass diese Formulierung in der Auseinandersetzung mit antikirchlichen politischen Strömungen im 19. Jahrhundert und mit dem Gallikanismus zu sehen ist. Sie sollten zurückgewiesen werden. Im Kontext gegenwärtiger Herausforderungen wird das Dogma vom Universalprimat in aller Regel verstanden als die Festschreibung des Papstamts als Dienst an der universalen Einheit der einen Kirche Jesu Christi. Und ein solcher Dienst erscheint heute als vielleicht nötiger denn je. In einer Zeit und Welt, in der die Zentrifugalkräfte immer stärker werden, wo Kirchen immer mehr durch unterschiedliche kulturelle Voraussetzungen geprägt sind und wo es immer schwieriger wird, miteinander zu sprechen und sich zu verstehen, erscheint ein Amt universaler Einheit auch manchen evangelischen Theologen als möglich, wenn nicht gar als erstrebenswert oder notwendig. An allen Orten wird die Kirche durch einen Amtsträger repräsentiert: Am Ort durch den Pfarrer, in der Region durch den Bischof. Warum, so die Frage, die heute auch evangelische Theologen stellen, sollte nicht auch die universale Kirche durch einen Amtsträger repräsentiert werden können?

Derartige Überlegungen bedeuten natürlich nicht, dass evangelische Kirchen das Papsttum, wie es sich derzeit darstellt, akzeptieren könnten. Eine Reform dieses Amtes und seiner Ausübung wäre unabdingbar. Aber schon ein kurzer Blick in die Kirchengeschichte zeigt, in welch unterschiedlichen Formen das Papstamt im Laufe der Jahrhunderte Gestalt angenommen hat. Vom Glauben her ist keineswegs ausgeschlossen, dass es sich auch in der Gegenwart so umgestaltet, dass es nicht der Trennung, sondern der Einheit der Christenheit dient. Papst Johannes Paul II. hat in seiner Ökumene-Enzyklika die Kirchen und ihre Theologen sogar ausdrücklich darum gebeten, mit ihm in einen Dialog über eine Neugestaltung des Papsttums einzutreten. Wenn das Papsttum dazu dient, dass die Orts- und Teilkirchen miteinander im Gespräch bleiben, wenn es als Kommunikationszentrum fungiert und die Einigung der Christenheit fördert, wenn es nicht beansprucht, alle Macht in sich zu vereinen und legitime Rechte und Strukturen nicht in Frage stellt, dann könnte es als universalkirchliches Amt und als Repräsentanz der Christenheit als Ganzer hohe Bedeutung erlangen, auch für die Ökumene. Vielleicht, so darf man hoffen, liegt die ökumenische Geschichte des Papsttums noch vor uns.

Der Priester

Die Papstdogmen des Ersten Vatikanischen Konzils wurden im Zweiten Vatikanischen Konzil bestätigt, sie wurden ergänzt durch die Aussagen zum Bischofsamt und damit aus einer gewissen Vereinseitigung befreit. Während das Bischofsamt eines der großen Themen des Konzils war, wurden die Priester vom Zweiten Vatikanischen Konzil eher »stiefmütterlich« behandelt.

Traditionellerweise erschienen die Priester als die Amtsträger der Kirche schlechthin, das ordinierte Amt wurde verstanden aus der Vollmacht zur Feier der Eucharistie und zur Sündenvergebung. Fast alles andere können notfalls auch Nicht-Priester, diese Vollmachten – so ein immer noch verbreiteter Ausgangspunkt im Verständnis des Amts – sind nur dem Priester eigen und unterscheiden ihn vom Nicht-Priester. In dieser Hinsicht gibt es keinen Unterschied zwischen Bischof und Priester, der Priester erschien damit als der eigentliche Amtsträger. Folglich hatte die Theologie ihre Schwierigkeiten, neben dem Amt des Priesters die Eigenständigkeit des bischöflichen Amtes zu umreißen.

Im Zweiten Vatikanischen Konzil hat sich dieses Verhältnis gleichsam umgekehrt. Nun erscheint der Bischof als der eigentliche Amtsträger in der Kirche und das Amt des Priesters wurde von ihm her in den Blick genommen. »Die Priester haben zwar nicht die höchste Stufe der priesterlichen Weihe und hängen in der Ausübung ihrer Gewalt von den Bischöfen ab; dennoch sind sie mit ihnen in der priesterlichen Würde verbunden« (LG 28). Im Dekret über Dienst und Leben der Priester wird gesagt, dass ihr Amt »dem Bischofsstand verbunden ist« und dass es teilnimmt an dessen Vollmacht. Das apostolische Amt, das im Vollsinne nur die Bischöfe innehaben, »ist in untergeordnetem Rang den Priestern übertragen worden« (PO 2)[126].

War es bis zum Konzil ein Problem, die Besonderheit des Bischofs gegenüber dem Priester theologisch zu würdigen, ist es seither schwierig, den Eigenstand des Priesters zu begründen. Dass es sich bei der Bischofsweihe und der Priesterweihe um ein und dasselbe Sakrament handelt, ist unbestritten. Die Bischöfe haben das apostolische Amt inne, die Priester haben daran Anteil. Dabei hat es das Konzil der Theologie überlassen, diese »Teilhabe« näher zu bestimmen. Die Dogmatik hat damit ihre Probleme, denn die Vorstellung, dass ein Sakrament abgestuft vollzogen werden kann, ist nicht ganz einfach zu vollziehen. Wie soll man eine gültige und erlaubte Feier eines Sakraments inhaltlich abstufen? Hier hat

135

das Konzil, wie es scheint, theologisch eine gewisse Unschärfe in Kauf genommen und für akzeptabel erachtet. Das Amt des Priesters ist jedenfalls nicht mehr einfach von der »Vollmacht zur Wandlung« und zur Sündenvergebung her abzuleiten, es hat vielmehr teil am Auftrag des Bischofs, und das bedeutet, durch Wort und Sakrament die Gemeinde zu leiten, sie zu einen und in die Gemeinschaft der Gemeinden einzubinden. Zu diesem Dienst beauftragt das Sakrament der Priesterweihe, die Ordination.

Doch auch in anderer Hinsicht erfuhr das priesterliche Amt durch das Konzil und die nachkonziliare Entwicklung eine Begrenzung. Traditionellerweise hatten viele Priester ihr Amt vom dreifachen Amt Christi und der Kirche, dem priesterlichen, dem königlichen und dem prophetischen Amt abgeleitet. Und nun mussten sie feststellen, dass das Konzil genau dieses dreifache Amt allen Mitgliedern im Volk Gottes, also auch den sogenannten Laien, zusprach. Sie werden geradezu definiert als »die Christgläubigen, die, durch die Taufe Christus einverleibt, zum Volk Gottes gemacht und des priesterlichen, prophetischen und königlichem Amtes Christi auf ihre Weise teilhaftig, zu ihrem Teil die Sendung des ganzen christlichen Volkes in der Kirche und in der Welt ausüben« (LG 31). Im Laiendekret werden sie gar als »wahre Apostel« (Apostolicam actuositatem 6) bezeichnet, die »vom Herrn selbst mit dem Apostolat betraut« (AA 3) sind. Die Frage drängt sich geradezu auf: Was bleibt zwischen den aufgewerteten Bischöfen und den ebenfalls aufgewerteten Laien ekklesiologisch noch für die Priester übrig? Und diesen ohnehin schon recht eng gewordenen Raum müssen sie nun auch noch mit den als eigener Stand wiederentdeckten Diakonen teilen. Man hat oft festgestellt: Das Konzil ging letztlich zu Lasten der Priester. Die nachkonziliare Amtskrise hat zumindest einen ihrer Gründe in der oft bemängelten ekklesialen Unbestimmtheit des Priesters in den Texten des Zweiten Vatikanischen Konzils.[127]

Zusätzliche Probleme entstanden dadurch, dass die traditionelle Begründung des Priestertums im Sinne eines Opferpriesters fragwürdig geworden ist. Nirgendwo im Neuen Testament werden die Amtsträger im Gegensatz zu den »Laien« als »Priester« bezeichnet. Es gibt in der Bibel den *presbyteros*. Er ist der »Älteste« und seine Funktion ist aus der jüdischen Synagogenordnung übernommen. Aber dieses Amt ist nicht als priesterlich im Sinne des griechischen *hiereus* oder lateinischen *sacerdos* zu verstehen; beide Begriffe meinen Priester im Wortfeld von »heilig, geweiht«. Dieser vollzieht in den außerbiblischen Religionen den öffentlichen Kult, er bringt Opfer dar, um die Götter zu versöhnen. Derartige heidnische Deutungen des Priestertums sind im Laufe der Geschichte auch in das christliche Amtsverständnis eingedrungen und haben zu einem nicht unproblematischen Priesterbild geführt und klerikalistische Vorstellungen begünstigt. Sie entsprechen nicht dem biblischen Verständnis von der Kirche und ihrem Amt.[128]

Dennoch kann das kirchliche Amt als priesterlich bezeichnet werden, wenn der Begriff richtig verstanden wird. »Wenn Amtsträger in der katholischen Tradition als Priester bezeichnet werden, dann in dem Sinne, dass sie im Heiligen Geist Anteil erhalten an dem einen Priestertum Jesu Christi und es vergegenwärtigen«[129]. Das Amt ist kein neues Priestertum, das sich von einem Opfer der Kirche herleiten würde, sondern es gründet in der realen Gegenwärtigsetzung dessen in der Kirche, was Christus ein für alle Mal getan hat. Insofern werden alle Glaubenden im Neuen Testament als Priester verstanden. Weil die Kirche als Ganze priesterlich ist, hat am Priestertum Christi auch das Amt derer teil, die in ihr eine besondere Verantwortung tragen und Christi Wort und Werk in Verkündigung und Vorsitz bei der sakramentalen Feier vergegenwärtigen. In diesem Sinn werden die Gemeindeleiter in der katholischen Kirche, wie auch in den orthodoxen und den anglikanischen Kirchen als Priester verstanden. Priesterbilder, die sich von außerchristlichen Religionen her eingeschlichen haben, sind von diesem Verständnis her kritisch zu hinterfragen. In der Wertung dieses Befundes ist ein Klerikalismus fragwürdig geworden, der die Kirche vom Amt her betrachtet und nicht das Amt als Dienst in der Kirche ansieht und es von ihr her würdigt.

In der heute unverzichtbaren Neuinterpretation des priesterlichen Amtes sind manche bislang unhinterfragte Plausibilitäten ins Wanken geraten. Dies hat zweifellos dazu beigetragen, dass die Zahl der Priester jedenfalls in Europa fast überall drastisch zurückgegangen ist. In nahezu allen Ortskirchen herrscht derzeit ein bedrückender Priestermangel, der oft die Gemeinden und ihre gottesdienstlichen Vollzüge in Frage stellt. Dies hat dazu geführt, dass heute mancher den alten Klerikalismus wieder zurückwünscht, manch anderem das Amt in seiner derzeitigen Gestaltung als wenig attraktiv erscheint. Die Überwindung der Priesterkrise ist zweifellos eine zentrale Herausforderung und eine Schicksalsfrage heutiger Kirche.

Der Diakon

Der Diakonat hat eine sehr vielfältige und differenzierte Geschichte durchlaufen, angefangen vom Siebenerkreis in Apg 6,1–6, von dem es heißt, dass sie an den Tischen dienten, und den Diakonen, die z. B. in Phil 1,1 und in 1 Tim 3,8–13 neben den episkopoi genannt werden, über Frauen, die als Diakone wirkten, bis hin zu der Praxis, dass der Diakonat nur noch eine kurzfristige Durchgangsstufe auf dem Weg zum Priestertum war und damit aus dem Bewusstsein der Kirche weithin entschwand. Im Zweiten Vatikanischen Konzil wurde der Diakonat wieder als eigenständige Stufe innerhalb des Amtes und als Sakrament verstanden. Nachdem sich der Begriff Diakon vom griechischen Wort diakonia (deutsch: Dienst, Hilfeleistung) herleitet, lag es nahe, diesem Amt vor allem soziale Aufgaben zuzuordnen. Andererseits wird im Konzil jedes Amt als Dienst, als Diakonia verstanden, so dass diese Bestimmung für den Diakon nicht spezifisch ist und ihm nicht alleine zukommen kann. Faktisch haben Diakone in der Folgezeit breit gefächerte Funktionen in Seelsorge und Liturgie, in Verkündigung und Sakramentenspendung übernommen. Die Aufgaben lassen sich je nach den Bedingungen am Ort und der persönlichen und beruflichen Qualifikation des einzelnen sehr unterschiedlich konkretisieren. Sowohl in der Zahl der Diakone, die hauptberuflich oder nebenberuflich in der Kirche wirken, als auch in der Umschreibung der Aufgabenfelder gibt es zwischen den einzelnen Diözesen und Regionen der Kirche erhebliche Differenzen. Zu den wichtigsten Aufgaben gehören neben dem Sozialbereich die Predigt innerhalb der Eucharistiefeier, die Feier der Taufe sowie die kirchliche Beisetzung. Zu Diakonen können auch Männer geweiht werden, die sich in Beruf und Ehe bewährt haben. Es gibt keine Zölibatsverpflichtung. Allerdings ist eine Eheschließung nur vor dem Empfang der Diakonenweihe möglich; verstirbt die Frau eines Diakons, ist, ebenso wie in den Ostkirchen, eine neuerliche Eheschließung ausgeschlossen.[130]

Angesichts der breiten Geschichte dieses Amts, seiner unterschiedlichen Realisierungsformen und nicht zuletzt der Tatsache, dass im Konzil jedes Amt als Dienst erscheint, ist es schwierig, den Diakonat befriedigend zu umschreiben und ihn von anderen Ämtern eindeutig abzugrenzen. Diese Schwierigkeit wird dadurch verstärkt, dass Diakone zumeist einen weltlichen Beruf ausüben und in Ehe und Familie leben. Sie verbinden damit einen weltlichen Beruf mit dem geistlichen Stand. Insofern bildet der Diakonat eine Brücke zwischen Amt und »Laien«, ebenso wie der Beruf der Pastoralreferenten, der ebenfalls nach dem Zweiten Vatikanischen Konzil entstanden ist und den Ehestand mit einem kirchlichen Beruf verbindet. Nicht wenige Bischöfe hatten sich auf dem Konzil für die Erneuerung des Diakonats eingesetzt, weil sie mit Blick auf den weltweiten Mangel an Priestern Erfahrungen sammeln wollten, wie sich Ordo und Ehe- und Familienleben miteinander verbinden lassen. Nicht wenige erhofften sich auch bald nach dem Konzil die Öffnung des Priesteramtes für »bewährte verheiratete Männer« (viri probati).

Eine Facette rund um das Diakonat ist das Ringen um das Diakonat für Frauen. Dieses wurde und wird heute auf Synoden, aber auch von kirchlichen Frauenorganisationen vehement gefordert. Manche Theologinnen und Theologen sind der Auffassung, dass dieser Schritt leichter möglich sein würde, könnte das Amt des Diakons als ein eigenständiges Amt gefasst werden. Dann wäre die Zulassung von Frauen zum Diakonat nicht als ein Schritt zur Öffnung des Priesteramtes für Frauen zu verstehen, gegen das sich die Päpste in den letzten Jahren entschieden ausgesprochen haben.

Der Pastoralreferent – die Pastoralreferentin

In der Folge des Konzils entstanden in der Kirche Berufe, die eine Vielzahl von Aufgaben wahrnehmen, die traditionellerweise Priestern vorbehalten gewesen waren. Sie gründen auf einem Passus der Kirchenkonstitution des Zweiten Vatikanischen Konzils, in dem es heißt: »Außer diesem Apostolat, das schlechthin alle Christgläubigen angeht, können die Laien darüber hinaus in verschiedener Weise zu unmittelbarerer Mitarbeit mit dem Apostolat der Hierarchie berufen werden ... Außerdem haben sie die Befähigung dazu, von der Hierarchie zu gewissen kirchlichen Ämtern herangezogen zu werden, die geistlichen Zielen dienen« (LG 33). Während es also eine allgemeine, jedem Christen zukommende und von Taufe und Firmung hergeleitete Vollmacht zum kirchlichen Apostolat gibt, kennt das Konzil auch eine besondere, durch die Hierarchie und aufgrund einer Delegation erfolgende Beauftragung im Rahmen des Amtes, das in der Regel durch Weihe verliehen wird. Zunächst dachten die Konzilsväter wohl an die Katecheten, die insbesondere in Missionsländern die christliche Botschaft verkünden und faktisch auch Gemeinden leiten. Doch die Entwicklung ging schnell weiter, nicht nur in den jungen Kirchen, insbesondere in den Basisgemeinden, sondern auch in

Europa, wo eine Reihe von kirchlichen Berufen entstanden, die vor dem Konzil unbekannt waren.

Von besonderer Bedeutung für das Verständnis von Kirche und die Erfahrung in vielen Gemeinden wurde die Einführung des Berufs der Pastoralreferenten, der bald auch für Frauen geöffnet wurde. Allerdings ist er weithin auf die finanziell gut gestellten Kirchen beschränkt, in ärmeren Kirchen ist es zumeist nicht möglich, hauptamtliche Mitarbeiter und Mitarbeiterinnen, die zumeist für eine Familie verantwortlich sind, angemessen zu entlohnen.

Die Berufsbezeichnungen und auch die Aufgabenstellungen und selbst ihre Akzeptanz variieren in den einzelnen Diözesen und Regionen. Doch allgemein kann gesagt werden: Pastoralreferenten, Gemeindeassistenten haben eine theologische Ausbildung, die weithin identisch ist mit jener der Priester. Sie sind nicht geweiht, also im herkömmlichen Sinn des Wortes »Laien«. Andererseits werden sie in einer liturgischen Feier im Namen der Kirche zu ihrem Dienst bestellt und ausgesandt. Faktisch haben sie häufig Aufgaben übernommen, die früher Priester wahrgenommen hatten. Damit erschien der Pastoralreferent, die Pastoralreferentin nicht selten als Priesterersatz, als Quasi-Kaplan, der oder die alles tut, was bisher der Kaplan tat, mit Ausnahme der Messfeier und der Verwaltung des Bußsakraments. Der dramatische Rückgang der Zahl der Priesterweihen und damit vor allem der jüngeren Priester und die steigende Zahl von Theologiestudierenden markierten die Eckdaten der Entwicklung. Zunächst wurden als Pastoralassistenten ehemalige Priesteramtskandidaten beauftragt, die die Zölibatsverpflichtung nicht übernehmen wollten. Vor allem durch die Öffnung für Frauen entwickelte sich aber bald ein eigenständiger kirchlicher Beruf. Die Kombination von ekklesialer Existenz als »Laien« und traditionell amtlicher Aufgabenstellung führte dazu, dass sich an der Einführung dieses Berufs eine Neubesinnung auf das Verständnis des Amtes entzündete.

In der theologischen Deutung finden sich derzeit zwei gegensätzliche Strömungen. Auf der einen Seite wird dieser Beruf dem Auftrag der Laien in der Kirche und ihrem Weltdienst zugeordnet. Demnach kommt in diesem Dienst die jedem Christen zukommende Berufung durch Taufe und Firmung zum Tragen. Sie wird hier hauptamtlich und als Beruf ausgeübt. Viele Pastoralreferenten verstehen sich in diesem Rahmen und wenden sich gegen jede Eingliederung in das Amt. Diese Deutung wird derzeit auch kirchenamtlich unterstrichen und die Differenz zwischen hauptamtlichen Laien und Priestern/Diakonen hervorgehoben. Darum sollen sie, wo irgend möglich, nicht mit Aufgaben im Rahmen von Gemeindeleitung, etwa mit der Predigt im Sonntagsgottesdienst, betraut werden.

In Spannung dazu übernehmen Pastoralreferenten/-innen sehr wohl Aufgaben, die traditionell mit dem Amt verbunden sind, bis hin zur de facto-Gemeindeleitung (nach can. 517 § 2 des Kirchenrechts) und der Gestaltung der sonntäglichen Wort-Gottes-Feiern, oft mit Kommunionausteilung. Der Priestermangel lässt häufig keine andere Wahl, will man nicht Gefahr laufen, dass in übergroßen Pfarrverbänden Kirche im Lebensraum der Menschen kaum noch erfahrbar wird. Weil es mit der Tradition der Kirche unvereinbar wäre, Gemeindeleitung nicht durch Weihe, sondern auf dem Verwaltungsweg zu übertragen, wird im Gegensatz zur These vom Laiencharakter dieses Berufs auch die Vorstellung vertreten, die so Beauftragten gehörten zum Amt. Die Tatsache, dass das sakramentale Amt gestuft übertragen wird, dass es nur die Bischöfe voll innehaben, die Priester und Diakone dagegen abgestuft daran teilhaben, sollte es nach diesem Verständnis möglich machen, auch die Pastoralreferenten in abgestufter Weise in die amtliche Struktur der Kirche einzubinden. Eigentlich aber wäre es, so die in dieser Tendenz vertretene Auffassung, die theologisch »sauberste« Lösung, sie unabhängig von Geschlecht und Familienstand durch Ordination zu ihrem Dienst zu beauftragen. In der theologischen Deutung dieses neu entstandenen Berufs in der Kirche haben sich jedenfalls Probleme eröffnet, die sich für das Verständnis des Amtes insgesamt als fruchtbar erweisen könnten.[131]

Neben den hier aufgeführten, – mit Ausnahme des Pastoralreferenten – »klassischen« Ämtern in der Kirche sind im Gefolge des Konzils viele weitere und recht unterschiedliche Aufgaben und Ämter entstanden.[132] Dies gilt insbesondere für die Basisgemeinden, in denen eine Vielzahl von »Laien« zusammenwirken, die die unterschiedlichsten Dienste vollziehen und so in diesen Gemeinschaften dem Aufbau der Gemeinde dienen. Gerade die Tatsache, dass die Basisgemeinden in aller Regel nicht von einem Priester geleitet werden, hat zur Entwicklung solcher Laiendienste beigetragen.

Auch dort, wo es diese Basisgemeinden nicht gibt, haben sich ungezählte Dienste von Ehrenamtlichen in den Gemeinden und Pfarreien entwickelt, von der Vorbereitung der Gottesdienste und der Feier von Kindergottesdiensten über Besuchsdienste von Kranken und Alten, dem

Schmuck der Kirche, der Betreuung von Armen, der Beratung in Lebensfragen, der Organisation der unterschiedlichsten Kreise und Gruppen, die sich in Pfarreien bilden. Gerade in diesen Ehrenamtlichen lebt Kirche und gedeihen die Gemeinden. Die Einführung neuer Ämter darf jedenfalls nicht dazu führen, dass diese in ihrem Engagement eingeschränkt werden. Jedes der angeführten Ämter ist ein Dienst. Sie alle sollen nicht dominieren, sondern den Gemeinden und den Ehrenamtlichen helfen, sich zu entfalten und dadurch als Volk Gottes zu leben.

Teil 3: Kirche bauen (Ekklesiogenese)

Dieser dritte und letzte Teil der praktischen Ekklesiologie ist dem Aufbau der Kirche und ihren Gemeinden und Gemeinschaften gewidmet. Thema ist also »Kirche bauen«, Gemeinden gründen, aber auch »Kirche gestalten«, schon gegründete Gemeinschaften und Gemeinden weiterentwickeln und ihr Wachstum fördern. In diesem doppelten und damit weiteren Sinn, der nicht allein die missionarische Erstgründung im Blick hat, wird der Begriff Ekklesiogenese im Folgenden verwendet. Es ist also nicht mehr die exegetische und systematische Fragestellung des zweiten Teils, um die es im Folgenden geht. Vielmehr ist dieser dritte Teil praktisch-theologisch.

In diesen Überlegungen sollen die dogmatisch und historisch vorgegebenen Aussagen über die Kirche mit den Erwartungen der Menschen von heute in eine fruchtbare Spannung gebracht werden. Bisher haben uns zwei Leitthemen geführt: Was erhoffen Menschen, vor allem Arme und Unterdrückte, aber auch Sünder und Unterdrücker, also Menschen, die wissen, dass sie aus eigener Kraft nicht zum Heil kommen werden, von dem, was wir als Heilsgeschichte verstanden und bezeichnet haben? Und: Wie kann die konkrete Antwort aussehen, die die Kirche, ihre Lebensform und ihre Verkündigung darstellen? Dabei ist die Antwort formuliert aus dem Blickwinkel der Hoffnung und der Erwartungen, andererseits die Frage im Lichte des Glaubens an jenen Gott gestellt, von dem Christen das Heil und die Antwort erhoffen. Frage und Antwort sind innerlich notwendig auf einander bezogen, sie stehen, wie Theologen sagen, zueinander in Korrelation.

In diesem dritten Teil soll nun versucht werden, die bisherigen grundlegenden Überlegungen für das christliche und kirchliche Leben und Wirken fruchtbar werden zu lassen. Dabei werden das bisher Bedachte auf ausgewählte Lebens- und Handlungsfelder der Kirche in ihrer Vielfalt und Buntheit bezogen. Es geht um konkrete Teilthemen, die unsere Kirchen heute in Europa und in vielen der jungen Kirchen zu meistern haben. Es sind Themen, die mit der Frage zu tun haben, wie die Kirche in den heutigen Kulturen ihren Auftrag praktisch gut erfüllen kann und wie sie sich dazu selbst durch eine kluge Entwicklung ihrer Gestalt und ihres Handelns bereiten kann. Diese praktischen Herausforderungen bilden gleichsam das Suchschema, von dem ausgehend das, was wir eher allgemein von menschlichen Hoffnungen und von kirchlicher Botschaft her bedacht haben, nun in den Blick genommen wird. In der Praxis, auf die wir jetzt blicken, muss sich bewähren, was bisher eher allgemein und vielleicht auch manchmal theoretisch anmutend vorgestellt wurde.

Heute: der Kairos

Der griechische Gott Kairos gilt als Gott der günstigen Gelegenheit. Dargestellt wird er vom Künstler Lysippos aus Sikyon im alten Griechenland als laufender Mann. Vorne an der Stirn hat er ein Büschel Haare, einen Haarschopf. Hinten ist er glatzköpfig kahl. Der Dichter Posaidippos hat seiner Darstellung folgende Verse gewidmet. Es entspinnt sich ein Gespräch zwischen einem Wanderer und dem weisen Dichter über den Künstler und das Kunstwerk. Die Botschaft der Darstellung des Kairos wird poetisch herausgearbeitet.

Wo ist der Künstler zu Haus?
»*In Sikyon wohnt er.*«
Sein Name?
»*Ist Lysippos.*«
Du bist?
»*Gott des allmächtigen Moments.*«
Sag, warum gehst du auf Zehen?
»*Ich laufe beständig.*«
Weswegen hast du Flügel am Fuß?
»*Weil ich so flink bin wie Wind.*«
Und du hältst in der Rechten ein Messer?
»*Es kündet den Menschen:*
nichts in der Weite der Welt
schneidet so scharf wie ich selbst.«
Und das Haar an der Stirn?
»*Beim Zeus, der Begegnende*
soll mich schnellstens erhaschen.«
Warum bist du denn hinten so kahl?
»*Bin ich mit fliegendem Fuß erst einmal*
vorübergeglitten, hält mich, so sehr man es wünscht, keiner von hinten mehr
fest.«
Und warum schuf dich der Künstler?
»*Für euch! Und zu eurer Belehrung stellte er, Wandrer, mich auch hier in der*
Vorhalle auf.«
(Poseidippos, um 330 v. Chr.)

Die Botschaft von Bild und Gedicht ist kantig und klar: Wer den vorbeilaufenden Gott fassen will, muss ihn vorne ergreifen. »Man muss«, so das deutsche Sprichwort, »die Gelegenheit beim Schopfe packen.« Ähnlich formulierte Michail Gorbatschow, der Staatsmann von Glasnost (Offenheit, Transparenz) und Perestroika (Umbau, Reform) aus Russland: »Wer zu spät kommt, den bestraft die Geschichte.« Andere wiederum sagen: »Wer zu spät kommt, den bestraft das Leben.«

»Kirche in der Welt von heute«, so lautet der Titel der Pastoralkonstitution des Zweiten Vatikanischen Konzils mit den Eingangsworten »Gaudium et spes«, Freude und Hoffnung, aus dem Jahr 1965. Im profanen Sprachgebrauch bedeutet »Konstitution« die »Verfassung«, nach der ein Volk, eine Nation lebt und regiert wird. Die Pastoralkonstitution wollte dafür sorgen, dass die Kirche in unserer Zeit »in einer guten Verfassung« ist. Das Konzil wollte den Kairos bei der Stirn packen und den guten Zeitpunkt nicht versäumen. Es hat, pastoraltheologisch formuliert, gute kairologische Arbeit geleistet.[133]

Die Kirche geht durch die Zeit

»Heute«, das meint unsere Zeit, unseren »Tag«. Im Italienischen lautet das Wort für den Tag »giorno«. Das Konzil wollte also mit einem »aggiornamento« die Kirche »auf den heutigen Tag« bringen. Ein solches »Update« der Kirche (ihrer Tätigkeit, ihrer Sozialgestalt) war notwendig geworden, weil sich die Kirche zu sehr an vergangene Zeiten gebunden hatte: nicht in ihrem bleibenden Kernauftrag, wohl aber in der Art und Weise, wie sie diesen in der jeweiligen Zeit möglichst gut und wirksam realisieren wollte. Die Kirche, so im zweiten Teil, hat organisatorisch stets zeitgerechte »Kleider« angezogen und so ein strukturelles »aggiornamento« vorgenommen, um ihre kulturelle Präsenz und pastorale Handlungsfähigkeit zu optimieren. In diesen Überlegungen ist deutlich geworden, dass der Kirche im Laufe ihrer Geschichte Erkenntnisse zugewachsen sind und dass sie Entscheidungen getroffen hat, die für ihre weitere Entwicklung verbindlich sind und die später nicht einfachhin zur Disposition gestellt werden können. Aber es hat sich auch gezeigt, dass viele ihrer Lehraussagen und ihrer Formen zufällig und zeitbedingt waren und damit der Neubesinnung und Veränderung unterworfen sind, selbst wenn man sie zu der Zeit, als sie eingeführt wurden, für überzeitlich und gottgewollt erachtet hat. Folglich müssen wir uns darauf einstellen, dass auch die Formen, die wir heute mit bestem Wissen und Gewissen für legitim und angemessen halten, sich später einmal als zeit- und gesellschaftsbedingt erweisen und reformiert werden müssen. Dass es beispielsweise Diözesen gibt oder Pfarreien, das verdankt die Kirche der bewährten Ordnung im Römischen Reich oder später im europäischen Mittelalter. Aber auch die Entwicklung von Ämtern und Diensten oder die Rolle von Laien im kirchlichen Leben wurden von den bekannten Regeln der jeweiligen Zeit überformt. Andererseits ist die Tatsache, dass es Ämter in der Kirche gibt oder dass die Kirche sich räumlich ausbreitet und so auf die Menschen zugeht, in einer Weise mit ihrem Wesen verbunden, dass solche auch historisch bedingte Entwicklungen als verbindlich angesehen werden müssen, selbst wenn sie unterschiedliche Gestalt annehmen können. Zu unterscheiden, wo verbindliche Entwicklungen stattgefunden haben und was allein zufällige Gestaltungen sind, die der Veränderung unterworfen bleiben, macht die hohe Schule der Theologie aus, in der praktische und systematische Denkformen zusammenwirken müssen.

Wie sehr die Kirche auf die jeweilige Zeit Rücksicht genommen hat, ja nehmen musste, zeigt sich an vielen konkreten Beispielen. Wir greifen ein besonders brisantes heraus: die Rolle der Frauen. Schon in der Frühzeit der Kirche wurde auf die gesellschaftliche Rolle von Frauen Rücksicht genommen und diesen in der Kirche ein engerer Raum zugewiesen, als diese im Lebensfeld Jesu hatten. Jesus hatte ja zu Frauen ein für seine Zeit ungewöhnlich wertschätzend-offenes Verhältnis. Die Nachricht von seiner Auferstehung hat er als erster von allen einer Frau – Maria von Magdala – anvertraut. Doch im Kreis der Männer kam sie damit nicht gut an: Lukas berichtet, dass die Jünger diese Nachricht der Frauen für ein Geschwätz hielten (Lk 24,11). Frauen fanden auch keinen Zutritt zu jenen Aufgaben, die nach und nach an Ämter gebunden wurden. Das hat vor allem damit zu tun, dass Frauen in Israel nicht öffentlich glaubhaft als Zeuginnen auftreten konnten.[134] Zeugnis geben aber ist die Kernaufgabe des kirchlichen Amtes. Also wurde die (öffentlich-amtliche) Verkündigung ausschließlich Männern aufgetragen. Das überkommene öffentliche Erscheinungsbild der Kirche (vor allem der katholischen und noch mehr der orthodoxen) ist bis heute männlich geprägt. Daran ändert nur wenig, dass unter den herausragenden Heiligen der Kirche viele Frauen sind und in manchen Diözesen der katholischen Weltkirche Frauen heute wichtige Einrichtungen und »Ämter« leiten. Das macht solche Frauen zu einer Art »Amtsinhaberinnen« ohne Weiheamt.

Zeichen der Zeit

Längst haben sich in vielen Fragen die Zeiten tiefgreifend verändert. Johannes XXIII. sah in solchen Änderungen Gottes Geist am Werk und erblickte in manchen solchen Entwicklungen »Zeichen der Zeit«, durch die uns heute Gottes Wille erkennbar wird. Die Pastoralkonstitution Gaudium et spes hat dieses Anliegen übernommen: »Im Glauben daran, daß es vom Geist des Herrn geführt wird, der den Erdkreis erfüllt, bemüht sich das Volk Gottes, in den Ereignissen, Bedürfnissen und Wünschen, die es zusammen mit den übrigen Menschen unserer Zeit teilt, zu unterscheiden, was darin wahre Zeichen der Gegenwart oder der Absicht Gottes sind.« (GS 11) Für den Papst waren es, wie er in seiner während der Tagungszeit des Konzils (1962–1965) erschienenen Enzyklika »Pacem in terris« (1963) formulierte, drei »Zeichen der Zeit«, welche die heutige Kirche gläubig zu lesen habe: das Streben der Völker nach Befreiung, das Ringen der Arbeiter um Gerechtigkeit, aber eben auch das neue Bewusstsein von Frauen.[135] An solchen Zeichen kann und soll die Kirche erkennen, was ihr Gott heute zumutet. Der Papst konnte sich dabei an Jesus orientieren. Den Pharisäern rief Jesus zu, sie könnten die Wetterzeichen gut lesen, nicht aber die Zeichen der Zeit:

»Außerdem sagte Jesus zu den Leuten: Sobald ihr im Westen Wolken aufsteigen seht, sagt ihr: Es gibt Regen. Und es kommt so. Und wenn der Südwind weht, dann sagt ihr: Es wird heiß. Und es trifft ein. Ihr Heuchler! Das Aussehen der Erde und des Himmels könnt ihr deuten. Warum könnt ihr dann die Zeichen dieser Zeit nicht deuten? Warum findet ihr nicht schon von selbst das rechte Urteil?« (Lk 12,54–57)

Um beim Beispiel der Stellung der Frauen zu bleiben: Die weltliche Frauenbewegung hat für Frauen in vielen Bereichen des gesellschaftlichen Lebens Respekt erkämpft. Frauen haben die gleiche Würde und sind gleichberechtigt. Sie haben das Wahlrecht bekommen. In den meisten Ehen und Lebensverbünden gilt das Prinzip der Partnerschaftlichkeit. Frauen stehen heute grundsätzlich alle weltlichen Ämter und Berufe offen. Dazu kommt, dass immer mehr Frauen dank forcierter Frauenbildung berufstätig sind, sich aber nach wie vor Kinder wünschen und daher Beruf und Familie vereinbaren wollen.

Hinter diesen Neubesinnungen stehen moderne Frauenbilder, die in den amtlichen Texten der Kirche wie in der alltäglichen Kirchenkultur bis heute nicht heimisch sind. Junge moderne Frauen finden daher für sich in der Kirche immer seltener eine »kulturelle Heimat«. Die Kirche ist ih-

nen fremd – nicht wegen des Evangeliums, sondern wegen des befremd-
lichen Umgangs der Kirche mit Frauen.[136] Kirche ist heute aufgerufen,
diesen Aufbruch der Frauen als Zeichen unserer Zeit zu erkennen und
ihm gerecht zu werden.

Beteiligung

Ein anderes gleichfalls brisantes Beispiel: Partizipation, Mitbestimmung, Beteiligung. Die modernen Kulturen kennzeichnet der unbeug-
same Anspruch einer großen Mehrheit in den Bevölkerungen, dass alle in
die Entscheidungsprozesse, die sie betreffen, einbezogen werden sollen.
Obrigkeitliche Fremdbestimmung wird (nach tragischen totalitären
Zwischenspielen in Europa durch Nationalsozialismus und Kommunismus) heute von den Menschen mehrheitlich abgelehnt, obgleich es immer auch Gruppen in den modernen Bevölkerungen gibt, die aus Unsi-
cherheit, Bequemlichkeit oder gar Feigheit die Last der Freiheit wieder
loswerden wollen: Sie wünschen sich dazu starke Führer und geschlos-
sene Gruppen. Kant hat Streben nach Mündigkeit als Zeichen der Aufklärung und damit der Moderne bezeichnet. Aber er wusste auch: »Es ist
ja so bequem, unmündig zu sein« und die Anstrengung des Selbst-Den-
kens zu vermeiden. Darum, so Kant, können sich auch heute noch autori-
täre Führer als Vormünder von gesellschaftlichen Gruppen und von ganzen Staaten aufwerfen. Doch sie geraten notwendigerweise in die Kritik.
Die Freiheit, das Leben selbst zu deuten und zu gestalten, gilt neben der
Sorge um Gerechtigkeit und Solidarität als Spitzenwert moderner Kultur. Leben und sprechen »auf Augenhöhe«, also gleichberechtigt zu sein,
ist zeitgerecht, in privaten Beziehungen ebenso wie im öffentlichen Leben.

Solche Vorstellungen von Partizipation sind in der katholischen Kirche
nicht selbstverständlich. In vergangenen Zeiten war die Monarchie die
gängige Herrschaftsform; die Kirche hatte und hat eine auffallende Affi-
nität zu ihr. Zeitbedingt? Oder von ihrem Wesen her? Man sagt, die moderne Zeit sei »demokratisch«; die Kirche hingegen sei »theokratisch«
und daher »hierarchisch«. Macht das die Kirche zu einer Art religiös be-
gründeter »Monarchie« oder ist der Schritt von der Theokratie zur Hierarchie doch ein menschlicher Kurzschluss? – Radikale Kritiker reden gar
von »heiliger Diktatur« mit einem niemandem als Gott allein verantwortlichen Papst an der Spitze, und alle übrigen amtlichen Positionen

diesem untergeordnet, herunter bis zu den Laien im Kirchenvolk. Nicht wenigen modernen Menschen sind solche Formen der Machtausübung fremd. Und auch das entfremdet viele Menschen von der Kirche.

Wer allen *vorstehen* soll, muss auch von allen *gewählt* werden – so hatte es Papst Leo I., der Große, im 5. Jahrhundert formuliert.[137] Heute aber finden Mehrheitsentscheide fast ausschließlich im Kreis des höheren Klerus statt. Ein Papst wird selbstverständlich gewählt. Auch in Konzilien wird über die Beschlüsse abgestimmt. Eine »demokratische« Kultur kennen auch Ordensgemeinschaften. Aber ansonsten herrscht in der Kirche weithin das Beratungsprinzip. Das Zweite Vatikanische Konzil hat den Entscheidungsträgern auf den verschiedenen Ebenen Beratungsgremien zur Seite gestellt. Sie müssen diese hören, aber deren Rat nicht befolgen, auch wenn sie schwerwiegende Gründe haben sollten, wenn sie gegen einen einmütigen Rat entscheiden (CIC can. 127).

Einweltlichung und Entweltlichung

An dieser Stelle ist eine grundsätzliche Überlegung angebracht, welche für die praktische Ekklesiogenese (also den Aufbau und das Wirken der Kirche heute) folgenreich ist. Es geht um folgende methodische Frage: Wie verhält sich der ererbte Auftrag von Jesus her zu solchen Errungenschaften moderner Kulturen? Und ins Konkrete gewendet: Was bedeutet für die Kirche, ihre Sozialform und Arbeitskultur beispielsweise der Aufbruch der Frauen in den letzten Jahrhunderten in modernen Gesellschaften? Hat der sich ausweitende Anspruch moderner Menschen auf Beteiligung auch Folgen für die Gestaltung des kirchlichen Lebens und Zusammenlebens?

Wenn Johannes XXIII. solche »weltliche« Entwicklungen »Zeichen der Zeit« nennt, dann ist er theologisch davon überzeugt, dass es neben der Schrift und der Tradition als unumgängliche Erkenntnisquellen noch eine weitere Quelle für die rechte Gestalt der Kirche und ihrer Verkündigung gibt: nämlich die konkrete Entwicklung der Welt, der Kultur. Gottes Geist ist in allen Menschen und in der ganzen Schöpfung am Werk. Wo sich Menschlichkeit entfaltet, wo es mehr Respekt füreinander gibt, wo die Diskriminierung zwischen Reichen und Armen, Juden und Griechen, Männern und Frauen (vgl. Gal 3,28), wo also menschheitsalte Diskriminierungen überwunden werden, dort ist Gottes inspirierender Geist mit am Werk. Das bedeutet auch, dass unsere Alltagsbegriffe

»Welt«, »weltlich«, »profan« zwei Gesichter haben und zutiefst ambivalent sein können. »Welt« bedeutet dann nicht nur (vor allem im johanneischen Sinn[138]) jene sündige »Welt« (Joh 3,19 f.; 15,18), mit der sich Christen
nicht gleichförmig machen sollen (Röm 12,2). Hier meint Paulus lediglich
die bösartigen Seiten der Welt. Wenn er uns rät, alles zu prüfen, das Gute
zu behalten (1 Thess 5,21), kennt er auch wertvolle Seiten dieser Welt. Und
wenn Papst Benedikt XVI. der Kirche (in reichen Ländern) eine »Entwelt-
lichung«[139] anrät, so kann er auch nur die dunklen Seiten der Welt und
ihrer neuzeitlichen Entwicklung gemeint haben. Denn zugleich aner-
kennt der Papst viele gute Seiten eben dieser modernen Welt:

> »So gibt es von Natur aus viele Themen, in denen sozusagen die Mora-
> lität der Modernität liegt. Die Modernität ist ja nicht nur aus Negati-
> vem aufgebaut. Wenn dies der Fall wäre, könnte sie nicht lange beste-
> hen. Sie trägt große moralische Werte in sich, die gerade auch vom
> Christentum kommen, die durch das Christentum erst als Werte in
> das Bewusstsein der Menschen gerückt wurden.[140] Das Christentum
> darf nicht zu einer Art archaischer Schicht werden, die ich irgendwie
> festhalte und gewissermaßen neben der Modernität lebe. Es ist selbst
> etwas Lebendiges, etwas Modernes, das meine gesamte Modernität
> durchformt und gestaltet – und sie insofern regelrecht umarmt ...
> Wichtig ist, dass wir versuchen, das Christentum so zu leben, dass es
> die gute, die rechte Moderne in sich aufnimmt – und zugleich sich
> dann von dem scheidet und unterscheidet, was eine Gegenreligion
> wird.«[141]

Die Kirche muss also beides beherrschen: »Weltwerdung« und »Entwelt-
lichung«. Weltwerdung ist dabei ein Teil der »kenotischen[142] Inkarnation«, eines selbstlosen »Allen-alles-Werdens« (1 Kor 9,22), wie sie der
Völkerapostel Paulus praktiziert hat. Ein nachahmenswertes Beispiel ist
nachzulesen in der Rede des Paulus auf dem Areopag in Athen (Apg
17,16–34).

Traditionstreue und Traditionalismus

Die Kunst der Ekklesiogenese lebt also davon, nicht nur auf die verbindliche Tradition zu schauen, sondern auch auf die herausfordernden »Zeichen der Zeit« und darin auf die Errungenschaften moderner Kulturen.
Dabei ist zu beachten, dass uns die Tradition stets verwoben mit Bildern
und Erfahrungen aus vergangenen Zeiten begegnet. Daher gilt es her-

auszuarbeiten, was an den überlieferten Formen des kirchlichen Lebens für alle Zeiten Orientierung bietet und daher unumgänglich verbindlich ist und was in den Überlieferungen Züge einer vergangenen Zeit an sich trägt und daher seine Verbindlichkeit verlieren kann. Was an der Tradition ist also »vorfindbar«, und was wiederum ist »erfindbar« im Sinn von »veränderbar«, was ist »vorgegeben« und was ist »aufgegeben«? So gehört etwa die lange von der Kirche akzeptierte und für selbstverständlich, vielleicht sogar für gottgewollt gehaltene Einrichtung der Sklaverei heute gottlob der Vergangenheit an.

Es gibt in der Kirche die traditionalistische Versuchung, das, was an der Tradition unveränderbar ist, mit deren zeitbedingten Anteilen zu verwechseln. Die Kirche, ihre Sozialgestalt, ihre Wirkweise, werden dann gleichsam dem Wandel der Zeit entzogen. Traditionstreue wird dann mit Traditionalismus verwechselt. Das kann eine tiefe Kluft zwischen der konkreten Kirche und der zeitgenössischen Kultur schaffen. Wegen dieser Kluft finden dann Zeitgenossen nicht den Weg zum Evangelium: Die Kirche scheint in einem solchen Fall modernen Menschen den Weg mehr zu versperren denn zu eröffnen. Dann entsteht um des Evangeliums willen ein »Leiden an der Kirche«.

Schädigung durch Musealisierung

In jüngerer Zeit haben religionsfeindliche Machthaber im Wissen um diese Zusammenhänge gezielt versucht, die Kirche in ihrem Herrschaftsbereich gleichsam zu »musealisieren«, sie also in ihrer alten Gestalt und Wirkweise einzufrieren. Das war die schärfste Waffe gegen die Kirche. Manche Regime haben beispielsweise verhindert, dass die Bischöfe ihrer Länder sich am Zweiten Vatikanischen Konzil beteiligten und die Reformen, die es in die Wege leitete, rezipieren konnten. Umso tragischer erscheint es, wenn kirchliche Kreise selbst eine solche »Musealisierung« betreiben. Das unveräußerliche Erbe, auf das man sich gerne beruft, wird ja durch das Hören auf die Zeichen der Zeit nicht tangiert. Vielmehr geht es allein um die Frage, wie dieses Erbe in modernen Zeiten zu den Menschen gelangen und von ihnen angenommen werden kann.

Mit ähnlichen Herausforderungen hatte, wie die Heilige Schrift berichtet, schon der Prophet Jeremia zu tun. Nebukadnezar hatte 597 v. Chr. Israel besiegt, Jerusalem zerstört und einen Großteil des Volkes nach Babylon deportiert. Dort treten falsche Propheten auf und wecken in den

Deportierten eine nostalgische Sehnsucht nach der vergangenen, der angeblich guten alten Zeit. Jeremia muss gegen die nostalgischen Retro-Propheten auftreten. Sie sollen sich der Herausforderung der neuen Situation stellen und sich um das Wohl der Stadt sorgen. Der lapidare Grund: Eben dahin hat Gott selbst sie »weggeführt«:

> »So spricht der Herr der Heere, der Gott Israels, zur ganzen Gemeinde der Verbannten, die ich von Jerusalem nach Babel weggeführt habe: Baut Häuser und wohnt darin, pflanzt Gärten und esst ihre Früchte! Nehmt euch Frauen und zeugt Söhne und Töchter, nehmt für eure Söhne Frauen und gebt eure Töchter Männern, damit sie Söhne und Töchter gebären. Ihr sollt euch dort vermehren und nicht vermindern. Bemüht euch um das Wohl der Stadt, in die ich euch weggeführt habe, und betet für sie zum Herrn; denn in ihrem Wohl liegt euer Wohl. Denn so spricht der Herr der Heere, der Gott Israels: Lasst euch nicht täuschen von den Propheten, die unter euch sind, und von euren Wahrsagern. Hört nicht auf die Träume, die sie träumen. Denn Lüge ist das, was sie euch in meinem Namen weissagen; ich habe sie nicht gesandt – Spruch des Herrn. Ja, so spricht der Herr: Wenn siebzig Jahre für Babel vorüber sind, dann werde ich nach euch sehen, mein Heilswort an euch erfüllen und euch an diesen Ort zurückführen. Denn ich, ich kenne meine Pläne, die ich für euch habe – Spruch des Herrn –, Pläne des Heils und nicht des Unheils; denn ich will euch eine Zukunft und eine Hoffnung geben. Wenn ihr mich ruft, wenn ihr kommt und zu mir betet, so erhöre ich euch. Sucht ihr mich, so findet ihr mich. Wenn ihr von ganzem Herzen nach mir fragt, lasse ich mich von euch finden – Spruch des Herrn. Ich wende euer Geschick und sammle euch aus allen Völkern und von allen Orten, wohin ich euch versprengt habe – Spruch des Herrn. Ich bringe euch an den Ort zurück, von dem ich euch weggeführt habe.« (Jer 29,4–14)

Ungenutzter Gestaltungsspielraum

Es ist offensichtlich, dass die Kirche von ihrem Ursprung her in der Gestaltung ihres Lebens, ihres Wirkens, ihrer Sozialgestalt eine enorme Plastizität und damit einen weiten Gestaltungsspielraum hat. Dieser wurde, wie das Kapitel über die Kirche im Neuen Testament und im Lauf der Geschichte anschaulich gemacht hat, weidlich genutzt. Es gab und gibt vielfältige Gestalten und Wirkweisen der einen Kirche Jesu Christi. Sie kennt den Wandel: und damit sowohl Zeiten beruhigter und fruchtbarer Stabilität, aber auch Zeiten der turbulenten Reform, die sich oft als nicht weniger fruchtbar erwiesen haben. Ihre Identität behielt die Kirche nicht trotz ständigen Wandels, sondern gerade in diesem und durch ihn. Sie hat sich als eine »ecclesia semper reformanda« bewährt. Unentwegt hat sie dabei versucht, sowohl Gott als auch den (je heutigen) Menschen nahe zu sein, und das in großer Ursprungstreue in der Spannung zwischen Weltfremdheit und Verweltlichung. Ohne diesen ständigen Wandel würde sich die Kirche von Gott und zugleich von den Menschen entfremden.

So stellt sich der Kirche die Frage, ob sie nicht manche Befremdlichkeiten zu Menschen in den modernen Kulturen dadurch abbauen kann, dass sie sich von allein zeitbedingten Traditionen befreit und den sich dadurch eröffnenden Spielraum nützt.

Sozialer und kultureller Dialog

Diese Überlegungen erhalten noch mehr Gewicht, wenn es nicht nur um die modernen Kulturen des europäischen und des nordamerikanischen Bereichs geht, der stark von der europäischen Geschichte her geformt ist. Hilfreich, ja unverzichtbar sind diese methodischen Anleitungen gerade auch dann, wenn das Evangelium in einer nichteuropäischen, einer afrikanischen oder asiatischen Kultur wachsen soll.

Bei solchen Begegnungen zwischen dem Evangelium und Kulturen haben sich in den letzten Jahrzehnten zwei Dimensionen als bedeutsam erwiesen:

● Es geht um einen »sozialen Dialog«, also um die Fragen nach der sozialen Gerechtigkeit, die in einem religiösen Kontext bearbeitet werden. In Lateinamerika und in anderen Weltregionen mit himmelschreiender Ungerechtigkeit und Unterdrückung (vgl. Ex 3,7) haben sich in zähem innerkirchlichem Ringen »Theologien der Befreiung« entfaltet. Ihr Ziel ist es, Würde und Gerechtigkeit zusammen mit den Armgemachten und ihren Familien und Gemeinschaften durch einen mystisch-politischen Einsatz zu erringen.

● Zugleich steht der »kulturelle Dialog« auf dem Programm der Kirche. Einen solchen hat in faszinierender Weise der große Chinamissionar Matteo Ricci (1552–1610) geführt. Ähnliche Bemühungen gibt es heute in Indien (etwa in Bangalore und Puna) zwischen Christen und Hindus. In modernen nordatlantischen Regionen hat ein Dialog mit jenen eingesetzt, die »spirituelle Pilger« ohne Bindung an eine Religionsgemeinschaft sind. Auch der Dialog mit den »Atheisten« und »Konfessionsfreien« hat seit dem Zweiten Vatikanischen Konzil an Bedeutung gewonnen.

Zweites Vatikanisches Konzil

In den folgenden Ausführungen bleiben wir diesen methodischen Erkenntnissen treu. Wir stellen hauptsächlich jene Form der Ekklesiogenese dar, die den theologischen Standards des Zweiten Vatikanischen Konzils entspricht. Wir überlegen also, wie das Werden und Wachsen der Kirche nach den Aussagen dieses Konzils erfolgen und welche Gestalt diese Kirche annehmen sollte. Dabei wird es manchmal unerlässlich sein, mit einem wohlwollenden Blick zurückzuschauen, um zu sehen, wie es früher war. Das Konzil steht, bei allen Neuansätzen, die es gebracht hat, ja selbst in einer umfassenden Kontinuität. Es wäre eine sehr einseitige Sicht, wenn man das Konzil nur von den Brüchen her verstehen wollte, so als habe der neuzeitliche Katholizismus erst mit diesem Konzil begonnen. Die frühere Gestalt von Kirche und Seelsorge wirkt folglich im Bewusstsein der Menschen (innerhalb und außerhalb der Kirche) und in den Strukturen der Kirche weiter und bleibt auch über Reformen hinweg lebendig. Zudem ist ein Konzil zwar in wenigen Jahren abgeschlossen, aber dessen Rezeption kann (wie beim Konzil von Trient) hunderte Jahre dauern.

An manchen Stellen werden wir auch einen futurologischen Blick nach vorne riskieren. Denn auch das Konzil schöpft den von der jesuanischen Tradition eröffneten Gestaltungsspielraum nicht aus. Vor allem ist die Kirche von ihrem Ansatz und Wesen her offen auf das Reich Gottes, das in ihr schon gegenwärtig ist, dessen Erfüllung aber gleichzeitig noch aussteht. Kirche ist damit immer auf das verwiesen, was noch nicht ist, was ihre gegenwärtige Gestalt transzendiert und sie damit notwendig in Frage stellt. Sie lebt und wirkt im Horizont einer offenen und im Detail unbekannten Zukunft. Dennoch ist das Künftige im Gegenwärtigen in unterschiedlicher Weise schon gegenwärtig und das Noch-Nicht ist anziehend wirkmächtig: in der Form von Visionen, aber auch im Tun von Gruppen, die so etwas sein können wie die Vorhut der ständigen Kirchenentwicklung.[143] In kleinen kirchlichen Gruppen oder in pastoraltheologischen Entwürfen kann heute schon etwas von der kommenden Gestalt und Arbeitsweise der Kirche in ihrer Dynamik auf das Reich Gottes hin sichtbar werden.

Das Ziel aber ist dabei immer das Gleiche. Im Mittelpunkt des Nachdenkens über die Ekklesiogenese steht die Frage, wie die Kirche Gott bei seiner Geschichte mit der Welt und damit dem spurenhaften Anbrechen des Reiches Gott *heute* am besten dienen kann und welche Gestalt für dieses Wirken am passendsten ist. *Heute* meint: in unserer Zeit, aber es meint auch in der jeweiligen Kultur des Landes, eines Kontinents, der eins werdenden Welt.

Ekklesiogenese, wie sie hier bedacht wird, hat somit stets einen Bezug zur jesuanischen Tradition, aber zugleich auch immer zur Lebenssituation jener Kultur und Lebenswelt, in die Gott seine Kirche »weggeführt« (Jer 29,7) hat. Daraus folgt schließlich, dass sich nicht allein die Kirche in ihren Gemeinden, sondern mit ihr auch die theoretische Besinnung über eine praktische Ekklesiologie (Ekklesiogenese), die über die rechte Gestaltwerdung von Kirche reflektiert, in einem ständigen Lernprozess befindet.

So beginnen wir nunmehr inhaltlich einige wichtige Aspekte einer heutigen praktischen Lehre von der Kirche zu reflektieren.

- Dabei geht es einerseits um die praktische Frage: Was macht die Kirche und in ihr deren Gemeinschaften heute lebendig und handlungsfähig? Wie organisiert sie ihren Dienst in der Welt, in den Gesellschaften und Kulturen? Das Zweite Vatikanische Konzil hat darüber in der Pastoralkonstitution Gaudium et spes nachgedacht.

- Und andererseits: Wie gestaltet die Kirche ihr eigenes Leben, welche Strukturen braucht sie dazu heute? Mit dieser Innenseite der praktischen Ekklesiologie hat sich das Zweite Vatikanische Konzil in seiner dogmatischen Konstitution über die Kirche, in Lumen gentium, befasst. Für uns stellen sich in diesem Rahmen Fragen wie: Wie können Menschen für das Evangelium gewonnen werden? Wie lassen sich mit diesen Menschen gläubige Gemeinschaften bilden, die ihren Dienst aneinander und an jenen Mitmenschen erfüllen, die nicht zu ihnen gehören, auf die sie sich aber gläubig bezogen und zu denen sie sich von Jesus her gesandt wissen?

Zur Präsenz der Kirche bei der Formung von Kultur und Gesellschaft

Die Kirche, so das alte und unverbrauchte Bild aus der Frühzeit des christlichen Lebens, ist ein »Instrument«. Sie dient Gott bei dessen »Dienst« an der Welt. Sie hat ihren Ort in der Heilsgeschichte der einen Menschheit.

Dieser Dienst ist nicht, wie die marxistische Religionskritik nicht ohne Mitschuld eines einseitig spiritualisierten Christentums diesem vorwarf, eine opiate Vertröstung auf das Jenseits. Jesus selbst kündigte das Kommen des »Reiches Gottes« schon jetzt und in dieser Welt an. In ihm ist es angebrochen und Auftrag der Kirche ist es, selbst ein Ort zumindest spurenhaft verwirklichten Gottesreiches zu sein. Spurenhaft meint: Die Kirche ist nicht das Reich Gottes. Aber ohne Momente des Reiches Gottes ist Kirche nicht das, wozu sie zu sein berufen ist.

Das Reich Gottes ist aber kein frommes Gefühl, sondern private wie gesellschaftliche Lebensrealität. »Denn das Reich Gottes ist nicht Essen und Trinken, es ist Gerechtigkeit, Friede und Freude im Heiligen Geist.« (Röm 14,17) Gerechtigkeit und daraus Frieden sind Zeichen der anbrechenden »Gottesherrschaft«. Sie im eigenen Haus zu leben, der Welt gewaltfrei vorzuleben sowie zu deren Verbreitung in der Menschheit beizutragen, ist Sendung der Kirche. Sie steht, wie Johannes Paul II. in Anschluss an seinen Vorgänger Paul VI.[144] wiederholt betonte, für eine »Zivilisation der Liebe«[145], die er einer »Zivilisation des Todes«[146] gegenüberstellte.

Zivilisation und Kultur sind verwandte Wirklichkeiten. Die Kirche weiß sich berufen, im Geist des Evangeliums an deren Formung mitzuwirken: im gläubigen Wissen vom Sieg Gottes über den Tod und damit über die Angst, was die Menschen freisetzt zu einem Handeln der Liebe. Solche Kulturgestaltung kann mit einem Fachwort auch als »Kulturation« bezeichnet werden. Das setzt voraus, dass die Kirche mit einer hohen Sensibilität in der jeweiligen Kultur präsent ist und mit dem Evangelium alle Bereiche der Kultur von innen her mitgestaltet.

KIRCHE BAUEN (EKKLESIOGENESE)

Religionsfreiheit

Ihren Auftrag zur Kulturation, also zur Mitgestaltung des gesellschaftlichen Lebens aus der Kraft des Evangeliums, kann die Kirche nur erfüllen, wenn sie dazu auch die gesellschaftspolitische Freiheit besitzt. Diese Freiheit ist eine Facette der Religionsfreiheit. Bei dieser geht es zwar in erster Linie darum, dass die Bürgerinnen und Bürger in ihrer persönlichen wie gemeinschaftlichen Religionsausübung frei sind; mit dazu gehört, dass die Kirchen ihre inneren Angelegenheiten selbst bestimmen können, und das durchaus mit einem wertschätzenden Blick auf die Errungenschaften der jeweiligen Gesellschaft. Aber Religionsfreiheit meint auch, dass sich die Gläubigen und ihre kirchliche Gemeinschaft in einem mit der jeweiligen Gesellschaft ausgehandelten Modus an der Gestaltung des gesellschaftlichen Lebens in angemessener Weise nachhaltig beteiligen können.

Dieses weite Verständnis von Religionsfreiheit ist allerdings nicht in allen Regionen der Welt selbstverständlich. Aus historischen Gründen ist in einigen Ländern in Europa eine Art »Antiklerikalismus« gewachsen, der sich gegen eine politisierende Einmischung der Kirche in Staat und Gesellschaft wehrt. Von solchen »antiklerikalen Kräften« wird kulturpolitisch die »Trennung von Kirche und Staat« in allen Bereichen verlangt – also auch Trennung von Kirche und Schule, Kirche und Strafrecht, Kirche und Familienpolitik. Diese Trennung wurde in unterschiedlichen Graden verwirklicht. In radikaler Weise ist sie in Frankreich in Folge der revolutionären Aufklärung vorangetrieben. Andere europäische Länder haben das Verhältnis von Kirche-Staat-Gesellschaft modifiziert. Nicht radikale Trennung ist das Ziel, sondern kontrollierte Kooperation in jenen gesellschaftlichen Bereichen, die Staat und Kirche gleichermaßen berühren. Das verleiht den Kirchen nicht den Status einer politischen Partei, wohl aber einer gesellschaftspolitischen Kraft.

Die strukturelle Voraussetzung für kooperative Modelle ist die Unterscheidung von Staat und Gesellschaft. Dabei wird für Gesellschaft oftmals der Begriff Zivilgesellschaft verwendet. Die Zivilgesellschaft ist dann der eigentliche Handlungsort für kirchliche Gemeinschaften. Hier zählt sie zu den NGOs, den Nicht-Regierungs-Organisationen. Deren Wichtigkeit ist für freiheitliche Gesellschaften anerkannt und im Steigen begriffen.

Einsatz von Personen und Verbänden

Die Beteiligung von Christinnen und Christen und ihren Kirchen an der Gestaltung des gesellschaftlichen Lebens und Zusammenlebens geschieht in nachhaltiger Weise, wenn gläubige Menschen auf Grund ihrer Fachkompetenzen an gesellschaftliche Schlüsselstellen gelangen, an denen sie den Gang von Wirtschaft, Gewerkschaft, Kultur, Sport, Wissenschaft, Politik wirkmächtig mitformen können. Christen und Christinnen haben, so unmissverständlich die Katholische Soziallehre, einen politischen Auftrag. Doch Mitgestaltung der Gesellschaft geschieht nicht allein an Schlüsselstellen, sondern in vielfältigen Formen menschlichen Zusammenlebens. Praktisch heißt dies, dass Christen ihre Wahlpflicht ernst nehmen, sich politisch bilden, sich auf allen Ebenen des gesellschaftlichen Lebens um Ämter bewerben und diese annehmen, sich in politischen Parteien engagieren.

Um dieser (gesellschafts-)politischen Verantwortung möglichst kompetent gerecht werden zu können, haben sich Christinnen und Christen vor allem in demokratischen Ländern zusammengeschlossen, »verbündet«. Oft waren es konkrete gesellschaftliche Herausforderungen, die zu solchen Zusammenschlüssen geführt haben. Auf diese Weise sind »Verbände«[147] und »Bewegungen« entstanden – so beispielsweise die berühmte Arbeitsbewegung, gegründet von dem späteren Kardinal Cardijn. Heute engagieren sich Christen und Christinnen in ökumenischen und interreligiösen Bewegungen, die sich für Frieden, Gerechtigkeit und Bewahrung der Schöpfung[148] einsetzen.

Seit Pius X.[149] spielt im Leben der katholischen Kirche[150] die sogenannte »Katholische Aktion« eine wichtige gesellschaftspolitische Rolle.

Kirchliche Einrichtungen

Christgläubige engagieren sich aber nicht nur als Personen und in Verbänden. Kirchen gestalten wichtige Momente moderner Gesellschaften durch kircheneigene Einrichtungen mit. Diese finanzieren sie teils mit eigenen Mitteln, teils erhalten sie für diese Aufgaben öffentliche Mittel. Für christliche Existenz ist praktizierte Nächstenliebe konstitutiv. Sie ist Ausdruck dafür, dass jemand auf dem Weg des Heils vorankommt: Es ist die Liebe, die sich in den Werken der Barmherzigkeit verdichtet, welche rettet (vgl. Mt 25).

Caritas

Das Tun des einzelnen Menschen ist also unverzichtbar. Dennoch findet sich neben der persönlichen Nächstenliebe in der Kirche von Anfang an organisierte Nächstenliebe. In der Apostelgeschichte wurden für den Dienst an den Tischen die Diakone bestellt. Gemeinsam verantwortete Nächstenliebe in der Form handfester Diakonie ist daher, wie wir noch breiter ausführen werden, konstitutiv für jede christgläubige Gemeinschaft/Gemeinde. Die Kirchen organisieren aber nicht nur in den Gemeinden caritative Dienste und Einrichtungen. Sie haben – wo immer es geht – auch eine diözesane und überdiözesane Caritas eingerichtet. Darüber hinaus gibt es einen Zusammenschluss in der »Caritas Internationalis«. Die Caritas hilft Menschen in Not. Sie ist oft (aber nicht ausschließlich) Trägerin von Kindergärten und Altenheimen.

Eine herausragende Rolle für das soziale Engagement der Kirchen spielen die Orden. Manche Orden sind ausdrücklich als apostolische Orden für konkrete Nöte der Menschen gegründet worden und sind bis heute Träger wichtiger Einrichtungen im Gesundheits- und Sozialbereich. Sie führen anerkannte Krankenhäuser, Altenheime, Kindergärten. Ohne diese kirchlichen Einrichtungen könnten manche Gesellschaften ihre sozialen Aufgaben nur schwer erfüllen. Neuestens wurden Häuser für Sterbende (Hospize) gegründet, Sterbende werden auch zu Hause und ambulant begleitet.

Bildung

Es ist heute unumstritten, dass einer der wichtigsten Faktoren gegen Verarmung eine gute Bildung und Ausbildung ist. Daher sind die Bildungseinrichtungen in der Hand von Orden, Diözesen und Pfarrgemeinden von den caritativen Anstrengungen der Kirche nicht zu trennen. Die Kirchen haben sich auf allen Ebenen der Bildung engagiert: im Bereich der Hochschulen und Universitäten (und hier nicht nur in den so wichtigen theologischen Fakultäten), im Bereich der mittleren wie der Grundbildung.

Bei solcher Formation geht es um eine religiös-sittliche Bildung, die in manchen modernen Gesellschaften nach wie vor zu den Zielen von Schulen gezählt wird. Die Kenntnis der verschiedenen Religionen wird in Zeiten der weltanschaulichen Verbuntung zunehmend wichtig und bildet einen unverzichtbaren Beitrag zum Religions- und damit zum Weltfrieden.

Kirchliche Bildungseinrichtungen haben nicht nur die nächste Generation im Blick. Gebildet werden in kirchlichen Einrichtungen auch und gerade Erwachsene. Ein Moment an der umfassenden Bildung der Erwachsenen ist neben reifer Glaubensbildung auch politische Bildung. Durch sie kann das gesellschaftspolitische Engagement der Kirchenmitglieder bestärkt und ausgerichtet werden.

Wichtigkeit gesellschaftlicher Dienste der Kirche

Wie wichtig dieses vielfältige gesellschaftliche Engagement der Kirchen ist, kann daran ermessen werden, dass Gegner der Kirche genau dieses zu unterbinden versucht haben und immer noch versuchen. Die gesellschaftliche Präsenz von Christen und das Wirken kirchlicher Einrichtungen ist ihnen ein Dorn im Auge. Vor allem totalitäre Gesellschaften, die Staat bzw. Partei und Gesellschaft gleichsetzen und keine Zivilgesellschaft kennen, entziehen den Religionsgemeinschaften die Möglichkeit, im sozialen wie im Bildungsbereich eigene Einrichtungen zu führen. Während der vierzig Jahre der kommunistischen Herrschaft in Ost(Mittel)Europa wurden kirchliche Schulen, Krankenhäuser, Kindergärten und Altenheime geschlossen. Das Leben der Kirchen wurde »entgesellschaftlicht«, privatisiert. Über die Schließung der Schulen und die Beendigung schulischen Religionsunterrichts sollte den Kirchen auch der direkte Zugang zur nächsten Generation entzogen werden. Was den Kirchen blieb, war allein der Zugang über die Familien der Kirchenmitglieder sowie gemeindliche Kinder- und Jugendarbeit. Die Christen wurden in den gesellschaftlichen Untergrund abgedrängt, die Kirchen wurden bildlich gesprochen in die Sakristeien zurückgedrängt.

Ins Positive gewendet: Wo immer die Kirchen die Möglichkeit haben, schaffen engagierte Christinnen und Christen mit Unterstützung der Kirchenleitung auf verschiedenen Ebenen Einrichtungen zur Humanisierung der Gesellschaft. Der caritative Bereich ist nicht zuletzt jener, welcher den Kirchen auch in säkularen Kulturen hohe Wertschätzung bringt. Kirchliche Schulen, Kindergärten, Krankenhäuser erfreuen sich einer sehr hohen Beliebtheit und haben zumeist auch eine herausragende fachliche Qualität. Das liegt vielleicht auch daran, dass sich in diesen Einrichtungen in besonderer Weise Menschen engagieren, die neben ihrer fachlichen Kompetenz auch das mitbringen, was Benedikt XVI. »Herzensbildung« genannt hat:

»Berufliche Kompetenz ist eine erste, grundlegende Notwendigkeit, aber sie allein genügt nicht. Es geht ja um Menschen, und Menschen brauchen immer mehr als eine bloß technisch richtige Behandlung. Sie brauchen Menschlichkeit. Sie brauchen die Zuwendung des Herzens. Für alle, die in den karitativen Organisationen der Kirche tätig sind, muss es kennzeichnend sein, dass sie nicht bloß auf gekonnte Weise das jetzt Anstehende tun, sondern sich dem andern mit dem Herzen zuwenden, so dass dieser ihre menschliche Güte zu spüren bekommt. Deswegen brauchen diese Helfer neben und mit der beruflichen Bildung vor allem Herzensbildung.«[151]

Der Aufbau von christlichen Gemeinschaften

Kirche ereignet sich in Gemeinden, erschöpft sich aber nicht in diesen. Dieses gemeindetheologische Prinzip betont die Wichtigkeit der Vergemeinschaftung von Glaubenden. Einer allein kann für sich nicht Christ sein.

Zugleich ist die Kirche aber nicht nur Gemeinschaft, sondern immer auch Dienst: Dienst aneinander, Dienst an den Menschen. Und das im Rahmen ihres Grundprogramms, dass Gottes Reich in Spuren komme. Und schon jetzt, inmitten der heutigen Gesellschaften. Das verlangt nach zeitgemäßen Dienstleistungen. Das macht die Kirche zu keinem religiösen und sozialen Dienstleistungsbetrieb. Aber sie leistet als Gemeinschaft viele gute Dienste.

Wie die Entwicklung in der Zeit des Neuen Testament (vgl. oben im Teil 2) schon gezeigt hat, waren es immer »örtliche« Gemeinschaften, die von Aposteln gegründet und denen vom Herrn Menschen »hinzugefügt« (Apg 2,47) wurden. Es spielen damit immer zwei Elemente zusammen: das personale und das lokale. Im Lauf der Pastoralgeschichte lag lange Zeit der Akzent auf dem Lokalen, dem Örtlichen. Kirche wurde nach dem Territorialprinzip strukturiert. Vor allem als es der Kirche im Zusammenspiel mit dem Staat gelungen war, so gut wie alle Mitglieder einer Gesellschaft auch zu Mitgliedern der Kirche zu machen, also alle Menschen eines Landes »zu erfassen«, lag es nahe, die Erfassten auch in einer Struktur von Pfarreien zu organisieren. Aber selbst in dieser Zeit gab es neben dem »Territorialprinzip« ein ergänzendes und wirkmächtiges

Prinzip: die Orden und die diesen zugeordneten Gemeinschaften. Für die Lebendigkeit der Kirche spielten diese zwei Prinzipien eine wichtige Rolle. Nicht zuletzt hat sich die Kirche durch die pastorale Arbeit der Orden wiederholt erneuert.

Heute finden wir neben den Pfarrgemeinden und den Orden mit ihren vielfältigen Gemeinschaften sogenannte »geistliche Bewegungen«. Diese sammeln Gläubige, die sich unter modern-säkularen Bedingungen für das Evangelium entschieden haben. Die meisten von ihnen engagieren sich missionarisch, indem sie Menschen für das Evangelium gewinnen wollen. Das ist die Stärke vieler neuerer geistlicher Bewegungen. Zugleich bilden sie eine nicht immer geliebte Konkurrenz zu den überkommenen Pfarrgemeinden. Einander werfen sie Einseitigkeiten vor. Die Pfarreien halten die »geistlichen Bewegungen« für fromm, aber für die Armen vor Ort, die man sich nicht aussucht, wenig engagiert. Umgekehrt werfen die geistlichen Bewegungen den Pfarrgemeinden vor, sie würden unmissionarisch selbstzufrieden sein und vor wahrer Frömmigkeit in das gesellschaftliche Engagement fliehen. Diese gelegentlich bis in hochrangige Verlautbarungen anzutreffende Polarisierung ist freilich eine Vereinfachung. Die Landschaft der neueren geistlichen Bewegungen ist weitaus bunter, ebenso wie die Landschaft der Pfarrgemeinden. Zudem haben beide sehr viele Gemeinsamkeiten. Sie haben die Aufgabe zu meistern, unter heutigen Bedingungen lebendige und handlungsfähige Gemeinschaften des Evangeliums zu bilden. Zu dieser Aufgabe werden im Folgenden pastoraltheologische Überlegungen vorgenommen.

Von der bewegenden Kraft der Vision

Der finnischstämmige Amerikaner Martin F. Saarinen[152] hat eine Studie zur Frage erstellt, was eine Kirchengemeinde lebendig macht. Er untersuchte dabei methodistische Gemeinden in Amerika. Die Kriterien, die er fand, sind aber durchaus auch auf katholische Gemeinden anwendbar. Er kam zur Erkenntnis, dass kirchliche Gemeinschaften und Organisationen einen Lebenszyklus durchlaufen. Dieser beginnt mit der Geburt, setzt sich fort über die Kindheit hin zur Jugendzeit, um das Erwachsenenalter zu erreichen. Dann wird die Organisation alt: Sie durchläuft die von ihm so benannten Stadien der Reife, der Aristokratie, der Bürokratie, um schließlich zu sterben.

Das ist eine erste schmerzliche Einsicht seiner Analysen: *Organisationen werden »geboren«, aber sie sind zugleich auch sterblich.* Das gilt auch für kirchliche Organisationen wie z. B. Pfarrgemeinden, geistliche Bewegungen oder Orden! So hatten die europäischen Gebiete Tschechiens, Estlands oder Ostdeutschlands einmal eine kraftvolle christliche[153] Kultur, bevor sie in der Zeit des kirchenaggressiven Kommunismus zu atheisierenden Kulturen im Herzen des einst »christentümlichen« Europas geworden sind.[154]

Geburt aus der Vision Jesu

Saarinen macht deutlich, dass junge Organisationen wachsen müssen und erwachsene Organisationen altern können. Vor allem aber: *Geboren werden Organisationen aus der Kraft einer Vision.* Das war mit der christlichen Kirche nicht anders, die aus der Vision Jesu geboren wurde.

Am Beispiel Jesu: Er verkörperte in dem, was er tat und wovon er redete, die *Vision* von einer Welt, in der Gottes Schöpfungstraum Wirklichkeit geworden ist. *»Reich Gottes«* war das Logo seiner Vision. Um dieser Vision in der Geschichte Raum zu schaffen, rief er Menschen, die sich mit seiner Vision anstecken ließen, die Jesusbewegung entstand und durchlebte die Phase der Kindheit. Sie war nicht irgendeine Gemeinschaft, sondern eine *Visionsgemeinschaft*. Wie die Stadt auf dem Berg sollte und konnte sie lichtvoll (Mt 5,14) und wie Salz heilsam (Mt 5,13) deutlich machen, wie die Menschen leben, wenn die Liebe Gottes zu den Menschen und damit die Liebe der Menschen untereinander Raum gewinnen und dadurch Reich Gottes in ihrem Leben und ihren Taten[155] aufscheint.

Gemeinschaft von Nachfolgenden

Diese jugendliche *Visionsgemeinschaft* wuchs. Die Konstantinische Wende von 313, welche Kirche und Staat miteinander eng verflocht, beschleunigte das Wachstum. Aus der Katakombenkirche wurde eine Staatskirche, die sich zur kulturell in der Bevölkerung tief verankerten Volkskirche auswuchs. Dieses quantitative Wachstum war freilich zugleich eine qualitative Schwächung: So schrieb im fünften Jahrhundert Salvian von Marseille:

> »Verschwunden und längst vorbei ist jene herrliche, alles überragende, beseligende Kraft der Frühzeit deines Volkes, da alle, die sich zu Christus bekannten, den vergänglichen Besitz an irdischem Vermögen verwandelten in die ewigen Werke himmlischer Güter ... Und

jetzt? Jetzt ist auf all dies gefolgt Habsucht, Begehrlichkeit, Raubgier und – in enger Bundesgenossenschaft und beinahe leiblicher Schwesternschaft mit ihnen vereint – Neid und Hass und Grausamkeit, Verschwendung und Schamlosigkeit und Verworfenheit … Je stärker sich deine Anhänger mehrten, desto mehr wuchsen auch die Laster; je mehr deine Macht zunahm, desto mehr nahm die Zucht ab, und deine wirtschaftliche Blüte kam in Begleitung innerer Verluste. Denn als sich die Masse der Gläubigen vervielfachte, ward der Glaube selbst verringert und mit dem Wachstum ihrer Kinder wird die Mutter krank; und so bist du, o Kirche, durch deine gesteigerte Fruchtbarkeit schwächer geworden, bist durch die Mehrung zurückgesunken und hast an Kräften abgenommen. Gewiss: du hast über die ganze Welt hin die Glieder ausgesandt, die zwar dem Namen nach den Glauben haben, aber keine Glaubenskraft; und so begannst du reich zu werden an Scharen, aber arm an Glauben; du wurdest weiter dem Leibe nach, aber verkümmertest an Geist. Du bist, möchte ich sagen, zu gleicher Zeit in dir größer und in dir kleiner geworden – eine fast nie dagewesene, unerhörte Form von Fortschritt und Rückschritt in einem, indem du zugleich zunahmst und abnahmst.

Denn wo ist jetzt deine ehemalige wundervolle Gestalt, die Schönheit deines ganzen Leibes? Wo gilt noch jenes Zeugnis der Heiligen Schrift, das da von deinen lebendigen Tugenden rühmt: ›Die große Zahl der Gläubigen war ein Herz und eine Seele, und nicht einer bezeichnete etwas von dem, was er besaß, als sein Eigentum‹ (Apg 4,32)? Von diesem Zeugnis – Gott sei es laut geklagt! – besitzest du nur mehr die geschriebenen Worte, nicht mehr die innere Kraft; nur mehr durch dein Wissen stehst du ihm nahe, im Gewissen stehst du ihm fern.«[156]

Dieser Zustand charakterisiert bis heute die christlichen Großkirchen. Es gebe, so sagen manche etwas ätzend, heute viele Katholiken und Protestanten, aber darunter seien nur wenige Christen.[157]

Programm für Arbeitsteilung

In solchen Zeiten des raschen Wachstums bildeten sich verschiedene Rollen aus. Der Klerus erstarkte und schwächte, verschiedentlich sogar in heftigen Kämpfen, nach und nach die Laien.[158] Aus der Ordination der einen wurde die Subordination der anderen. Ein pastorales Grundschisma entstand in der Kirche.[159]

Dazu kam die Arbeitsteilung zwischen den verschiedenen Aufgabenträgern in der Kirche und in dem mit ihr eng verwobenen Staat. Die Raumordnung der Kirche mit ihren Diözesen und Territorialgemeinden entsprach weithin profanen Mustern schon des Römischen Reiches – die Kirche hat sich »strukturell inkarniert«, nicht allein in der Welt ganz allgemein, sondern in der konkreten Gesellschaft und ihrer Ordnung.

Der Prozess ging im Mittelalter weiter: Der gesamte religiöse Lebensraum der Menschen wurde geographisch durch die Pfarreien bestimmt. Die Menschen waren verpflichtet, den Gottesdienst in ihrer Pfarrei zu feiern, dort den Zehent abzuliefern, zu heiraten, die Kinder taufen zu lassen und die Angehörigen zu beerdigen. Man nannte diese Bindung an die Pfarrei den »Pfarrbann«[160].

Eine wichtige Rolle für die Kraft der Kirche spielten als relativ unabhängiges Strukturelement die »alten« Orden: die Benediktiner und Franziskaner, die Dominikaner und später die Jesuiten. Sie waren kirchliche Gemeinschaften, die von den Ortsbischöfen weithin unabhängig waren. Wenn sie Pfarreien übernahmen und insofern in die Diözesen eingegliedert wurden, waren sie allerdings an die pastoralen Weisungen der Ortsbischöfe gebunden. Dennoch brachten sie spirituell wie in ihrem sozialen Einsatz Farbe in die Kirche.

Diese mittelalterliche Sozialform der Kirche hat helle und dunkle Seiten. Europa verdankt ihr Bildung und Krankenfürsorge sowie viel Erfahrung in der Verwaltung, aber auch die Inquisition, die Kolonialisierung anderer Kontinente und Religionskriege.

Angemessene Administration

Im Lauf ihres Wachstums bildete die Jesusbewegung somit eine in vielen Bereichen durchaus visionsförderliche *Administration* aus: Die Verwaltung der Güter, des Geldes, der Mitglieder waren gut und oft auch für weltliche Einrichtungen vorbildlich geregelt.

Zentrale Rolle der Vision

Die vier Elemente, welche zum lebendigen Wachstum einer Organisation verhelfen, haben sich in der Studie von Saarinen klar gezeigt: die Gemeinschaft, das Programm, die Administration und alle drei durchwoben von der Kraft der *Vision Jesu*: Auf deren Prüfstand müssen sich Gemeinschaft, Programm und Administration stets bewähren; an ihr reiben und entfalten sie sich. Diese »Geburtsvision« nötigt die Kirche zur ständigen Entwicklung und Reinigung. Ein erheblicher Anteil des Projekts einer »ecclesia semper reformanda« wird von hier aus gespeist. Manchmal führt dies die Kirche zu radikaler Umkehr und Buße, wie Johannes Paul II. am Beginn des dritten Jahrtausends in seinem bewegenden Schuldbekenntnis zum Missfallen nicht weniger in der Kirche eingestand.

Es ist für die christlichen Kirchen konstitutiv, dass sie an ihrer »Geburtsvision« unbedingt festhalten und an ihr nicht rütteln lassen. Sie ist in den Gründungsurkunden niedergeschrieben, den heiligen Schriften, die dank der Ausbildung eines Kanons des Alten und des Neuen Testaments (Verzeichnisses) getreu überliefert wurden. Natürlich haben diese Gründungsurkunden eine von Gottes Geist getragene Rezeptionsgeschichte, in der die biblischen Texte auf die jeweilige Zeit und ihre Herausforderungen hin neu gelesen werden und so eine Synthese von Vorgegebenem und Aufgegebenem bilden. Neben den Gründungsurkunden selbst bleibt auch diese Rezeptionsgeschichte für die weitere Entwicklung der Kirchen verbindlich, darf sie aber nicht an weiteren Entwicklungen in neuen Kulturen und Zeiten hindern. Das ist nicht zuletzt heute der Fall, wo die jahrhundertelang das Schicksal der Kirche prägende Konstantinische Epoche zu Ende gegangen ist und neue kulturelle Entitäten entstehen. Die Menschheit wächst zusammen, doch ihre langsam voranschreitende Einung ist durch Gewalt, Gier und Lüge und dahinterstehender Angst ständig bedroht. Neben der Tendenz zu universaler Einheit und Globalisierung ist aber eine zunehmende Ausdifferenzierung und »Verbuntung« der Welt nicht zu übersehen, oft auch innerhalb von bisher geschlossenen Kulturkreisen.

Alt werden: Visionsschwächung

Nach Saarinen setzt das *Altwerden* einer Organisation just dann ein, wenn die Kraft der *Gründungs-Vision nachlässt*. Es ist, so vermerkt er mit Humor, eine beliebte *Zeit für Jubiläen*. Die jubilierenden Gemeinschaften schauen (wie Ehepaare, Ordensleute, Priester, Vereine) zurück, freuen sich erinnernd über die Kraft des Anfangs und sind stolz auf das, was daraus geworden ist, trösten sich damit aber nicht selten auch über offensichtliche Ermüdungserscheinungen hinweg.

Nach der Zeit der Visionen werden die für das Zusammenwirken der wachsenden Zahl von Mitgliedern erforderlichen Programme alt, wenn sie nicht rechtzeitig aktualisiert werden. Was dann bleibt, ist eine gut verwaltete, selbstzufriedene, aber alternde Gemeinschaft. Geht auch das Bewusstsein der Gemeinschaft verloren, regiert nur noch die Administration mit ihrer Lust an (visionsarmen) Strukturen. Nicht anders in der Kirche. Sie vertraut dann primär auf ihr Recht, ihre Administration. Und die Vision, die am Anfang stand, erscheint nur noch als Einsetzung von Amt und Vollmacht. Der große Theologe Johann Adam Möhler hat diese Sicht der Kirche mit den Worten kritisiert: »Gott schuf die Hierarchie, und für die Kirche ist nun bis zum Weltende mehr als genug gesorgt.«[161] Ganz zum Schluss geht es dann nur noch um Macht und Geld, kaum noch um Gott. Eine sterbende Kirchengestalt kann eine Zeit lang erfolgreich verwaltet werden. Ihr Ende jedoch ist absehbar, es ist der organisatorische Tod nach einer schleichenden, lautlosen Implosion.[162]

Erneuerung und Auferstehung

Der Lebenszyklus einzelner Menschen ist unumkehrbar eingespannt zwischen Geburt und Tod. Nicht so jener von Organisationen. Diese haben die Möglichkeit, das, was ihnen fehlt, zuzuführen und so neue Lebendigkeit und Kraft zu gewinnen. Erneuerung und Aufbruch und damit Verjüngung mit dem Zugewinn an neuer Lebendigkeit und einer besseren Handlungsfähigkeit sind bei einer Organisation in jeder Lebens- und Altersphase möglich.

Steht eine Organisation in der Phase der »Reife«, in der die Kraft der Visionen nachlässt, dann braucht sie Visionszufuhr. Ist sie eine »aristokratische Gemeinschaft« und fehlen Vision *und* Programm, bedarf es eines Updates beider. Biblisch ist selbst das Wunder einer Auferstehung aus dem Organisationstod noch möglich. Ein organisationsberaterisches Beispiel für die Erneuerung der Lebendigkeit einer Gemeinde bietet das, was der »Knecht Johannes« den auferstandenen Christus der kleinasiatischen Gemeinde in Laodizea sagen ließ:

»An den Engel der Gemeinde in Laodizea schreibe: So spricht Er, der ›Amen‹ heißt, der treue und zuverlässige Zeuge, der Anfang der Schöpfung Gottes: Ich kenne deine Werke. Du bist weder kalt noch heiß. Wärest du doch kalt oder heiß! Weil du aber lau bist, weder heiß noch kalt, will ich dich aus meinem Mund ausspeien. Du behauptest: Ich bin reich und wohlhabend und nichts fehlt mir. Du weißt aber nicht, dass gerade du elend und erbärmlich bist, arm, blind und nackt.

Darum rate ich dir: Kaufe von mir Gold, das im Feuer geläutert ist, damit du reich wirst; und kaufe von mir weiße Kleider und zieh sie an, damit du nicht nackt dastehst und dich schämen musst; und kaufe Salbe für deine Augen, damit du sehen kannst. Wen ich liebe, den weise ich zurecht und nehme ihn in Zucht. Mach also Ernst und kehr um! Ich stehe vor der Tür und klopfe an. Wer meine Stimme hört und die Tür öffnet, bei dem werde ich eintreten und wir werden Mahl halten, ich mit ihm und er mit mir. Wer siegt, der darf mit mir auf meinem Thron sitzen, so wie auch ich gesiegt habe und mich mit meinem Vater auf seinen Thron gesetzt habe. Wer Ohren hat, der höre, was der Geist den Gemeinden sagt.« (Offb 3,14–22)

Wir halten kurz inne, um festzuhalten: Von Saarinens Analyse ist für uns heute vor allem zu lernen, dass nicht nur am Beginn, an der Wiege jeder Organisation, eine kraftvolle und bewegende Vision stehen muss. Diese ist und bleibt auch in der weiteren Entwicklung die Garantin ihrer Lebendigkeit. Geht deren Kraft aus, altert die Organisation und verliert nach und nach, was sie zum Leben in Raum und Zeit braucht.

Ein großer Vorrat an unverbrauchter Ursprungsvision ist vor allem dann unverzichtbar, wenn Menschen unter dem weiten Dach der Weltkirche daran gehen, in einem nichtchristlichen Umfeld christliche Gemeinschaften neu zu gründen und aufzubauen. Letztlich wiederholt sich hier – unter anderen kulturellen Bedingungen –, was Jesus am Anfang verkündet und in Zeichenhandlungen anschaulich gemacht hat. Um ihn, in seiner Nachfolge, sammeln sich Menschen, die von seiner Vision vom Kommen des Reiches Gottes in die Geschichte erfasst und getragen sind. Dann werden sich um solche Visionsträger, angelockt von der Kraft der jesuanischen Vision, weitere Menschen sammeln und eine Gemeinschaft von Christinnen und Christen bilden.

Visionsschwäche

»Der junge Samuel versah den Dienst des Herrn unter der Aufsicht Elis. In jenen Tagen waren Worte des Herrn selten; Visionen waren nicht häufig. Eines Tages geschah es: Eli schlief auf seinem Platz; seine Augen waren schwach geworden und er konnte nicht mehr sehen. Die Lampe Gottes war noch nicht erloschen und Samuel schlief im Tempel des Herrn, wo die Lade Gottes stand.« (1 Sam 3,1–3)

Abbildung 12

Zeiten, in denen es keine prophetischen Visionen in Israel gab, wurden zu den dunklen Jahren gezählt. Das Volk fühlte sich gottverlassen, wenn der »Mund Gottes« – das nämlich heißt Prophet übersetzt – verstummte. »Ein Volk ohne Visionen geht zugrunde« (Spr 29,18), so eine Warnung aus den Sprüchen Salomos, wobei der Text wörtlich heißt: »Ohne prophetische Offenbarung verwildert das Volk.«[163]

Zur Zeit des Hohepriesters Eli war das, so das erste Buch Samuel, offenbar der Fall. Eli »konnte nicht mehr sehen«, er war visionslos, seine Augen waren schwach geworden. Er schlief auf seinem Platz. All das sind Lesehilfen für den gläubigen Israeliten in Situationen, in denen der Herr sich verbarg: Worte des Herrn waren selten.

Nun zeigt der Bericht aus dem Buch Samuel auch, wie neuerlich Visionen ins Volk kommen. Gott selbst wird aktiv: Die Lampe Gottes war noch nicht erloschen. Er bedient sich eines Menschen, den er sich aussucht und erwählt. Gott beruft in diesem Fall jedoch nicht den honorigen und zugleich korrupten Amtsträger Eli, sondern vielmehr den jungen unerfahrenen Samuel. So tief beide auch im Tempel schlafen: Es ist der Schlaf, der sie nicht nur passiv, sondern für den Zuruf Gottes empfänglich macht.

»Da rief der Herr den Samuel und Samuel antwortete: Hier bin ich. Dann lief er zu Eli und sagte: Hier bin ich, du hast mich gerufen. Eli erwiderte: Ich habe dich nicht gerufen. Geh wieder schlafen! Da ging er und legte sich wieder schlafen. Der Herr rief noch einmal: Samuel! Samuel stand auf und ging zu Eli und sagte: Hier bin ich, du hast mich gerufen. Eli erwiderte: Ich habe dich nicht gerufen, mein Sohn. Geh wieder schlafen!«

Der Verlauf der Geschichte ist berührend aktuell. Gott ruft, und Samuel (ein junger Laie?) geht zum Priester, weil er in seiner Gott-Unerfahrenheit annimmt, dieser haben ihn nächtens gerufen. Eli aber schickt den jungen Mann wieder schlafen. Und das Ganze zweimal! Das hartnäckige Missverständnis von Laien, die sich als Gerufene der Priester betrachten und nicht verstanden haben, dass sie unmittelbar berufene Mitarbeitende Gottes sind! Das alles kann passieren, wenn jemand die innere Stimme Gottes noch nicht vernimmt. Daher lapidar der Bericht: »Samuel kannte den Herrn noch nicht und das Wort des Herrn war ihm noch nicht offenbart worden.«

Jetzt kommt die große Stunde des Eli. Als der Junge das dritte Mal bei ihm auftaucht, schwant ihm, dass Gott selbst den Knaben rufen will. Er lehrt ihn daher Gotteskenntnis: Es ist der größte Dienst, den jegliches Amt im Volk Gottes leistet – die Menschen zu lehren, auf Gott zu horchen. Eli ist dies geglückt. Denn das nächste Mal findet das Rufen Gottes in der Nacht bei Samuel Gehör:

»Da rief der Herr den Samuel wieder, zum dritten Mal. Er stand auf und ging zu Eli und sagte: Hier bin ich, du hast mich gerufen. Da merkte Eli, dass der Herr den Knaben gerufen hatte. Eli sagte zu Samuel: Geh, leg dich schlafen! Wenn er dich (wieder) ruft, dann antworte: Rede, Herr; denn dein Diener hört. Samuel ging und legte sich an seinem Platz nieder. Da kam der Herr, trat (zu ihm) heran und rief wie die vorigen Male: Samuel, Samuel! Und Samuel antwortete: Rede, denn dein Diener hört.« (1 Sam 3,1–10)

Die Samuelgeschichte lehrt uns einerseits, dass es im Volk Gottes Zeiten geben kann und gibt, in denen die Kraft der Visionen schwach ist. Man kann nun die Glaubensschwäche der Welt und der Menschen beklagen. *Aber auch Gott ist dafür haftbar zu machen.* Er verstummt. Eine kraftvolle Vision gibt es erst dann (wieder), wenn Gott Menschen für die Übermittlung seiner Vision beansprucht.

Auch lernen wir demütig, dass die *Visionen nicht auf dem Weg über die Amts-träger kommen* – zumindest nicht immer. Johannes XXIII. scheint eine Ausnahme gewesen zu sein. Statt des müden, altgewordenen Eli ruft Gott den jungen und unverbrauchten Samuel. Er wählt den Anfänger und nicht den erfahrenen Profi, den »Laien«, nicht den bewährten und anerkannten Amtsträger. Benedikt von Nursia schreibt wohl deshalb in seiner Regel[164], dass bei gemeinsamen Konsultationen der Jüngste als ers-ter gefragt werden soll. Wie können die Kirchen heute von den jungen »Samuels« lernen, was Gott seinem Volk zumutet? Hören die »Elis« – auch die heutigen Kirchenführer – genug auf das, was Gott ihnen durch »Samuels« sagen will? Oder sind sie so besehen oftmals gott-taub, weil sie nicht auf das Volk horchen?

Von der Kraft der Visionen

Eine von Visionen erfüllte Kirche hat ein offenes Ohr für Gott und seinen Heiligen Geist. Dieser ist es, der nicht nur ständig das Antlitz der Erde, sondern auch jenes seiner Kirche erneuert. Gottes Geist steht an der Wiege der Kirche. Sie wurde beim ersten Pfingstfest geboren. Gottes Geist ist auch in allen Lebensäußerungen der Kirche schöpferisch und heilend am Werk. Wenn die Gaben in der Feier der Eucharistie, und in diesen die Versammelten in den Leib und das Blut Christi, hingegeben für das Leben der Welt, verwandelt werden, so ruft der Priester als dazu bevollmächtigter Amtsträger in der Epiklese den Heiligen Geist herab – auf Gaben und Gemeinde: Sie wird so zur »Einheit des Heiligen Geistes«. Die Zeit der Kirche ist also stets eine Zeit des Geistes. Alles Wachstum und Reifen verdankt sie ihm. Auch die Gaben an die Gemeinden sind als Charismen »Geistgaben« – und eine der wichtigsten Gaben ist eine bewe-gende und orientierende Vision für das Handeln der Kirchen, ihrer Ge-meinden und Mitglieder. Und weil alle Gottes Geist haben, werden sie neutestamentlich »pneumatikoi«, Geistbegabte, also »Geistliche« ge-nannt. Die engere Verwendung dieses Wortes Geistliche für die Amtsträ-ger, die Kleriker, nimmt dem Wort viel von seiner ursprünglichen Weite und Herausforderung für alle. Joachim von Fiore hat gelehrt, dass am Ende, nach den Zeitaltern des Vaters und des Sohnes im Lauf der Heilsge-schichte eine Zeit des Geistes im Kommen sei. Immerhin ist die Zeit vor-bei, in der man über die Kirche theologisch nur von Jesus Christus und damit vom Amt her dachte. Heute ist die Lehre von der Kirche trinita-risch: Das Amtliche wird dadurch nicht überflüssig – es allein kann aber das Wesen der Kirche nicht erklären. Dies ist im zweiten Teil deutlich gemacht worden. Das Wirken des Geistes bei der Gründung, beim Aufbau und im Wirken der Kirche wird heute gewürdigt.

Von hier aus kann man verstehen, warum es zwischen dem Amtlichen und dem Charismatischen in der Kirche eine Spannung geben kann. Diese kann sich vor allem dann schöpferisch entfalten, wenn auch das Amtliche (das vor allem von Christus her bestimmt ist) wie die übrigen Charismen als Gabe des einen Geistes Gottes verstanden wird. Amt wie Charismen sind in gleicher Weise geist-unmittelbar. Die Charismen der Christgläubigen leiten sich nicht von den Amtsträgern her.

Das Wirken des Geistes ist aber nicht mirakulös. Es findet sich im Kirchenalltag, eingebunden in das Tun von Mitgliedern, die geistoffen sind. Eine bevorzugte Form des Wirkens des Geistes in der Kirche sind Visionen – eben jene, von denen auch die Organisationswissenschaft spricht:

> »Danach aber wird es geschehen, /
>
> dass ich meinen Geist ausgieße über alles Fleisch.
>
> Eure Söhne und Töchter werden Propheten sein, /
>
> eure Alten werden Träume haben /
>
> und eure jungen Männer haben Visionen.« (Joel 3,1)

Joel, Salomo, Samuel, Saarinen: alle lehren uns, wie wichtig geistgeschenkte Visionen für die Lebens- und Handlungsfähigkeit auch und gerade von religiösen Organisationen sind. Vielleicht haben wir heute in manchen Teilen der Weltkirche deshalb so viel depressive Müdigkeit, weil die bewegenden Visionen fehlen, wir also zu wenig für Gottes Lebensgeist offen sind? *Strukturen sind für die Inkarnation der Vision in die Geschichte unverzichtbar. Aber sie sind kein Ersatz für geistgeschenkte Visionen.* Der derzeitige Kirchenumbau vor allem in den traditionell vom Christentum geprägten Kulturen Europas und Nordamerikas dreht sich mehr um Strukturen als um geistvolle Visionen. Es geht mehr um Institutionen und Zuständigkeiten als um Ziele, mehr ums Geld als um Gott. Kirchen machen Strukturanpassungen durch. Der überkommene Kirchenbetrieb wird saniert. Und erst wenn diese Umbauarbeiten erledigt sind, beginnt, wenn überhaupt, das Nachdenken über Visionen. Sollte der Weg – wie Saarinen uns lehrt – nicht umgekehrt verlaufen? Sollte nicht am Beginn ein Hinhorchen auf Gottes Absichten stehen, die er uns durch seinen Geist mitteilt: »Wer Ohren hat, der höre, was der Geist den Gemeinden sagt«, so heißt es wiederholt in der Geheimen Offenbarung an die sieben kleinasiatischen Gemeinden (Offb 3,7–19).

Die nun folgenden Überlegungen sind der Frage gewidmet, was geistgewirkte Visionen in den mit ihnen Begabten bewirken. Im Anschluss daran wird dann praktisch darüber nachgedacht, wie eine gläubige Gemeinschaft zu einer orientierenden und motivierenden Vision für ihr Leben und Wirken heute kommen kann. Ein Weg ist zu entwerfen, der das stille Wirken des Geistes Gottes in allen Geistbegabten und darum »Geistlichen« würdigt, ans Licht hebt, und auf dem die vielen kleinen Visionen der einzelnen zu einem gemeinsamen Visionsstrom gebündelt werden können.

Visionen orientieren

Visionen sind wie der Stern, der den Weisen voranleuchtete, damit sie den Weg zum Neugeborenen in der Krippe finden (Mt 2,1–12). Orient (von orire: aufgehen) bedeutet im Lateinischen Aufgang – gemeint ist jener der Sonne. Die Sonne aber ist für die christlichen Gemeinschaften Jesus, der in der Auferstehung als Christus offenbart wurde (Apg 3,26). Die Gotteshäuser der Christen sind nach Osten gerichtet, damit deutlich ist, dass Christen sich an Christus aus- und an ihm aufrichten. Die Schlüsselfrage der Kirche lautet daher nicht: Wie geht es mit der Kirche weiter? Sondern: Wie geht ER, Christus, der Herr seiner Kirche, mit uns weiter?

Visionen motivieren

Visionen zeigen nicht nur die Richtung, den rechten Weg für heute. Sie setzen auch in Bewegung (lateinisch movere – bewegen), schaffen Wachstum und Lebendigkeit. Sie regen die Phantasie an. Sie führen Menschen zusammen und lassen kluge, arbeitsteilige Programme entstehen. Unvergessen ist der Satz von Antoine de Saint Exupéry: »Willst du, dass die Menschen ein Schiff bauen, dann wecke in ihnen die Sehnsucht nach dem weiten Meer.« Die Apostelgeschichte zeigt, wie in immer neuen Pfingstereignissen aus der Kraft des Geistes überall in der bekannten Welt Kirchen entstehen, wie begeisterte Zeugen in dieser Vollmacht von oben Ekklesiogenese verwirklichen.

Visionen kritisieren

Prophetische Worte sind nie nur angenehm. Propheten haben den gewohnten Lauf der Dinge gestört und durchkreuzt. Sie waren und sind für Macht und Interessen irritierend. Der Prophet Amos war ein schmerzender Stachel für den König und für die Priester seiner Zeit. Propheten kritisieren und stellen Gewohntes in Frage. In neuerer Zeit hat vor allem der im Jahr 2010 selig gesprochene John Henry Newman das prophetische Amt der Kirche unterstrichen, das sich auf das ausstreckt, was noch nicht ist, und über das hinausdenkt, was schon ist.

Visionsgeleitete Kritik in der Kirche ist loyal. Sie entspringt der Sorge um die Lebendigkeit der kirchlichen Gemeinschaften. Prophetische Kritik ist aus der Liebe zur Kirche geboren. Propheten, die »aus Liebe zur Kirche« ihrem kritischen Amt nicht nachkommen, verraten ihren Auftrag im Volk Gottes. Schweigen wäre für sie allemal bequemer als reden. Aber sie konnten und können nicht schweigen, weil Gott die Hand auf sie gelegt hat. Manchmal haben die Propheten sehr resolut geredet (waren das Vorläufer der [zu] vielen Resolutionen zur Erneuerung der Kirche?). Manchmal haben sie aber auch gehandelt und Zeichen gesetzt, was ihnen dann den Vorwurf des »Ungehorsams« eintrug.

Hat die Kirche heute genug Propheten? Also Menschen, die prophetisch reden oder auch so handeln? Oder verfügt sie nur über »Priester« im Sinn des Buches Amos, die als oft ängstliche Verwalter des Erbes ihr prophetisches Amt vergessen haben? Und sind die Propheten mutig, auch wenn sie aus dem Schicksal aller früheren Propheten lernen müssen, dass sie sich mit ihrer Kritik bei den Mächtigen nicht beliebt machen? Nach biblischem Bericht wurden in Israel nur die falschen Propheten gelobt (Lk 6,26). Jesus sagte: »Jerusalem, Jerusalem, du tötest die Propheten und steinigst die Boten, die zu dir gesandt sind« (Lk 13,34). Seinen eigenen Tod deutete Jesus nach dem Zeugnis der Evangelien mit dem Schicksal der Propheten. Und in der Apostelgeschichte heißt es: »Welchen der Propheten haben eure Väter nicht verfolgt? Sie haben die getötet, die die Ankunft des Gerechten geweissagt haben, dessen Verräter und Mörder ihr jetzt geworden seid.« (Apg 7,52)

Alle sind mit Visionen beschenkt

> »Danach aber wird es geschehen, dass ich meinen Geist ausgieße über alles Fleisch. Eure Söhne und Töchter werden Propheten sein, eure Alten werden Träume haben und eure jungen Männer haben Visionen.« (Joel 3,1–5)

Gott geht mit seinem prophetischen Geist nicht sparsam um. Seinen Geist will er »am Ende der Zeiten« auf alle im Volk Gottes ausgießen: Damit ist biblisch die messianische Zeit und damit in spurenhafter Vorwegverwirklichung die Zeit der Kirche gemeint. Das Wunder des Pfingstfestes wird durch diese Stelle aus dem Propheten Joel gedeutet. Die Jungen wie die Alten werden Propheten sein und von Gott mit Visionen beschenkt werden.

Nehmen wir diese Verheißung für uns Heutige ernst, dann ist davon auszugehen, dass jede Christin, jeder Christ eine gottgeschenkte Vision von dem in sich trägt, was Gott seiner Kirche heute zutraut und von ihr erwartet. »Jeder, jedem ist die Offenbarung des Geistes geschenkt, damit sie allen nützt«, so Paulus an die Gemeinde in Korinth (1 Kor 12,7).

Weg zu einer gemeinsamen Vision

Gehen wir davon aus, dass jeder und jedem in einer gläubigen Gemeinschaft mit der Berufung zu dieser eine Art »Kirchenvision« geschenkt ist, dann stellt sich aber für die Kirche und ihre Verantwortlichen die Frage, wie dieser Schatz an gottgeschenkten Visionen gehoben werden kann. Dafür zeigen wir hier einen Weg auf, der schon mancherorts und immer wieder in der Kirche gegangen wurde und der zum Ziel geführt hat.

Am Ausgangspunkt des Weges steht die Einsicht, dass zunächst nur ich selbst Zugang zu meiner mir von Gott geschenkten Vision habe. Will ich diese »meine« Vision, also das, was ich zur Vision einer kirchlichen Gemeinschaft beizutragen habe, heben, muss ich zunächst meinen alltäglichen Lebensbetrieb unterbrechen[165], still werden und bei mir einkehren. Auf Gott hinhorchend, in tiefer Stille und Einsamkeit, werde ich die Frage stellen: »Gott, was traust du mir in meinem Leben, mit den mir geschenkten Fähigkeiten und Begabungen zu? Wofür brennt mein Herz? Und was traust du mir in der Kirche zu, der du mich hinzugefügt (Apg 2,47) hast?«

Vorgeben

Sucht beispielsweise ein Pfarrgemeinderat eine Vision für die Gemeinde, zu deren Dienst er gewählt und bestellt ist, dann werden sich seine Mitglieder zu einem Visionserkundungswochenende treffen. Das Ziel kann nur sein, miteinander eine für möglichst viele gemeinsam »bewohnbare« pfarrliche Vision zu erhorchen und zu entwickeln, um diese in einem breiten Diskurs mit den Pfarreimitgliedern abzustimmen.

Manche meinen, über Visionen zu beraten, sei ein zu mühsamer und zeitraubender Weg. Es ginge am schnellsten, wenn Fachleute der Pfarrei eine solche Vision vorgeben würden. Aber ist es dann wirklich die Vision der Gemeinde, die getränkt ist durch die vielen Visionselemente, welche Gott in das Herz der Mitglieder dieser Gemeinde gelegt hat? Dass Vorgeben schneller und auch konfliktärmer vor sich geht als Erkunden und Vereinbaren, ist unbestritten. Nur hat man dann niemanden, der die Vorgabe als »die eigene Vision« betrachtet und sich von ihr dauerhaft bewegen lässt. Geliehene oder gar aufgedrängte Fremdvisionen, mögen sie noch so einleuchtend sein, motivieren kaum. Es braucht dann viel Energie in der Leitung, die Leute zu bewegen und auf der Spur der vorgegebenen Vision zu halten.

Vereinbaren

Besser, wenngleich zeitlich aufwändiger ist es, Visionen mit dem Blick auf Gott und die Menschen gemeinsam zu erkunden und auf synodale Weise zu *vereinbaren*. Solche von den vielen »gefundene« Visionen wirken von innen. Sie verleihen eine Art Innenmotivation, die mühsame Außenkontrolle unnötig macht. Man braucht, wie ein Sprichwort sagt, dann den Hund nicht zur Jagd zu tragen. Die Kunst der Leitung besteht in diesem Fall nicht darin, die Ziele vorzugeben und dafür Menschen zu gewinnen, sondern vielmehr darin, die Kraft der Visionen in den vielen »hinzugefügten« (Apg 2,47) Menschen zu heben und zuzusehen, dass die kleinen Visionsrinnsale zusammenfließen, um zu einem starken mitreißenden Visionsstrom zu werden. Die Aufgabe, darauf zu achten, dass die anvertraute Gemeinde in der Spur des Evangeliums bleibt, teilen ordinierte Amtsträger zwar mit allen Mitgliedern, sie haben aber darüber hinaus eine nicht abgebbare und gerade ihnen aufgelastete Verantwortung. Das ist der Grund, warum bei der Weihe einem Bischof das Evangelium (nicht der Kodex des Kirchenrechts) auf das Haupt gelegt wird. Das Presbyterium des Bischofs, also die Pfarrerschaft, hat an dieser Aufgabe teil. Es gehört zu ihrem Dienst, die Spurtreue der Ortskirche und ihrer Gemeinschaften zu sichern.

Wir verfolgen hier den Weg weiter, auf dem Visionen vereinbart werden können. Wir stellen ihn für das Beispiel einer Pfarrgemeinde oder einer örtlichen Gemeinschaft dar. Aber auch Ordensgemeinschaften oder geistliche Bewegungen können diesen Weg gemeinsam gehen.

»Kleine Visionen«

Sobald also jede und jeder in sich, sein Lebenshaus und seine Lebensgeschichte eingekehrt ist und vor Gott die Frage erwogen hat, welche Vision Gottes Geist in ihr, in sein Herz gelegt hat; wenn sich die Menschen davon ein Bild, einen Text angefertigt haben, dann kommen sie in ganz kleinen Gruppen – zu dritt am besten – zusammen. Sie erzählen einander von ihrer »kleinen Pfarrvision«. Und nach dem Zuhören suchen sie eine Handvoll Bausteine für eine gemeinsame pfarrliche Vision, die sie dann später in das Plenum einbringen. In dieser Phase wird nicht diskutiert, sondern zugehört: auf das, was Gottes Geist seiner Kirche durch jede und jeden offenbart.

Sind diese vielen »kleinen Visionen« gehoben, treffen sich die Teilnehmenden an der Pfarrvisionsfindung im Plenum und tragen die Bausteine zusammen. Sie entdecken Gemeinsames und stoßen auch auf Unterschiede. Diese bereichern. Vielfalt ist ein Segen. Auch dann noch, wenn Unterschiede wie unvereinbare Widersprüche erscheinen. Über alle Differenzen hinweg zeichnet sich ein erstes Bild für eine gemeinsame Pfarrvision ab.

In vielen solchen »Visionskursen«[166] sind, wie die Erfahrung zeigt, reichhaltige Visionen sichtbar geworden. Sie kreisen um Gott und die Menschen. Die Nähe zu Gott wie zu den Menschen erweist sich als Konstante für ein gemeinsames Ziel. Wenn auch im Einzelnen – entsprechend den beteiligten Personen und deren spezifischen Visionen – unterschiedlich akzentuiert, vermag – wie die Erfahrung zeigt – folgender Satz doch einen gemeinsamen Rahmen zu geben: »In Gott eintauchen, bei den Menschen, zumal den Armen, auftauchen. Und umgekehrt«[167]. Denn letztlich kreisen solche Bausteine um die beiden elliptischen Zentren Gottes- und der Nächstenliebe (Lk 10,27). Zeitgenössische Theologie spricht von den Brennpunkten Kontemplation und Aktion (Roger Schutz), Mystik und Politik (Dorothee Sölle, Johann B. Metz).[168]

Auf den Prüfstand der großen Vision

Aber das, was in diesem Prozess gehoben ist, kann auch »einseitig« sein. Manchmal sind suchende Menschen so sehr mit der Stillung ihres spirituellen Hungers beschäftigt, dass sie die Armen aus den Augen verlieren. Andere sind in ihrem derzeitigen Lebensabschnitt vielleicht spirituell nur wenig empfänglich und machen lieber handfesten Dienst an den Armen. Die einen tauchen dann zwar in Gott ein, aber nicht bei den Armen auf. Die anderen tauchen bei den Armen ein, und merken gar nicht, wie sehr sie schon in Gott sind, wenn sie aus Liebe die Werke des Erbarmens tun (Mt 25).

Natürlich wird mit dem Gold der ins Herz gelegten Vision manchmal auch taubes Gestein mitgehoben: Macht und Interessen trüben die Visionen der Einzelnen. Niemand ist davor gefeit, seinen »eigenen Vogel« (Interessen und Macht) mit dem Heiligen Geist zu verwechseln.

Daher ist es auf dem Weg zur einer für möglichst viele gemeinsam bewohnbaren und in die Vision Jesu vom anbrechenden Gottesreich einschwingenden (Pfarr-)Vision unabdingbar, das »Gehobene« auf den Prüfstand der reinigenden, biblisch begründeten Tradition zu stellen. Dazu muss die Vision der »großen Heiligen Schrift« mit den vielen visionären Bausteinen in Beziehung gesetzt werden, die jede und jeder als Gabe Gottes in sich trägt. Insofern diese persönlichen Visionen Teil jener Geschichte sind, die Gott mit jeder und jedem schreibt, können diese persönlichen Visionen auch als Ausschnitt einer »kleinen heiligen Schrift« gesehen werden: »Also trage ich die Heilige Schrift in mir«, sagte der protestantische Mystiker Jakob Böhme.[169]

Dieses Prüfverfahren bringt Bestärkung. Fehlende Aspekte können entdeckt werden und das eigene Visionsmaterial anreichern; schädliche Einseitigkeiten werden überwunden. Zugleich kann es kritisieren und zu Kurskorrekturen führen. Dabei wird hier nicht angenommen, dass alle Einseitigkeiten von Haus aus schädlich sind. Jede Zeit kennt ihre Schlüsselthemen[170] und Herzensanliegen. Aus dem überreichen Schatz der biblisch begründeten Tradition werden jene Elemente ausgewählt, die für die jeweilige Zeit und Kultur von förderlicher und kritisierender Bedeutung sind. An das Ganze kann sich die Kirche, ja können sich die Kirchen, Religionen und Weltanschauungen auch über viele historische Phasen hinweg annähern. Dabei kann vertrauensvoll angenommen werden, dass die Wahrheit, welche Gott in seiner Verlässlichkeit selbst ist, sich gewaltfrei durchsetzt.

Ist dies alles getan, kann die gemeinsam erarbeitete Vision in einen knappen Text gefasst werden. Wenn es zudem dafür ein Bild gibt, wird die Vermittlung der gefundenen Vision an andere erleichtert.

Vision und Projekte

Die Formulierung einer Vision vom Leben und Wirken der Kirche ist der erste unverzichtbare Schritt zu einer zukunftsfähigen Sozialgestalt der Kirche. Diese muss sodann in pastorale Teilprojekte übersetzt werden, die nach und nach angegangen werden sollen. Der Weg zum Misserfolg ist durch zu viele gleichzeitig begonnene Projekte gepflastert. Der visionäre Weg muss gleichsam in kleine Schritte unterteilt werden. Jeder Teilschritt führt zu einer Art Zwischenziel. Dieses gilt es, im Sinne der Organisationsentwicklung formuliert, in ein Projekt zu übersetzen. Als Projekt wird hier also die Formulierung eines Zwischenziels verstanden, das in einer klar definierten überschaubaren Zeit erreicht werden soll.

Solche Zielumschreibungen haben meist die Form: »In einem Jahr wird erreicht sein, dass … «. Und dann werden erreichbare Ziele beschrieben und sogleich auch die Kriterien benannt, mit denen die Erreichung des Ziels überprüft werden kann. Ist die Überprüfbarkeit nicht gegeben, wird oft auch das Ziel nicht wirklich erreicht. Wenn beispielsweise die Zielbeschreibung ganz allgemein »Frauenförderung« lautet, dann ist seine überprüfbare Erreichung nur schwer möglich. Wird als Ziel aber festgelegt: Binnen eines Jahres ist im Leitungsgremium der Diözese eine Frau, dann ist das ein zugleich erreichbares wie überprüfbares Ziel.

Im Zuge der Projektentwicklung sind weitere Fragen zu bedenken: Gibt es genug Menschen, welche das Projekt tragen? Wie können viele »Hinzugefügte« gewonnen werden, ihr Adsum, also ihr »Hier bin ich«, zu sprechen und ihre Begabungen zu erkennen und zu entfalten? Wie sieht der Dienst des ordinierten Amtes aus, wenn viele Mitglieder ihre gottgegebene Verantwortung übernehmen? Wie können sie die vielen Berufenen und Begabten fördern, statt sie bevormundend oder ängstlich-misstrauend zu entmutigen? Wie können sie dazu beitragen, dass die vielen »Samuels« den Herrn erkennen und damit in der Spur Jesu arbeiten?

Die Spur Jesu

In dieser letzten Phase auf dem Weg zu einer (pfarrlichen) Vision, so sollte deutlich werden, bleibt die »Große Heilige Schrift«, die der kirchlichen Gemeinschaft anvertraut ist, der Kompass, an dem die Richtung noch einmal überprüft und gegebenenfalls korrigiert werden kann. Die Heilige Schrift berichtet ausführlich über die Vision Jesu von seiner Jünger- und Jüngerinnengemeinschaft. Diese jesuanische Vision hat die Menschen in der Kirche zu allen Zeiten tief bewegt – wohl weil sie jenen göttlichen Samen angesprochen und genährt hat, der in jedem Menschen grundgelegt ist (vgl. Gaudium et spes 3). Daraus sind nicht nur große theologische Entwürfe entstanden. Diese überlieferte Vision von Kirche hat sich im Lauf der Zeit auch in inspirierenden und einprägenden Bildern christlicher Kunst verdichtet. Bei der Suche nach einer bewegenden Vision einer konkreten christlichen Gemeinschaft kommt es also zu einem steten Wechselspiel zwischen dem, was die einzelnen, der Gemeinschaft »hinzugefügten« Personen in sich tragen, und dem, was der kirchlichen Gemeinschaft als gläubiger Erfahrungsschatz in Schrift und Tradition anvertraut ist. Man kann das, was die einzelnen in sich tragen, die »kleine heilige Schrift« nennen, den Erfahrungsschatz der Kirche hingegen die »Große Heilige Schrift«. In ihr wird überliefert, wer Jesus Christus und was sein bleibendes Anliegen war: Mystik und daraus (wie darin) Koinonia/Diakonia.

Ein theologisches Begriffspaar spielt heute bei der Verdichtung dessen, worum es Jesus ging, eine besondere Rolle: das unlösbare Ineinander von Gottes- und Nächstenliebe, wobei im Rahmen der Nächstenliebe die Selbst- und Feindesliebe zwei wichtige Facetten sind. Die theologische und spirituelle Tradition verwendet dazu die Begriffe Mystik und Politik (Johann B. Metz, Dorothee Sölle, Rottenburger Synode 1983[171]), Kampf und Kontemplation (Roger Schutz). Das Zweite Vatikanische Konzil nähert sich diesen Leitbegriffen mit der Formel »Einheit mit Gott und der Menschen untereinander« (Lumen gentium 1). In Anlehnung an moderne (europäische) Werteforschung kann auch vom Spannungsverhältnis von Spiritualität und Solidarität gesprochen werden (Paul M. Zulehner).

Auch im Spiegel dieser Begriffspaare kann eine christliche Gemeinschaft, eine Gemeinde, eine Pfarrei, überprüfen, ob die aus dem Inneren gehobenen »kleinen Visionen«, die anschließend gemeinsam »abgestimmt« wurden, in der Spur des Evangelium sind.

Zur Strukturierung der folgenden Überlegungen stützen wir uns hier auf eine Passage aus dem Passauer Pastoralplan 2000, in dem für die Diözese Passau – Jesu Doppelgebot folgend – formuliert wurde:

> »Eine Kirche, die um sich selbst kreist und dabei Gott vergisst, wird leidunempfindlich. Wer hingegen in Gott eintaucht, taucht neben dem Menschen auf. Dabei kann der Weg auch in der anderen Richtung verlaufen: Wer den Menschen begegnet, findet in diesen auch Gott (vgl. Mt 25).«[172]

Kurz gefasst lautet die Formel in diesem Dokument: »*In Gott eintauchen, bei den Menschen/den Armen auftauchen*«. Entlang dieser Doppelbewegung lässt sich eine biblisch fundierte Vision und darin eine Lebenskultur einer christlichen Gemeinschaft/Gemeinde entwerfen. Dieser Entwurf kann dann für Gemeinschaften auf der Suche nach konkreten Visionen und Projekten Orientierung bieten.

Die zwei großen Pole in dieser Doppelbewegung werden hier nun in ähnlicher Weise bearbeitet. Zunächst wird aus vielen möglichen biblischen Texten einer ausgewählt und meditiert. Sodann wird, aufbauend auf diesem biblischen Fundament, versucht, Aspekte für eine praktisch konkrete Kultur des Eintauchens und des Auftauchens deutlich zu machen.[173] Die Bewegung führt in die Tiefe Gottes und in die Nähe zum Menschen, vor allem den Leidenden.

Neben dem Bild vom Eintauchen und Auftauchen wird heute in der pastoraltheologischen Literatur auch auf das Bild eines lebendigen Baumes verwiesen. Der Baum gilt seit Langem in der Kunst als Symbol höheren Lebens, auch des Menschen. Ein gesunder lebendiger Baum treibt tiefe Wurzeln in die Erde und wächst zugleich nach oben in den Himmel, um Früchte zu tragen. Er taucht ein und auf. Das Gleiche gilt für eine lebendige kirchliche Gemeinschaft. Beide Bilder ergänzen und verstärken einander. Auch hier finden sich ein Wachsen in die Tiefe und ein sich Entfalten im zwischenmenschlichen Bereich in der Form eines Miteinanders und Füreinanders.

- Der Weg in die Tiefe des Geheimnisses Gottes lässt sich als »Gottesverwurzelung«, als Einwurzelung in Gott, begrifflich fassen.

- Das Wachsen des »Baumes« einer lebendigen Gemeinde wiederum besteht in einem doppelten »Einander«, jenem »syn«, das in der Bibel eine zentrale Rolle bei der Beschreibung der Kirche bildet. Es ist einerseits das Miteinander, die communio, die koinonia. Dafür steht in partnerschaftlichen Kulturen, in denen Frauen sprachlich nicht übersehen werden, die Vision von »Geschwisterlichkeit«, ein Begriff, der das alte Wort »Brüderlichkeit«[174] abgelöst hat und auch die Frauen mit in den Blick nimmt. Dabei konkretisiert sich das Miteinander als Füreinander, als Diakonia, als Befreiung der Menschen von inneren und äußeren Fesseln – mit einem Wort als »Menschenentfesselung«.

In Gott eintauchen

Die Mystik lebt von der Erfahrung, dass Gott die Welt und den Menschen durchdringt, dass er uns näher ist als wir uns selbst. So sagt Paulus in seiner Rede auf dem Areopag in Athen, »keinem von uns ist er fern. Denn in ihm leben wir, bewegen wir uns und sind wir« (Apg 17,27 f.). Ähnlich heißt es in der 50. Sure des Korans: »Wahrlich, Wir erschufen den Menschen, und Wir wissen alles, was sein Fleisch ihm zuflüstert; denn Wir sind ihm näher als die Halsader.« Und der Schweizer Pastor Kurt Marti dichtete:

großer gott klein

großer gott:
uns näher
als haut
oder halsschlagader
kleiner
als herzmuskel
zwerchfell oft:
zu nahe
zu klein
wozu dich suchen?

wir
deine verstecke.[175]

Von dieser Innerlichkeit Gottes in der ganzen Schöpfung und in jedem Menschen gehen die Mystikerinnen und Mystiker der großen Religionen aus. Nach Teresa von Avila ist Gott in der innersten Wohnung der inneren Burg, welche die Seele eines jeden Menschen ausmacht.[176] Aber auch die Heilige Schrift erzählt unentwegt von einem wohnlichen und einwohnenden Gott. Gott wohnt mit seiner ganzen Fülle in Jesus (Kol 1,19). Dasselbe wird von jenen ausgesagt, die mit Jesus Gemeinschaft halten. So sagt dieser zu Judas Thaddäus: »Wenn jemand mich liebt, wird er an meinem Wort festhalten; mein Vater wird ihn lieben und wir werden zu ihm kommen und bei ihm wohnen.« (Joh 14,23) Wohnt Gott im Menschen, dann ist dieser wie ein »Tempel Gottes« und sein Leib ist ein »Tempel des Heiligen Geistes«: »Wir sind doch der Tempel des lebendigen Gottes; denn Gott hat gesprochen: Ich will unter ihnen wohnen und mit ihnen gehen. Ich werde ihr Gott sein und sie werden mein Volk sein.« (2 Kor

6,16) »Oder wisst ihr nicht, dass euer Leib ein Tempel des Heiligen Geistes ist, der in euch wohnt und den ihr von Gott habt?« (1 Kor 6,19)

Von Gott sagt die Theologie, dass er uns letztlich unbegreiflich ist. Wir verwenden für diese Unauslotbarkeit Gottes den Begriff Geheimnis. Wenn und insofern dieser geheimnisvolle Gott in jedem Menschen wohnt und umgekehrt jeder Mensch in Gott daheim ist, dann ist auch jeder Mensch in abgeleiteter Form ein Geheimnis. Keinen Menschen können wir letztlich ausloten: auch wir uns selbst nicht. Allein Gott selbst kann das Geheimnis unseres Lebens, unserer Liebe und unserer Schuld ergründen:

> »Herr, du hast mich erforscht und du kennst mich.
>
> Ob ich sitze oder stehe, du weißt von mir.
>
> Von fern erkennst du meine Gedanken.
>
> Ob ich gehe oder ruhe, es ist dir bekannt;
>
> du bist vertraut mit all meinen Wegen.
>
> Noch liegt mir das Wort nicht auf der Zunge –
>
> du, Herr, kennst es bereits.
>
> Du umschließt mich von allen Seiten
>
> und legst deine Hand auf mich.
>
> Zu wunderbar ist für mich dieses Wissen,
>
> zu hoch, ich kann es nicht begreifen.«
>
> (Psalm 139,1–6)

Mystagogie

Aufgabe der Kirche ist es, alle Menschen in jenes Geheimnis hineinzuführen, das sie im Grunde selber schon sind. Noch mehr: Es geht nicht nur darum, dieses eigene Geheimnis zu erkennen, sondern mit der kosmisch unbehausten Seele darin »daheim« zu sein, also im Geheimnis zu wohnen. Diesen Vorgang bezeichnet Karl Rahner als »Mystagogie«[177]. Dieser Begriff setzt sich aus den zwei griechischen Wörtern »mysterion« (Geheimnis) und »agein« (führen, bringen) zusammen. Die Arbeit der Kirche mit den Menschen hat »mystagogisch« zu sein. Wer diesem seinem Lebensgeheimnis auf den Grund zu gehen versucht und in jenen inneren »heiligen Raum« eintritt, in dem Gott selbst wohnt, ist ein Mystiker, eine Mystikerin. Sie, er betritt diese innerste Wohnung seines Herzens, in der jener geheimnisvolle Gott wohnt, der den Menschen, so Teresa von Àvila, mit einem »zarten Pfeifen« wie ein Hirt seine Herde dorthin lockt:

»Da der große König, der in der Wohnung dieser Burg weilt, ihren guten Willen bereits gesehen hat, möchte er sie in seinem großen Erbarmen wieder an sich ziehen, und wie ein guter Hirte lässt er sie mit einem so zarten Pfeifen, dass sie es kaum selber merken, seine Stimme hören, damit sie nicht mehr verloren umherirren, sondern in seine Wohnung zurückkehren. Und solche Kraft hat dieses Pfeifen des Hirten, dass sie alle Äußerlichkeiten aufgeben, durch die sie ihm entfremdet waren, und in die Burg gehen.« (Teresa von Àvila[178])

Mit ihrer Seelsorge und ihrer Verkündung betreibt daher die Kirche nicht eine Art »Gottesimport« in eine gottlose Welt oder hinein in gottlose Menschen. Sie steht den Menschen vielmehr kundig zur Seite, dass sie vor dieses Geheimnis geraten, das sie selbst sind. Und mit dem Reichtum der in den heiligen Schriften überlieferten Erfahrungen von Menschen mit Gott gibt sie dieser Tiefenerfahrung ein Gesicht. Die Geschichte des Einzelnen wird erkennbar als Moment an der großen Heilsgeschichte. Der einzelne Mensch kann erahnen, dass es seine Berufung ist, gespeist und geheilt von der Liebe des einwohnenden Gottes, eine Liebende, ein Liebender zu werden, weil das Geheimnis Gottes, in dem und aus dem er lebt, die göttliche Liebe selbst ist. Wird einem solchen, sein Geheimnis erahnenden Menschen das Evangelium von Jesus, dem Christus, erzählt, dann kann er in dessen Spiegel erkennen, dass er berufen ist, den Weg Jesu nachzugehen in Lieben, Leiden und Sterben, und dass dieser Weg dank der Gnade Gottes in die Vollendung führt. Diese Vollendung hat in der Auferstehung Jesu in einem von uns schon begonnen und wird im Tod auch uns erfassen.

Das Eintauchen in Gott auf dem mystagogischen Weg lebt somit von einer doppelten Bewegung:

- Einerseits lernt ein Mensch einen spirituellen Weg *nach innen* zu gehen. Dieser Weg führt über die Stille. Eine solche ist umso wichtiger, weil wir im Lärm des alltäglichen Lebens »die leise Musik Gottes nicht mehr hören«: Wir sind in Gefahr, »gotttaub«[179] zu werden. Viele Gottsuchende üben deshalb heute Meditation, ziehen sich in ein »Kloster auf Zeit« zurück. Sie wollen die Größe und Tiefe des Geheimnisses ihres eigenen Lebens erspüren. Und wenn das Wort theologisch nicht so belastet wäre, ließe sich sagen: Sie wagen es, eine »Gotteserfahrung aus erster Hand« zu machen, die in einem weiten Sinn dieses Wortes »beten« ist. Eine solche Erfahrung lässt sich nicht vermitteln und leihen. Man kann dazu durch einen geistlichen Meister, einen »christlichen Guru«[180] nur angeleitet werden. Diesen Weg nach innen hatte Karl Rahner im Auge, wenn er formulierte: »Der Fromme von morgen wird ein Mystiker sein, einer, der etwas erfahren hat, oder er wird nicht mehr sein.«[181] Das bedeutet auch für die missionarische Verkündigung heute, dass diese nicht primär Belehrung ist, sondern zunächst Begleitung hin zu eigener, spirituell-religiöser Erfahrung und immer mit solcher verbunden sein muss.

- Dennoch sind andererseits auch die Bewegung *nach außen und der Anstoß von außen* unverzichtbar. Der Kirche ist das Evangelium Jesu Christi anvertraut, damit sie dieses öffentlich und in aller Welt verkündet. Dem Wachsen, Reifen und Reinigen der inneren Erfahrung dient es, wenn diese Erfahrungen von einzelnen Menschen in den Gemeinschaften des Evangeliums gleichsam auf den Prüfstand kommen und dabei durchformt wird. Die oft namenlose innere spirituell-religiöse Erfahrung erhält ein Gesicht, wird zur christlichen Glaubenserfahrung. Letztlich sind auch die scheinbar trockensten Katechismussätze ein Niederschlag von ursprünglichen Glaubenserfahrungen. Menschen haben einander ihre Erfahrungen mit dem Glauben erzählt und sie dazu in eine sprachliche Form gebracht. Sie wurden, wenn sie die Glaubenserfahrungen der Kirche insgesamt zum Ausdruck bringen konnten, von der Kirche als Dogmen festgehalten. Diese sind also sprachliche Vermittlung von ursprünglichen Erfahrungen und sie müssen so ausgelegt werden, dass sich an ihnen heute wieder neue Glaubenserfahrungen entzünden können. Aus (spirituell-religiöser) Meditation als Versenkung wird so (christgläubige) Kontemplation. Dabei sind Meditation und Kontemplation keine Gegensätze, wohl aber unterscheidbare Pole einer im missionarisch wünschenswerten Idealfall zum Christusglauben führenden Bewegung. Gottes Geist kann in beiden Modi im und am Menschen handeln.

An einer Begebenheit, von der die Apostelgeschichte berichtet, wird diese mystagogische Doppelbewegung erkennbar. Paulus predigte in der römischen Kolonie Philippi: »Eine Frau namens Lydia, eine Purpurhändlerin aus der Stadt Thyatira, hörte zu; sie war eine Gottesfürchtige und der Herr öffnete ihr das Herz, sodass sie den Worten des Paulus aufmerksam lauschte.« (Apg 16,14) Von innen her handelt Gott. Von außen der Apostel. Lange Zeit hat die Kirche nur auf das Handeln von außen gesetzt und das auch ihr als Kirche entgegenkommende Handeln Gottes nicht genug gewürdigt. Seelsorge ist immer eine Art spirituelles »jobsharing«: ein Zusammenspiel eines »unbeirrbar treuen Gottes« (Dtn 33,4) mit engagierten Frauen und Männern aus der kirchlichen Gemeinschaft, die sich von Gott in Dienst nehmen lassen und ihre Glaubenserfahrungen weitererzählen.

Das Ziel dieser mystagogischen Doppelbewegung ist es, dass die einzelne Person vor das göttliche Geheimnis gelangt und dort zu fragen lernt: Gott, was ist Dein Plan für mein Leben? Die Berufung zum Heil und damit der eigene Ort in der Heilsgeschichte der Welt werden zum Thema.

Im Rahmen dieser Heilsberufung, die allen Menschen gilt, haben einige Menschen von Gott auch eine besondere Kirchenberufung: dazu also, eine christliche Gemeinschaft zu bilden, die in der Welt wie Licht und Salz ist. Diese Berufenen lernen, einsam vor Gott stehend, von kundigen Meistern und Meisterinnen dorthin geführt, zu fragen, was er ihnen zumutet, damit jene kirchliche Gemeinschaft, der er sie »hinzufügt« (vgl. Apg 2,47), leben und wirken kann. Das Ziel ist, dass der unvertretbare Einzelne sein persönliches Adsum spricht: »Herr, ich bin bereit!« »Rede Herr, Dein Diener, Deine Dienerin hört« (vgl. 1 Sam 3,10). Wer dergestalt bereit ist, wird zur »Mitarbeiterin Gottes«[182], zum »Mitarbeiter Gottes« inmitten des Volkes Gottes. Sie ist dann also nicht Mitarbeiterin, er nicht Mitarbeiter eines Priesters (es sei denn, es handelt sich um Sekretariats- oder Haushaltsdienste). Die kirchliche Gemeinschaft feiert diese Eingliederung eines Menschen in die Kirche in ihren dichten »sakramentalen« Liturgien der »Eingliederung in die Kirche«. Diese ist heute auf mehrere Feiern verteilt – auf die Feier der Taufe, der Firmung als Vollendung der Taufe, der Eucharistie. Und auf der Basis der Eingliederung werden Kirchenmitglieder mit Ämtern und Diensten betraut und beauftragt.

Zukünftig wird das gläubige Leben einzelner Menschen von spirituell-religiösen Tiefenerfahrungen leben, die zu christlichen Glaubenserfahrungen ausreifen können. Ebenso wird der Aufbau von gläubigen Gemeinschaften auf diesem Weg erfolgen. In vielen Regionen der Welt ist das immer schon der gewöhnliche Weg gewesen. Ein Mensch, der in religiöser Grundhaltung nach dem Geheimnis seiner Existenz sucht, kommt mit dem Evangelium in Berührung, dieses findet in seinem Herzen Widerhall. Sie, er entscheidet sich, in die Nachfolge Jesu und damit in eine jesuanische Nachfolgegemeinschaft einzutreten.

Im »christentümlichen Europa« waren die Schwerpunkte über Jahrhunderte hinweg etwas anders. Da war Christsein »Schicksal«. Diese Verhältnisse hatten ihren Ursprung in der Konstantinischen Wende von 313, in deren Verlauf das Christentum im Römischen Reich zur Staatsreligion erklärt worden war. Christ zu sein war nicht mehr eine bewusste Glaubensentscheidung, sondern von außen vorgegeben. Nach der Trennung von Ost- und Westkirche, der Reformation des 16. Jahrhunderts und den blutigen Religionskriegen und den Friedensschlüssen 1555 in Augsburg und 1648 in Westfalen verengte sich das Christsein auf Konfessionszugehörigkeit. Wesensmerkmale der Kirche als Ganzer, wie katholisch, evangelisch, orthodox, wurden zu Konfessionsbezeichnungen. Man musste – je nach Religion der Herrschenden – Protestant oder Katholikin sein. Jetzt war nicht mehr Christsein, sondern Katholik- oder Protestantsein unentrinnbares »Schicksal«.[183]

Moderne Kulturen sind verbuntet.[184] Es gibt eine weltanschauliche Vielfalt. Die Religionsfreiheit, die heute die meisten Staaten – oft gegen den massiven Widerstand der katholischen Kirche – in ihre Verfassung aufgenommen haben, garantiert dem Einzelnen das Grundrecht, seine Religion selbst und frei zu wählen. Christsein ist nicht mehr Schicksal, sondern Wahl. Damit hat sich aber in Europa lediglich der »Normalfall« aus frühchristlichen Zeiten eingestellt: ein Zustand, der in nichtchristlichen oder atheisierenden Kulturen immer gegeben war, selbst wenn Religionsfreiheit dort oft nicht als Freiheit zur eigenen Entscheidung, sondern als kulturpolitisch ernötigte Freiheit von Religion verstanden wurde und damit elementare Menschenrechte verletzte.

Was in Zukunft zählt, ist also eine von der inneren Erfahrung getragene und der »äußeren« Verkündigung durchformte Entschiedenheit. Zum Zeugen wird und bezeugen kann, wer eine Überzeugung hat.

Das hat weitreichende Folgen, auch für die Art, wie christliche Gemeinden entstehen, gegründet werden, lebendig bleiben und wachsen. All das wird nur möglich, wenn einzelne Menschen, getragen von einer inneren Erfahrung, sich für das Evangelium entscheiden und dabei auch ihre Berufung zur Kirche annehmen.[185] In der sakramentalen Eingliederung in die Kirche (Taufe, Firmung, Eucharistie) wird beides gefeiert und besiegelt.

Ekklesiogenese von unten

Wie sehr heute die in einer personalen Begegnung gereifte Entscheidung von einzelnen Menschen zum Zeugnis für das Evangelium für den Aufbau christlicher Gemeinschaften eine unumgängliche Rolle spielt, kann an einem Beispiel aus der Diözese Poitiers in Frankreich gut illustriert werden. Frankreich war lange Zeit eine treue Tochter der katholischen Kirche. Bis heute ist die französische Mentalität – trotz der Revolution 1789 – katholisch gefärbt. Es gibt so etwas wie »katholische Atheisten«. Aber nur wenige Menschen treffen in Frankreich derzeit eine persönliche Entscheidung für das Evangelium und für ein Engagement in einer kirchlichen Gemeinschaft.

Das bringt die traditionelle Kirchenorganisation in große Schwierigkeiten. Die Pfarreien, zumeist im Mittelalter gegründet, waren die traditionellen Orte religiösen Lebens für jene Menschen, welche aus »Schicksal« Christen geworden waren. Missionarisch mussten diese Pfarreien nicht sein. Sie fanden die Pfarrmitglieder einfach vor. Seelsorge musste das kulturell Ernötigte oder Selbstverständliche lediglich geistlich vertiefen und vom Evangelium her reinigen.

Im modernen Frankreich ist diese Einheit von Christentum und Kultur weithin zerbrochen. Die Menschen werden nicht mehr schicksalhaft in einer Pfarrei verwurzelt. Die Pfarreien sind daher im Lauf der Zeit oft ausgeblutet. Die Kirche in Frankreich hat auch kaum Geld dafür, ihre wunderbaren Kirchen zu erhalten. So wie die Gemeinschaften verfallen, verfallen auch die Kirchenbauten, soweit sie nicht der Staat als Kulturerbe pflegt.

Die Erzdiözese Poitiers hat angesichts dieser Situation (1988–1993) eine Synode gehalten.[186] Dabei hat sie beschlossen, nicht mehr auf die herkömmlichen Pfarreien zu setzen, sondern neue Wege zu gehen. Die Synodalen beschlossen eine Art »Ekklesiogenese« vom Nullpunkt aus. Die Kirche in Poitiers sollte unter ihrem neuen Erzbischof Albert Rouet »missionarisch« neu gegründet werden: in ihrer inneren Kraft sowie in ihrer Arbeitsweise und Organisationsform.

Zunächst wurden neuartige »pastorale Räume« (»secteurs«) abgegrenzt. Diese waren allesamt größer als die bisherigen Pfarreien. Anders als in deutschsprachigen Regionen wurden diese Räume nicht entlang der Zahl verfügbarer Priester entworfen. Vielmehr sollten diese Räume Lebensräume der Bevölkerung abbilden. In diesen Räumen sollten sich nun kleine örtliche Gemeinschaften bilden: »communautés locales«. Praktisch hieß dies: Es musste sich eine Handvoll entschieden glaubender Personen finden, die miteinander eine solche lokale christliche Gemeinschaft sein wollten. Diese konnten dann zusammen zum Bischof gehen und ihn bitten, sie zu einer kirchenrechtlich anerkannten lokalen Gemeinschaft zu machen.

Dieses Konzept setzt komplett auf Mystagogie. Denn der erste Schritt auf dem Weg zur Bildung einer kirchlichen Gemeinschaft besteht darin, dass jemand an der Schnittstelle seiner inneren Erfahrung und der Begegnung mit dem der Kirche anvertrauten Evangelium zum Glauben kommt, um in einem zweiten Schritt mit anderen Glaubenden zusammen »gemeindegründerisch« zu werden. Dabei bleibt unbestritten, dass der erste Gemeindegründer der auferstandene Christus selbst ist, der Menschen in der mystagogischen Doppelbewegung zur Nachfolgegemeinschaft der Kirche beruft. Aber es sind »Laien«, die den »laós« bilden, und auch die Priester, soweit solche da sind, gehören zu ihm.

Zentrale Rolle der »Laien«

Wie radikal dieser gemeinde- und kirchengründerische Ansatz auf die Laien setzt, wird auch daran erkennbar, dass der Bischof den Wunsch der Handvoll von Glaubenden nach kirchenrechtlicher Einrichtung als lokale Gemeinschaft nicht automatisch und bedingungslos erfüllt. Er erwartet vielmehr, dass diese Gemeinschaft von überzeugt Glaubenden drei Grunddienste ausbildet und dafür aus ihrem Kreis kompetente Verantwortliche findet. Zu suchen ist jeweils eine Person, die Verantwortung übernimmt für das Gebet, für den Dienst (an den Armen) und für das Zeugnis. Diese drei Mitglieder der communauté locale, wie diese Gemeinden genannt werden, werden vom Bischof für ihre Aufgabenfelder auf drei, maximal sechs Jahre bestellt. Zu ihren Aufgaben gehört zudem, dass sie in ihrer Dienstzeit jemanden finden, der ihnen nachfolgen wird. Dies bezeichnet man als »Kultur des Rufens«. Damit soll sichergestellt werden, dass sich die Zahl der Personen in den gläubigen Gemeinschaften mehrt, und das vor allem über die Einladung zur Mitarbeit. Zu den drei Dienstträgern kommt dann noch eine Person, die für die Finanzen der Gemeinschaft verantwortlich gemacht wird, und schließlich jemand, der die Gemeinschaft leitet. Alle diese Dienstverantwortlichen werden von der lokalen Gemeinschaft oder im größeren Secteur gewählt.

Wir stehen hier vor einer »Ekklesiogenese von unten«, die freilich »von oben« (Synode, Erzbischof) kompetent begleitet, strukturiert, gefördert und ausgestattet wird.[187] Dadurch wird sichergestellt, dass diese Gemeinschaften sich nicht isolieren oder sich in einem Elitebewusstsein über andere Gemeinden erhaben fühlen. Gebildet wird zunächst ein »laos«, ein Kirchenvolk, und dieses besteht und ist lebens- und handlungsfähig, noch bevor ihm ein ordinierter Amtsträger (ein Priester) zugeordnet wird. Grundlage ist die Botschaft vom gemeinsamen Priestertum aller Getauften. Es ist so, wie es im Petrusbrief heißt: »Ihr aber seid ein auserwähltes Geschlecht, eine königliche Priesterschaft, ein heiliger Stamm, ein Volk, das sein besonderes Eigentum wurde, damit ihr die großen Taten dessen verkündet, der euch aus der Finsternis in sein wunderbares Licht gerufen hat.« (1 Petr 2,9)

Erst wenn sich diese örtliche Gemeinschaft als lebens- und handlungsfähig erweist (was am Vorhandensein der fünf Dienste ermessen wird), errichtet sie der Bischof kirchenrechtlich und ordnet ihr ein Mitglied aus seinem bischöflichen Presbyterium zu. Dieser Priester wohnt nicht in der örtlichen Gemeinschaft. Er steht, wenn er kommt, der Eucharistie vor, nimmt taufend in die Kirche auf, sorgt dafür, dass die Gemeinschaft in der Spur des Evangeliums und im Verbund mit den anderen lokalen Gemeinschaften der Ortskirche verbleibt.

Dieses Modell basiert theologisch auf der Kirchenkonstitution Lumen gentium des Zweiten Vatikanischen Konzils. Die Kirche ist nicht dort, wo ein Kirchenbau steht, auch nicht dort, wo es einen Priester gibt, sondern zuerst dort, wo sich Christen treffen, die Gott selbst zu dieser Gemeinschaft zusammengefügt hat.

Nicht nur das Entstehen solcher gläubiger Gemeinschaften ist ein mystagogischer Vorgang, verdankt sich also dem kirchengründenden Wirken Gottes selbst. Gott ist nicht allein am Anfang, sondern in allen Vollzügen die innerste Mitte des Lebens und Wirkens dieser kirchlichen Gemeinschaften. »Denn wo zwei oder drei in meinem Namen versammelt sind, da bin ich mitten unter ihnen.« (Mt 18,20) Das macht die Kirche zum »Volk Gottes«. Kirche ist Gottes »Anwesen«. Und genau das soll auch die erste Kunde sein, die von kirchlichen Gemeinschaften ausgeht. Gewiss ist Gott in der ganzen Welt gegenwärtig. Aber Gottsuchende können in der Begegnung mit kirchlichen Gemeinschaften erfahren, dass es Orte der besonderen Gottesgegenwart gibt. Dann kann eintreten, was der Prophet Sacharja vorhersah:

> »So spricht der Herr der Heere: In jenen Tagen werden zehn Männer aus Völkern aller Sprachen einen Mann aus Juda an seinem Gewand fassen, ihn festhalten und sagen: Wir wollen mit euch gehen; denn wir haben gehört: Gott ist mit euch.« (Sach 8,23)

Bei den Menschen auftauchen

»Wer in Gott eintaucht, taucht bei Menschen auf.« Wir verfolgen diese Regel einer gemeindlichen Lebenskultur weiter. Dabei kennt das Auftauchen bei den Menschen zwei Varianten: Es wächst ein verbindliches Miteinander und ein engagiertes Füreinander – zunächst unter denen, die aus der Tiefe des Geheimnisses Gottes auftauchen, dann aber weit darüber hinaus in die eins werdende Welt. In Fachbegriffen ausgedrückt: *Aus der Mystik erwachsen Koinonia*[188] *und Diakonia*[189]. Die Gottesverwurzelung schafft Geschwisterlichkeit und Menschenentfesselung. Wir zeigen diese Auswirkungen der Mystik an je einem biblischen Textbeispiel (Mk 10,28 und Ex 3,7–10), um im Anschluss an die Meditation des biblischen Erfahrungsberichts etwas zur Kultur der Koinonia und der Diakonia in kirchlichen Gemeinschaften zu sagen.

Koinonia

Kirche ist Gemeinschaft. Diese Vision von Kirche ist gerade in individualistischen Kulturen eine Art Kontrastprogramm. Dabei hat sich auch in den christlichen Kirchen ein »Heilsindividualismus« breit gemacht.[190] Es war Martin Luther, der – gegen Missstände im kirchlichen Leben protestierend – auf die Gottunmittelbarkeit jedes Glaubenden gesetzt und das gemeinsame Priestertum aller Gläubigen unterstrichen hat. Aus diesem Ansatz trat, insbesondere unter dem Einfluss des neuzeitlichen Individualismus, die Bedeutung von Kirche, Institution und Amt in den Hintergrund. Auch in der katholischen Kirche wurden im Verlauf dieser Entwicklung nach und nach aus beteiligten und engagierten Kirchengliedern in theologisch fragwürdiger Weise »Kirchenbesucher«, die man dann in regelmäßigen Abständen in der Fastenzeit und im Herbst zählte.

Kirche lebt in Gemeinden

Das Zweite Vatikanische Konzil rief gegenläufig dazu die gemeinschaftlich/gemeindliche Dimension kirchlichen Lebens wieder in Erinnerung. Koinonia, Communio, Gemeinschaft wurde zu einem Schlüsselwort des Konzils, das in unterschiedlichen Zusammenhängen kirchliches Leben umreißt. Zuvor war es bereits zu einer Renaissance der Gemeindetheologie gekommen.[191] Diese Entwicklung in der katholischen Kirche stützte sich auf die biblisch verbürgte Erfahrung, dass Jesus Menschen in einer Jüngergemeinde versammelt hat. Die Botschaft Jesu vom Reich Gottes hat grundlegend sozialen Charakter. Wenn Jesus seine Jünger sandte, dann immer zu zweit (Lk 10,1). Er trug ihnen auf, Menschen zu Jüngern zu machen (Mt 28,19), wer sich zum Glauben bekehrte, wurde der Gemeinschaft »hinzugefügt« (Apg 2,47). Es galt die Regel, dass ein Christ für sich allein kein Christ sein könne: »Unus christianus nullus christianus« (Tertullian). Wer sich dem Evangelium anschloss, hat sich zumeist[192] auch einer Evangeliumsgemeinschaft angeschlossen.

In einem Gespräch zwischen den Jüngern und ihrem Meister wird dieser Vorgang der Nachfolge beschrieben:

> »Da sagte Petrus zu ihm: Du weißt, wir haben alles verlassen und sind dir nachgefolgt. Jesus antwortete: Amen, ich sage euch: Jeder, der um meinetwillen und um des Evangeliums willen Haus oder Brüder, Schwestern, Mutter, Vater, Kinder oder Äcker verlassen hat, wird das Hundertfache dafür empfangen: Jetzt in dieser Zeit wird er Häuser, Brüder, Schwestern, Mütter, Kinder und Äcker erhalten, wenn auch unter Verfolgungen, und in der kommenden Welt das ewige Leben.« (Mk 10,28–30)

In diesem Dialog wird deutlich, dass Jesusnachfolge die soziale »Zugehörigkeit« – hier eines Jüngers aus dem ganz engen Umfeld – drastisch verändert. Aus der Zughörigkeit zu einer profanen Einheit (Familie) wird die Zugehörigkeit zur »Familie Gottes«. Mag auch diese Veränderung in vielfältigen Formen vorkommen: Entscheidend ist, dass sie (mental oder physisch) stattfindet.

Den Jüngern wird zunächst in der kommenden Welt ewiges Leben verheißen. Aber dabei bleibt es nicht. Auch in dieser Welt verändern sich Zugehörigkeiten und Bindungen. Es geht um ein Verlassen und ein Empfangen:

● Verlassen wird der traditionelle Lebensort. Dieser hat in Israel ökonomische Grundlagen (Häuser, Äcker). In der damaligen väterzentrierten Kultur war der Vater verantwortlich für das Wohl und Wehe der Familie. Wir finden sodann auf dem familialen Lebensfeld die Mutter und die Kinder, und dann die Brüder und Schwestern.

● Empfangen wird wiederum eine sehr konkrete »Familie« neuer Art: mit Äckern und Häusern, mit Müttern samt Kindern und vor allem Schwestern und Brüdern. Auffällig ist, dass die Stelle des Vaters leer bleibt. Der Exeget Gerhard Lohfink nennt es »das Ende der Väter«.[193] Offenkundig wird diese Leerstelle durch Gott, den »Vater« schlechthin, eingenommen: »Auch sollt ihr niemand auf Erden euren Vater nennen; denn nur einer ist euer Vater, der im Himmel.« (Mt 23,9)

Man mag darüber reflektieren, wer mit den Müttern und Kindern gemeint ist. Die Kirche als Ganze wird oftmals mit einer Mutter in Verbindung gebracht. In ihr durchleben Menschen »Glaubensschwangerschaften«. Sie werden als »Glaubenskinder« geboren. Aber diese »Glaubenskinder« sollen zu erwachsenen Söhnen und Töchtern heranreifen. Diesen ist der Heilige Geist geschenkt. Sie brauchen – erwachsen geworden[194] – nicht mehr die Milch der Mystagogie von der kirchlichen Mutterbrust[195], niemand muss sie mehr belehren: »Für euch aber gilt: Die Salbung, die ihr von ihm empfangen habt, bleibt in euch und ihr braucht euch von niemand belehren zu lassen.« (1 Joh 2,27)

So verbleiben für die Grundstruktur der Jesusbewegung die Schwestern und Brüder. Die »Brüderlichkeit« (wobei im Hebräischen das Wort »Bruder« auch die Schwestern umfasst) wurde zum Markenzeichen für die »Anhänger des (neuen) Weges« (Apg 9,2), wie man die jungen christlichen Gemeinschaften zunächst nannte.[196]

Zur Kultur der Koinonia

In diesen »brüderlichen«, oder wie wir heute durch die Frauen in der Kirche sprachlich sensibilisiert eher sagen, »geschwisterlichen« Gemeinden entwickelte sich eine Kultur der Koinonia, die nicht zu allen Zeiten gleich gewürdigt wurde, auf die aber im Zweiten Vatikanischen Konzil und in der nachkonziliaren Kirche von der Mehrheit ihrer Glieder großer Wert gelegt wird. Einige Merkmale dieser Koinonia sollen im Folgenden dargelegt werden.

WAHRE GLEICHHEIT

»Auf Grund der Wiedergeburt in Jesus Christus herrscht unter allen Gläubigen eine wahrhafte Gleichheit an Würde und Berufung« (»vera viget aequitas quoad dignitatem et actionem«): So steht es im derzeit gültigen Kirchenrecht der katholischen Kirche am Beginn der Umschreibung der Grundrechte aller im Volk Gottes.[197]

Diese Gleichheit ist keine Anleihe bei der Französischen Revolution (wie der Hauptkritiker des Konzils Erzbischof Marcel Lefebvre diesem vorwarf[198]), sondern wird aus der mystischen Einwurzelung aller Getauften im auferstandenen Christus abgeleitet. Alle, die »aus Gott geboren sind« (Joh 1,14), sind Kinder Gottes, Söhne und Töchter Gottes: also untereinander gottverwandte Schwestern und Brüder. Es gibt also in der Kirche keine höhere Würde, als dem Volk Gottes »hinzugefügt« (Apg 2,47) zu sein. Diese Würde kommt aus der göttlichen Berufung zur Kirche und darauf gestützt aus der Eingliederung in die Kirche, die durch die Sakramente der Initiation, der Aufnahme in die Kirche (Taufe, Firmung, Eucharistie) liturgisch gefeiert wird. Die Zeit ist vorbei oder sollte zumindest vorüber sein, in der sich die Kirche als eine »Gesellschaft von Ungleichen« verstand, wie es noch in einem Entwurf des Ersten Vatikanischen Konzils über Kirche formuliert worden war, der aber nicht verabschiedet wurde (siehe Teil 2).

Die Kirche sollte daher auf Titel verzichten, die ein Mehr oder Weniger an Würde insinuieren: Hochwürden, Eminenz, Exzellenz, Ehrwürden, Prälat. Auch ist alles zu unterlassen, was an die menschheitsalten Diskriminierungen erinnert. Paulus zählt diese im Brief an die Gemeinde in Galatien auf: Juden und Griechen – Sklaven und Freie – Männer und Frauen (Gal 3,28). Gemeint sind damit die rassistische, die ökonomistische sowie die sexistische Diskriminierung. Durch die Taufe sind alle »einer« geworden, alle haben »Christus« angezogen: »Denn ihr alle, die ihr auf Christus getauft seid, habt Christus (als Gewand) angelegt.« (Gal 3,27) Alle Christgläubigen nehmen an seiner priesterlichen, prophetischen und königlichen Würde teil.[199]

VERBINDLICHKEIT

Ein zweites Merkmal, das christliche Gemeinschaften prägen sollte, ist Verbindlichkeit. Wer in die Kirche als Leib Christi hineingetauft ist, erfährt darin eine tiefe Verbundenheit mit all jenen, denen das Gleiche geschenkt worden ist.

Aus dieser Gemeinschaft folgt eine Ethik der Liebe, aus der Verbundenheit entspringt Verbindlichkeit. Wer dazugehört, hat die edle Pflicht, das Leben und Wirken der Gemeinschaft mitzutragen und mitzugestalten. Die geschenkte Eingliederung in Christus führt zu einem »Nicht-mehr-anders-können«, als in Wort und Tat solidarisch zu lieben. Für eine solche Praxis aus der Verbundenheit sind jeder und jedem von Gottes Geist großzügig Gaben verliehen. Es sind die als Charismen geschätzten Geistgaben. Die grundlegende Gabe ist »die Offenbarung des Geistes« (1 Kor 12,7) und daraus erblühend die Liebe, ohne die alle anderen Gaben unnütz sind (1 Kor 13). Der Reichtum der Gaben wird von Paulus sowohl im Brief an die Römer (Röm 12) wie an die Korinther (1 Kor 12) detailliert beschrieben: Apostel, Lehrer, »Glossolalen« (charismatische Zungenredner, die unverständlich reden) und Prediger (die Paulus mehr schätzt, weil man sie verstehen kann), (Wunder-)Heiler. Keineswegs in erster Reihe wird das Charisma dessen genannt, »der euch leitet« (1 Kor 12,28). Überaus wichtig erscheint uns heute in Zeiten des Wandels von Kulturen und der Kirche die Gabe, die Geister zu unterscheiden. Nur so können in der Welt die von Gott gesetzten »Zeichen der Zeit« erkannt und falsche Propheten entlarvt werden. Nicht jeder, der sich heute auf seine Erfahrungen beruft, spricht aus dem Heiligen Geist.

Für das Klima in der Kirche und ihren Gemeinschaft heißt dies: Alle haben die gleiche Würde, alle sind Berufene, alle Begabte. Es gibt in der Kirche keine Unberufenen und keine Unbegabten. Jede und jeder ist zu etwas gut. Moderne Organisationsentwicklung betont: Die Organisation ist so stark wie ihre Personen. Eine lebendige und handlungsfähige Kirche wird viel auf »Personalentwicklung« setzen, also auf die Förderung von Charismen. Dass die Kirche immer in der Gefahr steht, die Charismen und den Geist gering zu achten und mehr auf Recht, Gewohnheit und Amtsvollmacht zu vertrauen, beweist nicht zuletzt die Mahnung des Heiligen Paulus an die Gemeinde in Thessaloniki: »Löscht den Geist nicht aus!« (1 Thess 5,19)

Handlungsfähig zum Wohl einer christlichen Gemeinschaft ist das einzelne Kirchenmitglied, wenn es »Gott kennt« (vgl. 1 Sam 3, 7) und seine Geschichte mit der Welt, die ihm mit der Berufung geschenkte Vision der kirchlichen Gemeinschaft aufspürt und sie in diese einbringt. Jeder Einzelne ist, eingebunden in die gläubige Gemeinschaft, verantwortlich, seine gottgegebenen Begabungen zu erkennen, zu entfalten und für das Leben und Handeln der Gemeinschaft und zu deren Wohl (»damit es allen nützt«: 1 Kor 12,7) nutzbar zu machen.

Die Gemeinschaft wiederum wird ein Klima der Wertschätzung für die unterschiedlichen Begabungen entfalten. Dazu gehört heute auch, dass bei den Mitgliedern natürlich starke gläubige Motive willkommen geheißen werden, dass die Mitglieder aber gleichzeitig auch die Möglichkeit bekommen, bei ihrem Einsatz menschlich zu gewinnen. Das wird möglich, wenn die Urwünsche[200] der Menschen vorkommen können: dass jemand Ansehen gewinnt, Gestaltungsmacht hat und auch Gemeinschaft und Beheimatung erlebt.[201]

Zugleich wird die Gemeinschaft in Zusammenarbeit mit den charismatisch Begabten Projekte entwerfen und es so den Mitgliedern erleichtern, ihre Begabung zum Wohl der Gemeinde zu entfalten.

PARTIZIPATION

Ein drittes bedeutsames Moment einer zeitgerechten Kultur der Koinonia in christlichen Gemeinschaften ist Partizipation. Sie umfasst Beteiligung an Entscheidungsprozessen, Wahlen, Mitbestimmung.

Bei der einleitenden Vorstellung der Zeichen der Zeit im Teil 1 wurde darauf schon hingewiesen, dass gerade für moderne Menschen, die in demokratischen Kulturen groß geworden sind, Mitbestimmung ein hoher Wert ist. Im kirchlichen Bereich ist freilich Mitbestimmung bisher nur sehr begrenzt verwirklicht, obwohl die christliche Kirche in ihren Anfängen schon weitaus partizipativer war, als es die katholische Kirche heute ist.

Auf diesem Hintergrund wird verständlich, dass Kirchenreformer in unserer Zeit ein Mehr an ernsthafter Partizipation auf dem Programm stehen haben. Anlässe dafür gibt es genug: Wie kommt eine Ortskirche zu Kandidaten für das Bischofsamt, wie eine Gemeinde zu ihrem priesterlichen Vorsteher oder in manchen Regionen zu nicht ordinierten Gemeindeleitern und Gemeindeleiterinnen? Wie werden in den Gemeinden gemeinsam bewohnbare Visionen entworfen sowie daran geknüpft die Aufgaben geplant und beschlossen? Wie kommen die Entscheidungen in einer Diözesansynode oder einer Bischofssynode zustande? Wie steht es um die Beteiligung von niederen Klerikern und Laien auf den verschiedenen Ebenen der Kirche?

Das Konzil hat, um Partizipation auszuweiten, auf Pastoralräte und Synoden gesetzt. Doch wird deren Wirkmächtigkeit von vielen aus frustrierenden Erfahrungen heraus angezweifelt. Die Beteiligten haben zu oft das Gefühl, sie würden viel in ihren Rat investieren, dieser habe aber kaum Auswirkungen auf die Entscheidungen. Zudem verlaufen wichtige Vorgänge wie Bischofsernennungen nach wie vor intransparent und werden gerade in bewegten Zeiten dazu benützt, reformfreudige Ortskirchen auf einem konservativen Kurs zu halten oder sie wieder auf einen solchen zurückzubiegen.

Hinsichtlich der Bischofsernennungen ist aber nicht nur das Zusammenspiel zwischen dem Vatikan und den Ortskirchen (und der Rolle der Nuntiaturen dabei) von Belang. Auch die Frage ist erheblich, wie das Zusammenspiel zwischen staatlichen und kirchlichen Stellen geordnet ist. In vergangenen Zeiten hatten (christliche) Regierungen ein starkes Mitspracherecht. Der Österreichische Kaiser hat sogar eine Papstwahl verhindert[202] und konnte sich bei Bischofsernennungen durchsetzen:

Und das keinesfalls zum Nachteil der Kirche, wie dies am Beispiel des bekannten Erzbischofs von Đakovo (Kroatien) Josip Juraj Strossmayer (1815–1905) erkennbar wird. Der große Pastoraltheologe und spätere Bischof von Regensburg, Johann Michael Sailer (1751–1832)[203], war vom Wittelsbacher Herzog eingesetzt worden. Dieses Recht des Staates, Bischöfe zu ernennen, wurde in einigen europäischen Ländern in kommunistischen Zeiten von den nicht kirchenfreundlichen Machthabern übernommen.

Und heute? In vielen Ländern ist das Zusammenwirken von Kirche und Staat bei der Ernennung der Bischöfe durch Konkordate geregelt und damit eine, wenn auch oft nur sehr begrenzte Mitwirkung bei deren Ernennung gewährleistet. In anderen Ländern sind die vatikanischen Behörden frei in der Wahl der Bischöfe. Sowohl die Geschichte der Bischofsernennungen als auch die Tatsache von Konkordaten beweisen, dass die Mitwirkung der Gläubigen bei der Wahl der Oberhirten mit dem Wesen der Kirche sehr wohl vereinbar ist. Die Kirche hätte also breiten Handlungsspielraum, das neuzeitliche Streben nach Partizipation positiv aufzugreifen. Wenn sie diesem Streben allein mit Verdächtigungen und Misstrauen begegnet, verstärkt sie die Kritik, in Stadien eines gesellschaftlichen Absolutismus steckengeblieben zu sein.

AMTSSTIL

Wir wenden uns unter dem Stichwort »Amtsstil« einem weiteren Merkmal einer zeitgerechten Koinonia-Kultur zu.

Dazu einige Vorüberlegungen zum Verhältnis von Partizipation und Leitung: Diese beiden Aspekte einer lebendigen Organisation stellen keinen Widerspruch dar. Es ist nicht richtig, dass die Beteiligung aller kompetente Leitung überflüssig machen würde. Die Regel lautet geradezu: Je mehr Volk(sbeteiligung), desto mehr Amt. Je mehr die Mitglieder aktiv werden, umso mehr Leitung braucht eine Gemeinschaft. Das ist in der Kirche nicht anders als in den Strukturen der Gesellschaft. Die Zufriedenheit in Kirchengemeinden und bei »Ehrenamtlichen« ist nachweislich umso höher, je kompetenter die Leitung ist.[204]

Partizipation stellt nicht das Amt in der Kirche in Frage, wohl aber einen klerikal-autoritären Amtsstil. Ein solcher könnte sich auch nicht auf die biblischen Gründungsurkunden berufen. Vielmehr ist ein solcher (siehe Teil 2) erst im Lauf der langen Geschichte der Kirche entstanden. Die Kirche hatte ihre innere Ordnung weithin im Dialog mit der profanen Umgebung entfaltet. Manches spricht dafür, dass sie dabei auf der Stufe von monarchischer Machtfülle verblieben ist.

Biblisch gesehen ist Leitung ein Dienst an der Lebendigkeit der Kirche. In diese Richtung weist eine Reihe biblischer »Leitbilder«. Sie sind ein Spiegel für alle, die ein Amt in der Kirche ausüben.

Im Folgenden einige biblische »Leitbilder«, die zur Meditation anregen können: der Hirte, der »Ober« an den Tischen, der Galeerensklave, die Fußwaschung:

Hirte

»So spricht Gott, der Herr:
Weh den Hirten Israels,
die nur sich selbst weiden.
Müssen die Hirten nicht die Herde weiden?
Ihr trinkt die Milch,
nehmt die Wolle für eure Kleidung
und schlachtet die fetten Tiere;
aber die Herde führt ihr nicht auf die Weide.
Die schwachen Tiere stärkt ihr nicht,
die kranken heilt ihr nicht,
die verletzten bindet ihr nicht,
die verscheuchten holt ihr nicht zurück,
die verirrten sucht ihr nicht,
und die starken misshandelt ihr.
Und weil sie keinen Hirten hatten,
zerstreuten sich meine Schafe
und wurden eine Beute der wilden Tiere.
Meine Herde irrte auf allen Bergen und Höhen umher
und war über das ganze Land verstreut.
Doch keiner kümmerte sich um sie;
niemand suchte sie.«
(Ez 34, 2–6)

»Denn so spricht Gott, der Herr:
Jetzt will ich meine Schafe selber suchen
und mich selber um sie kümmern ...
Ich werde meine Schafe auf die Weide führen,
ich werde sie ruhen lassen –

Spruch Gottes, des Herrn.
Die verlorengegangenen Tiere will ich suchen,
die vertriebenen zurückbringen,
die verletzten verbinden,
die schwachen kräftigen,
die fetten und starken behüten.
Ich will ihr Hirt sein
und für sie sorgen, wie es recht ist ...
Ich selbst sorge für Recht
zwischen den fetten und den mageren Schafen.
Weil ihr mit eurem breiten Körper und eurer Schulter
alle schwachen Tiere zur Seite gedrängt
und weil ihr sie mit euren Hörnern weggestoßen habt,
bis ihr sie weggetrieben hattet,
deshalb will ich meinen Schafen zu Hilfe kommen.
Sie sollen nicht länger eure Beute sein;
denn ich werde für Recht sorgen
zwischen Schafen und Schafen.«
(Ez 34, 11.15 f.20–22)

»Ober« an den Tischen
    »Es entstand unter ihnen ein Streit darüber,
    wer von ihnen wohl der Größte sei.
    Da sagte Jesus:
    Die Könige herrschen über ihre Völker,
    und die Mächtigen lassen sich Wohltäter nennen.
    Bei euch aber soll es so nicht sein,
    sondern der Größte unter euch
    soll werden wie der Kleinste,
    und der Führende soll werden wie der Dienende.
    Welcher von beiden ist größer:
    wer bei Tisch sitzt oder wer bedient?
    Natürlich der, der bei Tisch sitzt.
    Ich aber bin bei euch wie der, der bedient.«
    (Lk 22,24–27)

Galeerensklave

»Er war Gott gleich,
hielt aber nicht daran fest, wie Gott zu sein,
sondern entäußerte sich
und wurde wie ein (Galeeren)Sklave
und den Menschen gleich.
Sein Leben war das eines Menschen;
er erniedrigte sich
und war gehorsam bis zum Tod,
bis zum Tod am Kreuz.«
(Phil 2,6–8)

Fußwaschung

Als er ihnen die Füße gewaschen, sein Gewand wieder angelegt und Platz genommen hatte, sagte er zu ihnen: Begreift ihr, was ich an euch getan habe?
Ihr sagt zu mir Meister und Herr und ihr nennt mich mit Recht so; denn ich bin es.
Wenn nun ich, der Herr und Meister, euch die Füße gewaschen habe, dann müsst auch ihr einander die Füße waschen.
Ich habe euch ein Beispiel gegeben, damit auch ihr so handelt, wie ich an euch gehandelt habe.
Amen, amen, ich sage euch: Der Sklave ist nicht größer als sein Herr und der Abgesandte ist nicht größer als der, der ihn gesandt hat.
Selig seid ihr, wenn ihr das wisst und danach handelt.
(Joh 13,12–17)

Es ist bemerkenswert, dass kirchliche Ämter sich selbst offenbar lange Zeit hindurch nicht als Dienste verstanden haben. Sonst gäbe es nicht das sprachlich angestrengte Bemühen, von »Dienstämtern« zu reden. Diese Anstrengung ist »pleonastisch«, verdoppelt im Grunde, was schon durch ein Wort allein ausgesagt wird. Es wäre so, wie wenn man von einem weißen Schimmel oder einem Wasserhydranten reden würde. Ämter in der Kirche sind immer ein Dienst an der kirchlichen Gemeinschaft. Das Zweite Vatikanum hat das Amt bevorzugt als ministerium, also als Dienst, nicht so sehr als potestas, als Vollmacht, bezeichnet. Amt muss als Dienst an der Kirche als dem Volk Gottes verstanden und darum von diesem her gedeutet und definiert werden. Das bedeutet auch, dass das Amt für sich allein nicht Kirche sein kann. Das Wort »Amtskirche« ist somit ein theologischer Unbegriff, der nur aus einer faktischen Isolierung des Amtes vom Volk Gottes her verstanden werden kann und darum aus dem kirchlichen Wortschatz verschwinden sollte.

KONFLIKTE

Eine der wichtigen Aufgaben einer kompetenten Leitung ist Konfliktbearbeitung.[205] Dazu braucht es zunächst ein angstfreies, ja positives Verhältnis zur Tatsache, dass es in der Kirche und ihren Gemeinschaften Konflikte geben kann. Dem steht in der Kirche oft ein latentes, spirituell verbrämtes Harmoniebedürfnis im Wege. »In der Kirche wird nicht gestritten«, sagt man. Dann werden die tatsächlich vorhandenen Konflikte unter den Kirchenteppich gekehrt. Dort erkalten sie und entfalten als »kalte Konflikte« schweren Schaden im Leben der Kirche und ihrer Gemeinden. Das währt solange, bis jemand den Mut hat, die »kalten Konflikte« wieder heiß zu machen und sie schöpferisch zu bearbeiten.

Es gibt in der Welt nur einen Ort, wo Ruhe ist: den Friedhof. Dort ist aber auch kein Leben mehr. Wo Leben ist, stoßen Ansichten und Interessen zusammen. Zusammenstoßen – das heißt lateinisch confligere. Aus diesem Zusammenprall kann der Gemeinschaft Entwicklung und Lebensenergie zuwachsen. Es ist wie bei Wasserkraftwerken: Konflikte können wie das herabfallende Wasser sein, das die Turbinen antreibt und Energie erzeugt. Auch die junge Kirche kannte massive Konflikte. Dafür ein Beispiel: Muss man zuerst Jude werden, um Christ werden zu können? Paulus sagte nein. Petrus hingegen: Das war schon immer so, Jesus hat sich an die verlorenen Schafe des Hauses Israel gewandt. Darum hat die Kirche keine Vollmacht, das zu ändern. Es wird sich also in dieser Frage »nie und nimmer« (Petrus in Joppe im Traum zum Herrn: »Niemals, Herr!« Apg 10,14) etwas ändern. Paulus widersteht Petrus ins Angesicht: »Als Kephas aber nach Antiochia gekommen war, bin ich ihm offen entgegengetreten, weil er sich ins Unrecht gesetzt hatte.« (Gal 2,11) In den Kategorien einer späteren Kirchenordnung formuliert: Paulus, ein »Missionsbischof«, widersteht Petrus, dem »Papst«, ins Angesicht! Und das mit der Begründung »weil sich dieser ins Unrecht gesetzt« hat. Paulus hat sich dann auf dem sogenannten »Apostelkonzil« durchgesetzt: Wer als Heide Christ wurde, brauchte nicht das jüdische Gesetz auf sich zu nehmen, musste sich also nicht beschneiden lassen. Der von Paulus offen ausgetragene Konflikt hat die Entwicklung der Kirche und ihrer Missionsarbeit entscheidend vorangebracht.

In der Begegnung mit der modernen Organisationswissenschaft kann viel zur Bearbeitung auch kirchlicher Konflikte gelernt werden. Konflikte entwickeln sich, so die Grundannahme. Sie können eskalieren und je stärker sie anschwellen, umso schwerer können sie gemeistert werden, ohne dass die Gemeinschaft Schaden nimmt. Auf den verschiedenen Stufen braucht es Fachleute von außen, die den zerstrittenen Parteien Unterstützung geben und ihnen Kraft zu einer positiven Bewältigung zuspielen. Im äußersten Notfall, wo beide Seiten sich anschicken, »gemeinsam in den Untergang« zu stürzen, hilft nur noch eine autoritative Konfliktlösung von außen durch eine übergeordnete Stelle, die die Befugnis zu einer Entscheidung hat. Einen Überblick über die verschiedenen Formen der erforderlichen Intervention auf den unterschiedlichen Stufen der Eskalation eines Konflikts bietet die folgende Tabelle.

ABBILDUNG: Eskalation von Konflikten – in der Bibel, in moderner Konflikttheorie

»Wenn dein Bruder sündigt, dann geh zu ihm und weise ihn unter vier Augen zurecht. Hört er auf dich, so hast du deinen Bruder zurückgewonnen.« (Mt 18,15)			»Hört er aber nicht auf dich, dann nimm einen oder zwei Männer mit, denn jede Sache muss durch die Aussage von zwei Zweien entschieden werden.« (Mt 18,16)			»Hört er auch auf die Gemeinde nicht, dann sei er für dich wie ein Heide oder ein Zöllner.« (Mt 18,17)		
1	2	3	4	5	6	7	8	9
Verhärtung	Debatte	Taten	Images Koalitionen	Gesichtsverlust	Drohstrategien	begrenzte Vernichtungsschläge	Zersplitterung	gemeinsam in den Abgrund
Moderation (Moderator, chairman)								
	Prozessbegleitung (Conciliator)							
		sozio-ther. Prozessbegleitung						
			Vermittlung (Mediator)					
				Schiedsverfahren (Arbiter)				
						Machteingriff (Machtinstanz)		

aus Glasl: Konflikte

Eine solche gestufte Konfliktkultur kannte auch die Matthäusgemeinde. Aus ihr wird eine geradezu modern anmutende Konfliktlösungsstrategie überliefert:

»Wenn dein Bruder sündigt, dann geh zu ihm und weise ihn unter vier Augen zurecht. Hört er auf dich, so hast du deinen Bruder zurückgewonnen.

Hört er aber nicht auf dich, dann nimm einen oder zwei Männer mit, denn jede Sache muss durch die Aussage von zwei oder drei Zeugen entschieden werden.

Hört er auch auf sie nicht, dann sag es der Gemeinde. Hört er aber auch auf die Gemeinde nicht, dann sei er für dich wie ein Heide oder ein Zöllner.«

(Mt 18,15–17)

Zur Eigenmeditation im Folgenden noch eine kleine Liste von weiteren biblischen Texten für eine kirchliche Konfliktkultur:

Mt 10,34: Jesus entzweit

Apg 15: Das Apostelkonzil

Gal 2,11–14: Paulus widersteht Petrus

Apg 23,1–10: Paulus vor dem Hohen Rat

Koh 7,9: Reg dich nicht auf

Koh 10,4: Wenn der andere in Zorn gerät, bleib ruhig

Sir 5,10: Höre schnell, rede bedächtig

Sir 20,7: Schweigen bis zur rechten Zeit

Sir 22,27: Schweigen schützt vor Verderben

Sir 20,4: Dem Recht nützt Gewalt nicht

Sir 28,1–11: Meide schnellen Streit

Sir 8,1 f.: Streit nicht mit Mächtigen und Reichen

Gen 13, 1–11: Abram und Lot lösen einen Konflikt durch Trennung

Dass die Bearbeitung von Konflikten für die kirchlichen Gemeinschaften wichtig ist, zeigt eine Mahnung aus der Matthäusgemeinde.

»Wenn du deine Opfergabe zum Altar bringst und dir dabei einfällt, dass dein Bruder etwas gegen dich hat, so lass deine Gabe dort vor dem Altar liegen; geh und versöhne dich zuerst mit deinem Bruder, dann komm und opfere deine Gabe.

Schließ ohne Zögern Frieden mit deinem Gegner, solange du mit ihm noch auf dem Weg zum Gericht bist. Sonst wird dich dein Gegner vor den Richter bringen und der Richter wird dich dem Gerichtsdiener übergeben und du wirst ins Gefängnis geworfen.

Amen, das sage ich dir: Du kommst von dort nicht heraus, bis du den letzten Pfennig bezahlt hast.«

(Mt 5,23–26)

Dieser Text zeigt: So förderlich produktiv ausgetragene Konflikte für die Entwicklung der Kirche und ihrer Gemeinschaften sein können – sie dürfen nicht jene tiefe Einheit zerstören, die für die Kirche konstitutiv und damit unverzichtbar ist: die Feier der Eucharistie.

Diakonia

Das Miteinander geht einher mit einem engagierten Füreinander: zunächst innerhalb der Gemeinschaft. Dann aber dient die Gemeinschaft als Ganze der Welt. Kirche steht im Dienst der Menschheit, sie ist nicht Selbstzweck, sondern hat ihre Existenz aus der Botschaft Jesu vom Reich Gottes. Und Reich Gottes bezieht sich immer auf das Ganze, auf die ganze Welt. In besonderer Weise galt die Verkündigung Jesu den Armen und Armgemachten. Ihnen in erster Linie hat die Kirche zu dienen. Dienen ist die Übersetzung des griechischen Wortes »diakonein«. Wer in Not ist, gehört zu denen, auf die Gott und damit auch seine Kirche besonders aufmerksam schaut. In einer Syrischen Kirchenordnung aus dem fünften Jahrhundert wird berichtet, dass es für dieses Wahrnehmen der Not ein »Auge der Kirche« gab – den Diakon, der neben dem Presbyterium wohnte und dieses einmal im Monat über die Not der anvertrauten Menschen belehren musste. Jeden Morgen musste er den Strand abgehen, ob nicht ein Toter angeschwemmt wurde. Er ging in die Dörfer um zu erfahren, wer krank war und wer der Belehrung bedurfte.[206] Heute könnte diese Aufgabe des »Auges der Kirche« etwa ein Caritasausschuss in einem Pfarrgemeinderat leisten – oder eine kompetente Frau oder ein Mann, die vom Bischof für den »Dienst« bestellt werden, wie das im französischen Erzbistum Poitiers in den »örtlichen Gemeinschaften« der Fall ist. Aber dieses Auge muss offen und wachsam sein.

So wichtig das unmittelbare Helfen ist: Es braucht (zumal nach heutigem Stand der Sozialwissenschaften wie der Katholischen Soziallehre) neben der »helfenden Diakonie« auch eine »politische Diakonie«. Diese hilft nicht allein caritativ den Armen, sondern arbeitet an der Behebung der Ursachen der Armut. Papst Johannes Paul II. bezeichnete die Ursachen der Armut, des Unrechts und der Ungerechtigkeit als »Strukturen der Sünde«[207]. Es ist gut, so der Gründer der christlichen Arbeiterbewegung Josef Cardijn, den Hungernden Fische zu geben. Es ist aber besser, sie fischen zu lehren. Diakonie hat sozialpolitische Dimensionen angenommen. Politik ist damit die wichtigste Form der Nächstenliebe, wie Papst

Paul VI. zum 80. Jubiläum der ersten Sozialenzyklika Leos XIII. aus dem Jahre 1891 formulierte.[208]

Ein solches engagiertes Füreinander speist sich aus der Tiefe der mystischen Gotteinung. Dieser dynamische Zusammenhang wird heute theologisch in den polaren Begriffspaaren von Mystik und Politik, Kampf und Kontemplation zum Ausdruck gebracht. »Je mystischer, desto politischer« lautet eine Formel zur Grundorientierung kirchlicher Praxis in den Texten der Synode Rottenburg-Stuttgart aus dem Jahre 1983.[209]

In Gottes Art bei den Menschen sein

Das ist theologisch gut begründet. Im mystischen Einswerden mit Gott entfaltet sich im Menschen das, was jede und jeder seit seiner Erschaffung im Grunde schon ist. Der Mensch ist »von Gottes Art« (Apg 17,29).[210] Gott aber, so erzählt die Gründungsgeschichte Israels im Buch Exodus, erweist sich in einem weiten Wortsinn als »hochpolitisch«. Wir zeigen diese Eigenschaft Gottes auf, indem wir den Text aus dem Buch Exodus meditieren:

> »Der Herr sprach: Ich habe das Elend meines Volkes in Ägypten gesehen und ihre laute Klage über ihre Antreiber habe ich gehört. Ich kenne ihr Leid. (7)
>
> Jetzt ist die laute Klage der Israeliten zu mir gedrungen und ich habe auch gesehen, wie die Ägypter sie unterdrücken. (9)
>
> Ich bin herabgestiegen, um sie der Hand der Ägypter zu entreißen und aus jenem Land hinaufzuführen in ein schönes, weites Land, in ein Land, in dem Milch und Honig fließen ... (8)
>
> Und jetzt geh! Ich sende dich zum Pharao. Führe mein Volk, die Israeliten, aus Ägypten heraus!« (10)
>
> (Ex 3,7–10)

So ist also der »hochpolitische Gott«:

1. Von ihm sagt die Bibel, dass *er Aug und Ohr* ist für die Armgemachten. Der hebräische Text verdoppelt das Sehen und Hören, um es besonders zu unterstreichen: »gesehen, ja gesehen habe ich«, »gehört, ja gehört habe ich«. In vielen Kirchen Europas kann man das Auge und das Ohr Gottes über den Altären in einem Dreieck dargestellt finden. Gott kontrolliert die Menschen nicht moralisch, sondern er wirft ein wohlwollendes Auge auf sie. Und er hört und erhört sie.

2. Gott hört, so eine durchgängige Aussage des Alten und des Neuen Testaments, den »*Schrei der Armen*«. Und dieser Schrei ist eine Folge von Un-

terdrückung (Ex 3,9) und Ausbeutung (Dtn 24,14 und Jak 5,4). Die katholische Kirche hat mit Blick auf diesen vielfältigen »Schrei der Armen«[211] die Lehre von den »himmelschreienden Sünden« entwickelt:

> »Die katechetische Tradition erinnert auch daran, daß es himmelschreiende Sünden gibt. Zum Himmel schreien das Blut Abels [Vgl. Gen 4,10], die Sünde der Sodomiten [Vgl. Gen 18,20; 19,13], die laute Klage des in Ägypten unterdrückten Volkes [Vgl. Ex 3.7–10], die Klage der Fremden, der Witwen und Waisen [Vgl. Ex 22, 20–22] und der den Arbeitern vorenthaltene Lohn [Vgl. Dtn 24,14–15; Jak 5,4].« (Katechismus der Katholischen Kirche)[212]

3. Gott, so der Bericht im Buch Exodus, hält sich aus dem Elend nicht heraus. Er »steigt herab«, er »entreißt aus der Knechtschaft«. Im Rahmen der Theologien der Befreiung wurde das Wort von der »*vorrangigen Option für die Armen*« geprägt, die lateinamerikanische Bischofskonferenz hat es sich zu eigen gemacht und seither wird es auch in kirchenamtlichen Texten häufig zitiert.[213] Das Wort Option kommt aus der Finanzwelt. Wer dort optiert, hat ein bevorzugtes Verhältnis zu einer Wertsache, zu einem Grundstück, einer Aktie: Wenn diese zum Verkauf stehen, hat der Optierende ein Erstkaufrecht. Wenn Gott für die Armen optiert, dann zeigt dies sein bevorzugtes Verhältnis zu den Armen der Welt. An sich sollte in Israel der König der Anwalt der Armen sein. Weil dieser aber oftmals versagt hat, lässt Gott durch seine Propheten die Armen wissen, dass er selbst ihr Anwalt ist: dass er sie sieht, hört und sich für sie stark macht.[214] Kirche, die sich geschichtlich oft an die Reichen und Mächtigen gebunden hat, soll Anwältin der Armen sein.

4. Bei seinem Einsatz für die Armen bedient sich Gott der Menschen. Im Fall der Befreiung Israels aus der Sklaverei in Ägypten war es Mose. Auch Jesus weiß sich vorrangig zu den Armen gesandt. In seiner »Antrittsrede« bei seinem öffentlichen Wirken, so berichtet Lukas, stellte er Ausschnitte aus dem Propheten Jesaja (Jes 61,1 f.; 29,18; 58,6 g) zusammen, die vom Anbruch des Reiches Gottes sprechen:

> »Der Geist des Herrn ruht auf mir; /
> denn der Herr hat mich gesalbt. Er hat mich gesandt, /
> damit ich den Armen eine gute Nachricht bringe; /
> damit ich den Gefangenen die Entlassung verkünde /
> und den Blinden das Augenlicht; damit ich die Zerschlagenen in Freiheit setze.«
> (Lk 4,18)

Diese eschatologische Erwartung bezog Jesus auf sich selbst und sein Wirken: »Heute hat sich das Schriftwort erfüllt« (Lk 4, 21).

Spiritualität der Fußwaschung

Christinnen und Christen sowie christliche Gemeinden können daraus für ihre diakonale Praxis lernen. Eine diakonale Spiritualität, »eine Spiritualität der Fußwaschung«, die »mit allen Sinnen« handelt, lässt sich in mehrere Aspekte entfalten:

- Es braucht eine aufmerksame Wachsamkeit, *offene Augen und Ohren*. Wer aus der Tiefe Gottes zu den Armen hindrängt, schaut hin, wo andere wegschauen. Er, sie hört und erhört den Schrei der heutigen Armen.

- Eine solche diakonale Spiritualität ist nicht irrational. Ein *wacher Verstand* wird eingesetzt, um zu erkennen, wie die Ursachen von Not und Armut durch politischen Einsatz abgeschwächt werden können.
- Vor allem aber haben diakonal spirituelle Menschen ein *mitfühlendes Herz*. Compassion, die innerste Eigenschaft Gottes, geht auf solche Menschen über. Sie bilden ihr Herz nach dem Herzen Gottes, wie ein altes Gebet der Christenheit formuliert. Herzensbildung macht christliche Diakonie aus, so Papst Benedikt XVI.[215]
- Und nicht zuletzt setzen die Menschen und ihre Gemeinschaften ihre *Hände* ein. Sie entwerfen diakonale Projekte[216], organisieren sich in Hilfswerken, gehen in die Politik, um die sozialen Bedingungen der Welt in Richtung auf mehr Gemeinwohl und Gerechtigkeit zu gestalten. Diakonal sind die einzelnen Glieder der Kirche; die Kirche selbst macht aber auch fachkundig organisierte Diakonie. Um die Diakonie bis hinein in die Dienstämter nicht zu vergessen, gibt es – erneuert durch das Zweite Vatikanische Konzil – das Amt der Diakone[217] und gab es über geraume Zeit hinweg in der frühen Kirche Diakoninnen – ein Amt, das heute für Frauen wieder gewünscht wird.[218]

Abendmahl und Fußwaschung

Mystik, Leiturgia, Martyria, Koinonia, Diakonia: Diese großen Grunddimensionen im Leben und Wirken der Kirche und ihrer vielfältigen Gemeinschaften (Pfarrgemeinden, Bewegungen, Orden) werden sinnlich-sinnenhaft verdichtet in der Feier der Eucharistie erfahren und gestärkt. Die Messe, das sonntägliche Herrenmahl, die Feier der Eucharistie ist das

Abbildung 13

Herz der Kirche. Das Zweite Vatikanische Konzil nennt sie »Quelle und Höhepunkt« allen christlichen und kirchlichen Lebens.[219] Warum kommt ihr diese zentrale Bedeutung zu?

Wird in mittelalterlichen Buchmalereien die Kirche ins Bild gesetzt[220], dann begegnen immer wieder die beiden biblischen Szenen Abendmahl und Fußwaschung. »Ecclesia de eucharistia«, so der Titel eines Schreibens von Papst Johannes Paul II. aus dem Jahre 2003. Kirche wird in der Feier der Eucharistie begründet, aufgebaut, ständig erneuert. Von dort her bezieht die Kirche ihre Kraft. Gefeiert aber werden die Großtaten Gottes, die in der Auferstehung Jesu als dem Erstgeborenen der ganzen Menschheit den Anfang ihrer Vollendung erreicht haben. Die Feier der Eucharistie ist daher – wie alle sakramentalen Feiern – von der österlichen Grundstimmung geprägt.

Der rituelle Ablauf jeder eucharistischen Feier lässt erkennen, was in ihr und durch sie geschieht bzw. geschehen kann und soll. Die zum Altar gebrachten Gaben stehen für die Menschen, die Gott aus der Menschheit heraus in sein Volk und in diesem zu dieser Feier zusammengerufen hat. Sie kommen aus einer zerrissenen Welt, in der Menschen nach wie vor diskriminiert, ausgebeutet und unterdrückt werden (vgl. Gal 3,28 oder auch die himmelschreienden Sünden). Es versammeln sich Menschen, die miteinander in Streit liegen. So gehen sie hinein.

Dann aber ruft der vorstehende Älteste im Namen der versammelten Gemeinde Gottes Geist herab. Diese Herabrufung des Geistes Gottes, die Epiklese, gehört zum innersten Geschehen der Feier.[221] In den Gottesdiensten der Orthodoxie nimmt sie eine herausragende Stelle ein. Dieser Geist soll »wandeln«: die Gaben ebenso wie die Versammelten. Damit unmissverständlich deutlich wird, worauf die Wandlung hinausläuft, spricht der Priester die »Einsetzungsworte«. Gewandelt wird in »Leib hingegeben«, »Blut vergossen«. Und diesen Leib Christi verleiben sich die Versammelten ein, um so selbst untrennbar mit ihm und miteinander verwoben Christi Leib, also »einer« (Gal 3,28) zu werden. Eine solche Wandlung hat nicht nur eine tröstend-heilende Seite, sondern rüttelt auch auf, fordert heraus, stört unsere Bequemlichkeit. Das macht die Feier der Eucharistie zu einer »gefährlichen Erinnerung«[222]. Die sie feiern, begeben sich gleichsam »in Gottesgefahr«[223].

Hinaus gehen dann die Gewandelten als eine Gemeinschaft, die bildlich ausgedrückt »Füße wäscht«, sich also niederbeugt zu denen, denen es in ihrem Leben nicht »gut geht«, die also »schlecht bei Fuß sind«: eine Gemeinschaft von Menschen, die nach und nach geheilt von der Angst um sich selbst und tief verwurzelt im Geheimnis der österlichen Wandlung vom Tod zum Leben selbst das Erfahrene weiterschenken möchten, die aufmerksam dafür sind, wo sie gebraucht werden, weil ein Mensch in seelischer oder körperlicher Not ist oder heillose Strukturen ihm das Leben schwer machen. Alle Dimensionen kirchengemeindlichen Lebens werden wirkmächtig. Der mystische Vorgang: das Einswerden der Versammelten im Leib des auferstandenen Christus in Wort und Sakrament. Die Koinonia: Es wird Gemeinschaft. Die Diakonia: Fußwaschung wird zur Sendung, zur missio; sie wird zum Auftrag. Das mystische Geschehen der Feier erhält damit politische Kraft. Wenn in einem Land auch nur 10 % der Menschen Sonntag um Sonntag Eucharistie feiern, ist am Montag das Land ein anderes. Es ist geeinter und solidarischer. Das alles geschieht, wenn die Feiernden nicht in bürgerlicher »Verwellnessung« der gefährlichen Feier sagen: »Gott verwandle die Gaben, aber uns lass in Ruh.«[224]

Dass und wie sehr in der eucharistischen Feier geradezu »Weltverwandlung«[225] geschieht, das hat Papst Benedikt XVI. auf dem Weltjugendtag 2005 so zum Ausdruck gebracht:

> »Diese erste grundlegende Verwandlung [im Tod Jesu am Kreuz hinein in die Auferstehung] von Gewalt in Liebe, von Tod in Leben zieht dann die weiteren Verwandlungen nach sich. Brot und Wein werden sein Leib und sein Blut.
>
> Aber an dieser Stelle darf die Verwandlung nicht Halt machen, hier muss sie erst vollends beginnen. Leib und Blut Jesu Christi werden uns gegeben, damit wir verwandelt werden. Wir selber sollen Leib Christi werden, blutsverwandt mit ihm. Wir essen alle das eine Brot. Das aber heißt: Wir werden untereinander eins gemacht. Anbetung wird, so sagten wir, Vereinigung. Gott ist nicht mehr bloß uns gegenüber der ganz Andere. Er ist in uns selbst und wir in ihm.
>
> Seine Dynamik durchdringt uns und will von uns auf die anderen und auf die Welt im Ganzen übergreifen, dass seine Liebe wirklich das beherrschende Maß der Welt werde.«

Solche theologische Reflexionen über die Feier der Eucharistie machen deutlich, welch zentralen Stellenwert diese für das Leben der Kirche und ihrer Gemeinschaften besitzt. Sie gilt – sakramententheologisch besehen – als die Vollendung der Eingliederung in die Kirche, die mit der Taufe beginnt und in die eucharistische Feier mündet. »Offerre und tinquere«, darbringen und abwaschen, waren daher in der Kirche von Anfang an zentrale Ereignisse.[226] In diesen realisiert sich Kirche in einzigartig dichter Form. Daher hat sie diese Feiern (Taufe und Eucharistie) auch dadurch geschützt, dass sie diese an die Leitung durch einen ordinierten Amtsträger gebunden hat. Dieser »Schutzvorgang« galt für den normalen kirchlichen Alltag. Die beiden Feiern waren und sind der Kirche aber derart wichtig, dass sie, wie die Geschichte der frühen Kirche zeigt, »im Notfall« auch in Abwesenheit eines Ordinierten in einer gläubigen Gemeinschaft gefeiert wurden. So schreibt der Kirchenvater Tertullian im Jahre 209:

> »Sind nicht auch wir Laien Priester? Es steht geschrieben: ›Er hat uns zu Königen gemacht und zu Priestern für Gott und seinen Vater.‹ Den Unterschied zwischen Priesterstand und Laien hat die Autorität der Kirche festgesetzt und die von Gott geheiligte Rangstellung im Kreise der Kleriker. Wo kein kirchlicher Stand eingerichtet ist, da bringst du das heilige Opfer dar und spendest die Taufe und bist für dich allein Priester; selbstverständlich ist da eine Kirche, wo drei beisammen sind, mögen sie auch Laien sein.«[227]

Diese Möglichkeit, im Notfall auch ohne anwesenden Ordinierten zu feiern, ist bei der Taufe bis heute erhalten geblieben. Die Begründung dafür lieferte in der frühen Kirche Augustinus, der betonte, der Priester handle allein »in persona Christi«, an Christi statt. Dieser sei der eigentliche Spender der Taufe, ob nun Petrus oder Paulus oder Judas die Taufe vollziehe. Bei der Feier der Eucharistie hat die Leitung der Kirche hier einen Riegel vorgeschoben[228], um Missbrauch zu vermeiden. Voraussetzung dieser Entscheidung war und ist, dass die Kirche genug Ordinierte hat und dass sie sich der schwerwiegenden Pflicht bewusst ist, gläubigen Gemeinschaften einen Ordinierten als Leiter der Feier zuzuweisen, damit diese sonntags Eucharistie feiern können.[229] Es ist eines der wichtigen Anliegen kirchlicher Reformkräfte heute, die Kirchenleitung angesichts der Tatsache, dass es mehr eucharistiewürdige Gemeinden als ordinierte Amtsträger gibt, an diese ihre Pflicht zu erinnern. Sie fragen ungeduldig: Wie kann die Kirchenleitung sicherstellen, dass es zur Sicherung der lebensnah gefeierten Eucharistie, welche Quelle und Höhepunkt allen christlichen Lebens und kirchlichen Engagements ist, genug Priester gibt? In der griechisch-katholischen oder in der orthodoxen Kirche, die neben den unverheirateten auch verheiratete Priester kennen, gibt es diesen pastoralen Notstand nicht. Dasselbe ist in den Kirchen der Reformation der Fall. In diesen haben auch Frauen Zugang zur Ordination.

In ihrer Botschaft und ihrer Praxis der Option für die Armen begegnet die Kirche den Religionen der Welt, von denen sich manche in ähnlicher Weise von der Not der Menschen herausgefordert fühlen. Ein Blick in die großen Weltreligionen zeigt, dass die Hoffnung auf das Erbarmen Gottes wie ein roter Faden die Geschichte der Menschheit durchzieht. In der Verkündigung eines barmherzigen Gottes besteht hier ein gemeinsamer Ausgangspunkt für religiöses Leben.

Wie der Vater werden: Pastoral des Erbarmens

Buddha zeigt sich in verschiedenen Manifestationen. Drei von diesen stehen im Mittelpunkt: die Weisheit, der Schutz und das Erbarmen. Dem Dalai Lama ist eigen, das Erbarmen Buddhas zu repräsentieren.

Das Erbarmen, wie es im Buddhismus und im Christentum aufleuchtet, gehört auch zu den zentralen Eigenschaften Allahs im Islam. Der Prophet Mohammed preist den »Allerbarmer« geradezu formelhaft mit hehren Worten: »Wäre nicht Allahs Huld und Seine Barmherzigkeit über euch und daß Allah gütig, erbarmend ist (ihr wäret zugrunde gegangen).«[230]

Im Judentum wird das innerste Wesen Gottes »rechem« (Erbarmen; auch Mutterschoß) genannt. Sein Erbarmen geht einher mit Recht und Gerechtigkeit. Reiben sich aber Gerechtigkeit und Erbarmen aneinander,

Abbildung 14

dann siegt in Gott das Erbarmen. Im Babylonischen Talmud hat Gott zwei Stühle:

>»Zwölf Stunden hat der Tag; in den ersten drei Stunden sitzt der Heilige, gebenedeiet sei er, und befasst sich mit der Gesetzeslehre, in den nächsten sitzt er und richtet die ganze Welt, und sobald er sieht, dass die Welt die Vernichtung verdient, erhebt er sich vom Stuhl des Rechts und setzt sich auf den Stuhl der Barmherzigkeit; im dritten Viertel sitzt er und ernährt die ganze Welt, von den gehörnten Büffeln bis zu den Nissen der Läuse; in dem vierten Viertel sitzt der Heilige, gebenedeiet sei er, und scherzt mit dem Levjathan, denn es heißt: ›Der Levjathan, den du geschaffen hast,‹ um mit ihm zu spielen!«<[231]

214

Bei Jesus steht das Erbarmen Gottes in der Mitte seiner Verkündigung. Das »Evangelium im Evangelium« (Jacob Kremer[232]) ist die Gleichnisrede Jesu vom Erbarmen des Vaters mit seinen beiden verlorenen Söhnen. Diese Rede ist Teil der Auseinandersetzung Jesu mit den selbstgerechten Frommen seines Volks. In seinem Gleichnis steht für diese der »daheimgebliebene« Sohn. Diese vermeintlich »Gottkundigen« konnten nicht hinnehmen, dass sich Jesus mit Vorliebe »in schlechte Gesellschaft«[233] begeben hat: zu den Dirnen, den Zöllnern, den Sündern, den Kranken, hier wieder besonders zu den aus der Gesellschaft hinausgesetzten Aussätzigen. Und indem er sich mit diesen zusammentut, macht er sichtbar, dass es sein Gott ebenso macht. Gott gibt all diesen Menschen eine Chance, ja nicht nur eine, sondern Chance um Chance, so die Kernbotschaft Jesu. Nach den Maßstäben der Gerechtigkeit wären sie zu verurteilen und zu vernichten und in die Hölle zu werfen. Genau das aber will Gott in seinem Erbarmen verhindern. Indem er Mensch wird und sein Leben gerade durch seinen Einsatz für die Sünder hingibt, geht er dazu bis an die äußerste Grenze der Erniedrigung (Phil 2,6–10). Die Botschaft von der unbedingten Zuwendung Gottes an den Menschen, die Rechtfertigung des Sünders, ist die Mitte christlicher Verkündigung und damit »Kriterium, das die gesamte Lehre und Praxis der Kirche unablässig auf Christus hin orientieren will.«[234] In der Gemeinsamen Erklärung zur Rechtfertigungslehre, in der dieser Gedanke im Zentrum steht, weil er die Mitte des Evangeliums umreißt, ist ein ökumenischer Durchbruch im Dialog zwischen den lutherischen Kirchen und der römisch-katholischen Kirche gelungen.

Damit stellt sich die Frage: Wenn Jesus das Erbarmen Gottes derart in den Mittelpunkt rückt und es in seinen Taten aufleuchten lässt, ist es dann nicht Aufgabe der Kirche, in ihrem Tun diese Barmherzigkeit konkret erfahrbar zu machen? Erbarmen meint dabei nicht Verniedlichung von Schuld und Sünde. Das Erbarmen als die Rechtfertigung des Sünders zeigt ja seine Kraft erst angesichts großer und nicht mehr gut zu machender Schuld.[235] Es kommt dann ans Licht und wird dankbar erlebt, wenn das Leben nicht glatt verläuft, also beispielsweise wenn eine Ehe scheitert. Die orthodoxe Tradition hat daher zwar immer in gebotener Strenge die Treue in der Ehe eingeklagt – eine Treue, die nach der orthodoxen Theologie über den Tod hinausreicht. Und dennoch hat sie dem Handlungsprinzip der »Akribie« (akribisch bedeutet, dass eine Forderung streng genommen und wörtlich ausgelegt wird) immer das polare Prinzip der »Oikonomie« zur Seite gestellt. Oikos ist das Haus. Die Oikonomie verpflichtet den Bischof in der orthodoxen Kirche, wie ein Hausvater zu handeln. Er hat dafür zu sorgen, dass nach dem Scheitern wieder »ein Leben in Frieden« möglich wird: Denn dazu hat Gott uns berufen – so Paulus angesichts unleidlicher Eheverhältnisse zwischen Glaubenden und Nichtglaubenden (1 Kor 7,10–15). Das bedeutet in der orthodoxen Kirche, dass Geschiedene eine »zweite Krönung« (sakramentale Eheschließung) feiern können. In der katholischen Kirche hingegen ringt man darum, dass Geschiedene, die (standesamtlich) wieder geheiratet haben, zu den Sakramenten der Busse und der Eucharistie zugelassen werden.[236]

Eine »Pastoral des Erbarmens«[237] muss auch »politisch« werden. Es gibt selbst in reichen Gesellschaften Menschen, die gleichsam »überflüssig werden«.[238] Die Botschaft von der Rechtfertigung impliziert, dass der Mensch einen Wert in sich darstellt, auch wenn er, vielleicht als Kranker und als Alter, nichts oder nichts mehr zu leisten vermag. Und auch jener, dem in seinem Leben alles danebengegangen ist, der nach menschlichen Maßstäben gescheitert ist, darf Ja zu sich selbst sagen, weil Gott Ja zu ihm gesagt hat. Das verleiht die Würde der Person, die er nicht verlieren kann, weil Gott treu zu ihm steht. Der Wert des Menschen hängt nicht an seinen Taten und seinem Verdienst. Dies gilt für den Sünder, es gilt auch für jenen, der, vielleicht ohne eigenes Versagen, in die Armut gefallen ist und ihr kaum noch entfliehen kann. »Politisches Erbarmen« sollte bedeuten, für solche Mitglieder einer Gesellschaft eine Art »Grundeinkommen ohne Arbeit«[239] bereitzustellen, damit sie das zum Leben Nötigste haben.

Abbildung 15

Henri Nouwen, einer der großen Mystiker unserer Zeit, hat über die Gleichnisrede vom Erbarmen des Vaters eine Meditation verfasst[240] und zwar anhand eines Gemäldes von Rembrandt van Rijn (1606–1669). Es hängt in der Eremitage in St. Petersburg. Seine Auslegung von Bild und Gleichnis mündet in der Aufforderung an die einzelnen Menschen wie an die kirchlichen Gemeinschaften, sich nicht nur mit dem einen oder anderen verloren Sohn zu identifizieren. Vielmehr gehe es darum, »wie der Vater zu werden«. Er steht im Mittelpunkt dieses Gleichnisses, an seinem Verhalten sollen sich die Christen und die christlichen Kirchen orientieren.

Strukturelle Plastizität

Lebendigkeit entspringt der Kraft einer orientierenden und motivierenden Vision. Eine erwachsene Organisation braucht aber auch angemessene Strukturen: also ein Programm, Arbeitsteilung, Rollen, Handlungsabläufe, Finanzen.

Diese Strukturen sind wandelbar. In Bezug auf Strukturen besitzt die Kirche eine enorme und keinesfalls bereits ausgeschöpfte Plastizität (vgl. Teil 2). So hat es zwar immer Leitungsämter gegeben. Zugleich aber hat sich »das Amt« in frühkirchlicher Zeit entsprechend den damaligen Herausforderungen ausdifferenziert. Wenn nicht alles täuscht, findet derzeit in der kirchlichen Praxis insbesondere in den jungen Kirchen eine erneute Ausdifferenzierung statt, ein Vorgang, der theologisch erst noch eingeholt werden muss. Vor allem aber hat sich der Amtsstil über die Jahrhunderte hinweg dramatisch verändert. Leben und Selbstverständnis der Bischöfe im Spätmittelalter und in der Reformationszeit sind mit heutigem Amtsverständnis kaum noch zu vergleichen. Zweifellos haben sich im Laufe der Geschichte die Lebensführung und auch die theologische Deutung immer wieder von den biblischen Weisungen weit entfernt, sie wurden aber gerade dann in deren Richtung re-formiert. Trotz aller Veränderungen hat sich die biblische Botschaft immer wieder durchgesetzt und zur Reform geführt.

Eine in vielen Kirchengebieten wichtige Frage ist die nach der räumlichen Ordnung der Kirche. Nach biblischem Zeugnis ist Kirche sowohl die Ortskirche als auch die universale Kirche, keine von beiden kann auf die jeweils andere zurückgeführt werden. Die Ortskirchen sind Kirche, nicht Untergliederungen der universalen Kirche, die universale Kirche ist Kirche, nicht ein Zusammenschluss von Orts- oder Teilkirchen. Nach dem Zweiten Vatikanischen Konzil gilt die Ortskirche als die konkrete Verwirklichung der universalen Kirche jeweils am Ort. In der Ortskirche und in der gegenseitigen Verwiesenheit der Ortskirchen aufeinander ereignet sich »Weltkirche«. Die konkrete Festlegung, welches Gewicht und welche Eigenständigkeit den Ortskirchen zukommt, hat eine bewegte Geschichte hinter sich. Zudem gab es neben der räumlichen Ordnung immer auch andere Ordnungsprinzipien, etwa die Orden oder nicht ortsgebundene Personalprälaturen oder in jüngerer Zeit auch sogenannte »geistliche Bewegungen«, die sich – papstunmittelbar – der Aufsicht der Ortskirchen und deren Bischöfen entziehen.[241]

Strukturelle Vielfalt finden wir auch innerhalb der einzelnen Ortskirchen. Territoriale und kategoriale Strukturen ergänzen und bereichern einander. Territorial geordnet sind die Diözesen und die Pfarrgemeinden, kategorial meint die Pastoral mit bestimmten »Kategorien« von Menschen: etwa mit Arbeitern, Schülern, Migranten. Zur kategorialen Seite zählen zudem auch Bildungsarbeit, die Katholische Aktion, Verbände, Caritas und Diakonie.

In die Gestaltung des territorialen Raums ist heute Bewegung gekommen. Angesichts der Mobilität der Menschen erweist sich der Lebensraum einer Pfarrei für manche pastorale Aufgaben als zu klein. Dazu kommen in Europa, das aus dem Mittelalter ein lückenloses Pfarrnetz geerbt hat, schrumpfende Zahlen von Pfarrmitgliedern, ein Mangel an Ordinierten, oft auch das Knappwerden an Geld. Es wäre zu wenig, würden etwa angesichts des Pfarrermangels einfachhin entlang der Zahl verfügbarer Priester immer mehr traditionsreiche Pfarrgemeinden zu größeren Räumen (als Verbund von Pfarreien, Pfarreiengemeinschaften) oder zu Großpfarreien zusammengeschlossen. Zielführender ist es zu fragen, welcher pastorale Vorgang nach welchem Raum verlangt. Bildungsarbeit wird dann beispielsweise großräumig angeboten werden, die Sorge um die wenig(er) mobilen Bevölkerungsgruppen (Familien mit kleinen Kindern, Alte und Kranke) gelingt besser im überschaubaren Raum. So kennt die derzeitige Strukturentwicklung sowohl ein »localizing« als auch ein »regionalizing«.

Viel diskutiert ist – vor allem angesichts des Priestermangels in fast allen Regionen der katholischen Kirche – die Frage, wo die Feier der Eucharistie anzusiedeln ist. Folgt man den Schriften des Neuen Testaments, so kann davon ausgegangen werden, dass dort, wo eine örtliche gläubige Gemeinde gegründet wurde, am ersten Tag der Woche das Herrenmahl gefeiert wurde. Dass es in diesen Gemeinden jemanden gab (Frau oder Mann), der oder die der Feier vorstand, ist im Neuen Testament noch kein Thema. Offensichtlich war dies selbstverständlich und unkompliziert gelöst.

Derzeit bindet die katholische Kirche die Feier der Eucharistie nicht primär an die gläubige Gemeinschaft, sondern an den Priester, der dann gegebenenfalls auch ohne Gemeinde die Messe lesen kann. Damit wird die Anzahl der sonntäglichen Eucharistiefeiern anhand der verfügbaren Zelebranten bestimmt. Der theologisch näherliegende Gedanke, so viele Gläubige zu Gemeindeleitern zu ordinieren, dass in jeder Gemeinde Eucharistie gefeiert werden kann, wird offiziell zurzeit nicht verfolgt. Vorschläge in diese Richtung werden in der römischen Kirchenleitung nicht gehört oder zumindest nicht rezipiert.[242] Dabei hat man den Eindruck, dass die Erhaltung des Priesteramts in seiner überkommenen Form (Mann, ehelos, akademisch ausgebildet) höher angesetzt wird als die sonntägliche Eucharistiefeier in jeder gläubigen Gemeinschaft. Diese Praxis steht in Spannung zur Aussage der Päpste Johannes Paul II. oder auch Benedikt XVI., dass die Kirche aus der Eucharistie geboren und ständig erneuert wird (»ecclesia de eucharistia«).

Rechte Ekklesiogenese geht an der Feier der Eucharistie nicht vorbei.

Ecclesia semper reformanda

Sowohl in den systematischen wie in den praktischen Überlegungen wurde deutlich, wie sehr sich die Kirche, ihr Wirken und ihre Sozialgestalt in einem ständigen Wandel befinden. Die Kirche findet unentwegt eine »neue Form«, sie wird »re-formiert«, was keineswegs bedeutet »zurückentwickelt«, sondern – weil das Rad auch der Geschichte der Kirche nicht zurückgedreht werden kann – sie entwickelt sich immer weiter. Um die Kraft des Ursprungs beizubehalten und wieder zu heben, wird für solche Reformen die biblisch verbürgte Tradition der Kirche als Maßstab herangezogen. Die Kirche wird so gleichsam an das Evangelium »heranreformiert«, ein Anliegen, das alle Reformatoren zu allen Zeiten bewegt hat und auch zeitgenössische Menschen, welche die Kirche reformieren wollen, spirituell motiviert.

Aber um Gott zu gehorchen, der seine Kirche auch durch die »Zeichen der Zeit« belehrt, muss sich jede kirchliche Reformbemühung unentwegt auch mit der gegenwärtigen Kultur auseinandersetzen. Sie muss alles prüfen, die Geister unterscheiden und von den guten Anteilen lernen. Sich der Welt gleichförmig zu machen (vgl. Röm 12,2), kann dabei kein Ziel für Kirchenreformen sein.

Eines der Ziele ständiger Kirchenreform besteht darin, für ihren Auftrag eine zukunftsfähige Sozialgestalt zu entfalten. Dabei richtet sich zwar der Blick nach vorne in die Zukunft, aber auch die Erfahrungen der Vergangenheit gehen in die Reformanstrengungen ein. Vergangenheit, Gegenwart und Zukunft wirken auf diese Weise ineinander.

Für das Gelingen von kirchlichen Reformen folgt daraus: Wer nur in die Vergangenheit schaut und lediglich die Tradition respektiert, kann nur allzu leicht einem defensiven Traditionalismus verfallen. Wer wiederum nur im Heute lebt, die ererbten Erfahrungen der Vergangenheit missachtet und allein auf die moderne Welt blickt, kann in einem offensiven Modernismus aufgehen. Und wer nur nach vorne schaut, hat vielleicht die richtigen Ideen, bleibt aber einsamer Rufer und steht in der Gefahr, sich in Illusionen zu verstricken. Solche Ungeduld kann zum frühzeitigen Scheitern seiner möglicherweise durchaus richtigen Visionen beitragen.

Das hat auch Auswirkungen auf die Bewertung der Lage der Kirche und ihrer Entwicklung. Wer zu sehr nur die Tradition sieht, befürchtet leicht, dass sich die Kirche verweltlicht. Wer nur auf die Gegenwart oder Zukunft schaut, hat eher die Sorge, die Kirche könnte in ihrem Hängen an alten Formen weltfremd werden. Die einen möchten dann die Kirche vor der neuen Zeit verschließen. Die anderen wiederum rufen nach Öffnung der Kirche für die Welt von heute bzw. morgen. Der Bibel sind solche Optionen nicht fremd. Sie stehen in einer beträchtlichen Spannung zueinander. So beispielsweise die beiden Texte aus dem Buch Nehemia und dem Buch Sacharja:

>Jetzt aber sagte ich zu ihnen: Ihr seht selbst, in welchem Elend wir leben: Jerusalem liegt in Trümmern und seine Tore sind abgebrannt. Gehen wir daran und bauen wir die Mauern Jerusalems wieder auf! So machen wir unserer Schande ein Ende.< (Neh 2,17)

>Da trat der Engel, der mit mir redete, vor und ein anderer Engel kam ihm entgegen und sagte zu ihm: Lauf und sag dem jungen Mann dort: Jerusalem wird eine offene Stadt sein wegen der vielen Menschen und Tiere, die darin wohnen. Ich selbst – Spruch des Herrn – werde für die Stadt ringsum eine Mauer von Feuer sein und in ihrem Innern ihr Ruhm und ihre Ehre.< (Sach 2,7–9)

Jedes Kirchenmitglied trägt eine lebensgeschichtlich gewachsene Neigung in eine dieser Richtungen in sich. Und das weniger, wie die Forschung[243] zeigt, aus Glaubensgründen. Vielmehr spielen Merkmale der Persönlichkeit wie Sicherheitsbedürfnis oder auch geistige Rastlosigkeit eine wirkmächtige Rolle. Kämpfe um Reformen sind darum nicht allein theologisch begründet, sondern wurzeln auch in Ängsten und Hoffnungen der beteiligten Personen.

Für die Kirchenreform ist es aber keinesfalls schädlich, wenn sie in ihrer Gemeinschaft Personen aller Richtungen hat: der nur Vergangenheitsorientierten, der nur Zukunftsgerichteten und jener, welche zwischen den beiden Polen vermitteln möchten.[244] Das kann ermöglichen, dass keines der Elemente, die für eine Kirchenreform unverzichtbar sind, verloren geht, dass sie im Idealfall sogar schöpferisch zusammenströmen. Dann gibt es in dem einen Reformprozess Anwälte der Tradition (»Defender«), Wächter für die Situation[245] und um die Zukunft Besorgte. Die Zukunft entfaltet sich im Heute am besten an der Schnittstelle zwischen Tradition und Situation.

Entscheidend ist, dass sich keine unversöhnlichen Lager bilden, die einander unproduktiv verketzern. Für die Qualität der kirchlichen Entwicklung ist ein schöpferisches Zusammenspiel der unterschiedlichen Kräfte ein Gewinn.

Aufbruch und Niedergang

Die Kirche erlebte im Lauf ihrer zweitausendjährigen Geschichte Zeiten des Aufbruchs und des Niedergangs. Dank der raschen Ausbreitung im religiös bunten Römischen Reich wuchs die Kirche der Zahl nach rasch, verlor aber zugleich an Tiefe und Stärke. Das Zweite Vatikanische Konzil brachte eine Zeit stürmischen Aufbruchs. Manche sehen vierzig Jahre danach eine Phase der Konsolidierung, andere Rückschritt und Niedergang. Oftmals finden Aufbruch und Abbruch zur gleichen Zeit statt. Die katholische Weltkirche wächst in den meisten Kontinenten. Aber in Europa schrumpft sie derzeit temporeich. Hat die Kirche kulturellen Rückenwind, dann ist den Verantwortlichen »der Mund voll Lachen und die Zunge voll Jubel. Da sagt man unter den andern Völkern: ›Der Herr hat an ihnen Großes getan.‹ – Ja, Großes hat der Herr an uns getan. Da waren wir fröhlich.« (nach Psalm 126,2 f.)

Spüren die Verantwortlichen aber wie heute in Europa Gegenwind, werden die »Harfen an die Weiden in jenem Land« gehängt (Ps 137,2). Es herrscht dann wie an den »Strömen von Babel« Trauer und Weinen, wenn an die gute alte, aber vergangene Zeit »in Zion« gedacht wird. Niedergangsstimmung macht depressiv. Was dann hilft, ist Trauerarbeit. Es kann sein, dass eine über Jahrhunderte hinweg liebgewonnene Kirchengestalt zu Ende geht, ein Orden nach einhundert oder zweihundert Jahren[246] »stirbt«. Es gibt Weltregionen, in denen es einst eine blühende Kirche gab – in Nordafrika, in Kleinasien –, und heute Christen eine verschwindende Minderheit sind. Ist das auch das Schicksal der Kirche in Europa? Oder erlebt die Kirche in Europa nach dem Ende der Konstantinischen Zeit einen tiefgreifenden Umbau? Mussten nicht auch die Kirchengebiete Ost(Mittel)Europas nach dem Ende der kommunistischen Herrschaft einen nicht einfachen Lernprozess durchmachen, in dem sie vieles, was ihnen aufgezwungen und dann von ihnen auch hingenommen wurde (wie z. B. das Eingezwängt-Werden in die Sakristei um Altar und Priester), »entlernen« und eine neue Position in freiheitlichen Kulturen einnehmen mussten?[247]

Wandel und Entwicklung der Kirche, ihrer Arbeitsweise und ihrer Sozialform, ist daher stets von freudigen oder traurigen Gefühlen begleitet. Was bleibt, ist das sichere Wissen, dass Gott selbst seine Kirche in die jeweilige Zeit hineinstellt, dass er sie in Kontexte »wegführt«, die sie nicht selbst gewählt und sich nicht ausgesucht hat (Jer 29,7). Der Kirche, ihren Mitgliedern wie ihrer Leitung, wird dann großes Vertrauen zugemutet, dass auch in dunklen Zeiten die Kirche Gottes Volk ist und Christus ihr Haupt.

Kirche in ständiger Entwicklung

Zwei biblische Texte mögen ein solches Vertrauen stärken. Im ersten wird von Abraham berichtet, der gläubig, also im Vertrauen auf den Ruf Gottes seine gewohnten Verhältnisse verlässt, in ein neues Land wegzieht und hofft, dass die Verheißung auf unzählbar viele Nachkommen in Erfüllung gehen wird. Aber seine Frau Sara ist unfruchtbar. Die Verheißung scheint sich offenkundig nicht zu erfüllen. Der Glaube der beiden Altgewordenen wird enttäuscht.

Und Sara lachte

Eines Tages, so wird im Buch Genesis zweimal berichtet, erhält nun Abraham Besuch von »drei Männern«, in denen nach alter Auslegung Gott selbst zu ihm kommt. Abraham nimmt die Gäste auf, bewirtet sie großzügig. Dann entspinnt sich ein Gespräch, das Abraham und Sara betrifft, von dem aber auch viel für scheinbar »unfruchtbare« Kirchengebiete gelernt werden kann.

»Sie fragten ihn: Wo ist deine Frau Sara? Dort im Zelt, sagte er.

Da sprach der Herr: In einem Jahr komme ich wieder zu dir, dann wird deine Frau Sara einen Sohn haben. Sara hörte am Zelteingang hinter seinem Rücken zu.

Abraham und Sara waren schon alt; sie waren in die Jahre gekommen. Sara erging es längst nicht mehr, wie es Frauen zu ergehen pflegt.

Sara lachte daher still in sich hinein und dachte: Ich bin doch schon alt und verbraucht und soll noch das Glück der Liebe erfahren? Auch ist mein Herr doch schon ein alter Mann!

Da sprach der Herr zu Abraham: Warum lacht Sara und sagt: Soll ich wirklich noch Kinder bekommen, obwohl ich so alt bin?

Ist beim Herrn etwas unmöglich? Nächstes Jahr um diese Zeit werde ich wieder zu dir kommen; dann wird Sara einen Sohn haben.

Sara leugnete: Ich habe nicht gelacht. Sie hatte nämlich Angst. Er aber sagte: Doch, du hast gelacht.«

(Gen 18,9–15)

Den Hoffnungslosen wird eine Hoffnung gegeben. Das Unwahrscheinliche und Menschenunmögliche wird verheißen. Zukunftslose erhalten Zukunft. Und das im Modus göttlicher Verheißung. Heutige Trendforscher mögen darüber lachen, wenn jemand prognostizierte, dass die Kirchen in Europa von jungen Leuten überfließen würden – wie eben einst Sara lachte, die darum wusste, wie es um ihren alten Mann und um sie selbst bestellt ist. Aber ums Jahr sollte neue Lebendigkeit (ein Kind des ungläubigen Lachens) geboren sein. Weil bei Gott kein Ding unmöglich ist.

Die Kirche im reichen Nordgürtel der Erde ist »alt« und »unfruchtbar« geworden, eine Deutung, die durch vielfältige Erhebungen zur Lage des christlichen Glaubens vorab in Westeuropa bestätigt wird. Extrapoliert man die derzeitige Entwicklung, dann steht es düster um die Zukunft des Christentums in Europa. Die Frage wird gestellt, ob das Christentum in Europa gar stirbt.[248]

Dennoch: Es hat im Lauf der Geschichte schon wiederholt dunkle Zeiten für das Christentum und die Kirche gegeben. Es folgten neue Aufbrüche. Niemand von uns kann sagen, ob und wann solches geschehen wird. »Ums Jahr komme ich wieder … «, so der biblische Hoffnungstext. Es ist die Aufgabe der Pastoraltheologie, wie die Wächter in der Nacht zu fragen, wie weit sie fortgeschritten ist.[249]

Wunder
glauben sie
fragte sie zögernd
es wäre ein wunder
wenn morgen
wieder leben käme
in unsere kirche?
und wollten sie
wirklich
uns lehren
zu glauben
an dieses wunder?
»Über Jahr komme ich wieder zu dir,
dann wird deine Frau Sara
einen Sohn haben.«
(Paul M. Zulehner zu Gen 18,19)

Seht her, nun mache ich etwas Neues

In ähnlicher Weise macht ein Text aus dem Buch Jesaja Hoffnung. Die Menschen sollen nicht mehr an das denken, was früher war: Denn Gott selbst ist dabei, etwas Neues zu schaffen. An den Menschen liegt es, aufmerksam das Neue wahrzunehmen, das Gott in der Geschichte seiner Kirche, sie ständig reformierend, schafft:

»So spricht der Herr, der einen Weg durchs Meer bahnt, /
einen Pfad durch das gewaltige Wasser,
der Wagen und Rosse ausziehen lässt, /
zusammen mit einem mächtigen Heer; doch sie liegen am Boden
und stehen nicht mehr auf, /
sie sind erloschen und verglüht wie ein Docht.
Denkt nicht mehr an das, was früher war; /
auf das, was vergangen ist, sollt ihr nicht achten.
Seht her, nun mache ich etwas Neues. /
Schon kommt es zum Vorschein, merkt ihr es nicht?
Ja, ich lege einen Weg an durch die Steppe /
und Straßen durch die Wüste.
Die wilden Tiere werden mich preisen, /
die Schakale und Strauße, denn ich lasse in der Steppe Wasser
fließen /

und Ströme in der Wüste, /
um mein Volk, mein erwähltes, zu tränken.
Das Volk, das ich mir erschaffen habe, /
wird meinen Ruhm verkünden.«
(Jes 43,16–21)

Ausblick

Die Beispiele, die in diesen Darstellungen vorgestellt wurden, die Bilder,
die sie illustrierten, die Modelle, die beschrieben wurden, stammen fast
durchwegs aus dem abendländischen Raum. Es wäre problematisch, sie
nun einfach in andere Kulturkreise hinein zu übernehmen, in der Hoffnung, dass das, was sich in Europa bewährt hat, auch anderswo richtig
sein muss. Wer die Ausführungen über die Ekklesiogenese so verstehen
und rezipieren wollte, hätte das Buch gründlich missverstanden. Es sollen keine fertigen Rezepte verabreicht werden. Vielmehr soll in all den
Beispielen gezeigt werden, wie konkrete Herausforderung, kulturelle
Vorgabe und überkommene Botschaft immer wieder in neue Synthesen
eingegangen sind und so Kirche mehr oder weniger ursprungsgetreu
und situationsgerecht gestaltet haben. All das kann und will nicht mehr
sein als Anregung, es heute unter anderen Bedingungen und Voraussetzungen aber mit dem gleichen Mut neu und anders anzupacken. Denn
die Herausforderungen und die Bedingungen, die sich etwa im Kontext
China für die Ekklesiogenese stellen, sind fundamental anders und auch
jene in Osteuropa unterscheiden sich erheblich von den Erfahrungen,
von denen in diesem Buch berichtet wird. Die jeweiligen Synthesen müssen gefunden werden, sie können nicht von außen vorgegeben, sondern
müssen in der konkreten Situation von Menschen, die in ihnen leben,
entfaltet werden. Dies ist ihnen aufgegeben und niemand kann das für
sie leisten.
Der Blick auf schon gewonnene Erfahrungen zeigt, dass nicht jede Synthese gleich gut war und von vorneherein geglückt ist. Mancher Versuch
war einseitig, hat Realitäten übersehen, die nicht ausgeblendet werden
dürfen. Aber auch Versuche, die der Kritik verfallen sind und die im Dialog oder auch durch das kirchliche Lehramt zurückgewiesen wurden,
hatten ihr Recht und ihre Bedeutung. Sie waren nicht einfach nur »häre-

tisch«, irrgläubig, sondern erwiesen sich als Bausteine oder Wegmarken in der Bemühung, Kirche recht zu gestalten. Selbst in der frühen Kirche hat es rund 400 Jahre gedauert, bis das rechte Bekenntnis zu Christus als dem wesensgleichen Sohn und zum trinitarischen Gott formuliert werden und im Credo der rechte Glaube ausgesagt werden konnte. Viele Versuche auf dem Weg dorthin erwiesen sich als unzulänglich, aber sie waren notwendig, um das Ziel zu erreichen, den Glauben recht zu formulieren und Kirche so zu gestalten, dass sie der Botschaft vom Reich Gottes dient.

Wenn heute Christen in vielen Regionen der Kirche vor der Herausforderung stehen, die christliche Botschaft im Kontext ihrer Kulturen neu auszusagen, kann niemand erwarten, dass ihnen von vornherein die abschließende und über jede Kritik erhabene Antwort zur Verfügung steht, von der her Rechtgläubigkeit und Unversehrtheit der Botschaft sowie der christlichen Kirche beurteilt werden könnten. Das wird heute in den jungen Kirchen nicht anders sein, als es in der alten Kirche war. Aber gerade diese Bescheidung soll nicht abschrecken, sondern Mut machen. Wir haben das Recht, auch vorläufige Formen zu entwickeln und Formulierungen zu suchen, die noch nicht das letzte und abschließende Wort sein werden. Gerade in dieser Bereitschaft, einen Baustein zur jeweiligen Ekklesiogenese beizutragen, sich der Diskussion und der Kritik zu stellen, vorläufig zu sein und nicht das letzte Wort haben zu wollen, sind sie unverzichtbar. Und andere Versuche, auch jene, die mit lehramtlichen Gewicht auftreten, sollten sich bewusst sein, dass auch sie historisch bedingt und damit oft ebenfalls vorläufig sind. Denn auch die uns überkommenen und bewährten Formulierungen und Strukturen der Kirche sind einem kulturellen Kontext verhaftet und müssen diese Relativität gerade dann bedenken, wenn sie den Anspruch auf Verbindlichkeit erheben. Das ist in den mehr pastoral und in den mehr systematisch ausgerichteten Teilen des Buches jedenfalls deutlich geworden: Die Kirche kann und sie darf mehr, als sie in der Gegenwart realisiert, vieles könnte auch anders sein, als es ist, und manches könnte sich verändern. Die Geschichte bietet breites Anschauungsmaterial für vielfältige Formen kirchlicher Existenz und sie befreit von einer Fixierung auf das, was oft aus sehr zufälligen und zeitbedingten Gründen so geworden ist, wie es sich heute zeigt. Der Blick auf die Geschichte macht frei.

Eine Anregung zu solcher Selbstbescheidung und solchem Mut gibt das Konzil in seiner Pastoralkonstitution Gaudium et spes über die Kirche in der Welt von heute. Es wurde bereits dargestellt, was es bedeutet, dass das Konzil, trotz mancher Widerstände besonders der deutschen Theologen, den Text als »Konstitution« bezeichnet und ihm damit die höchste Verbindlichkeit zugesprochen hat, die die Kirche ihren Verlautbarungen verleihen kann. In diesem Dokument definiert sich Kirche und sie stellt sich dabei in ihrer Relation zur Welt von heute dar. Das war neu und bislang unerhört. Kirche hatte sich vor allem in der Neuzeit als societas perfecta verstanden, als Gemeinschaft, die alles hat, was eine societas braucht, die unabhängig ist von staatlicher Autorität und Einflussnahme, von gesellschaftlichen, kulturellen Bedingungen und konkreten historischen Herausforderungen. Kirche stellte sich dar als über die Kulturen, die Zeit, die gesellschaftlichen Veränderungen erhaben, allein in sich stehend und sich selbst genügend.

Im Gegensatz zu dieser überkommenen Lehrauffassung definiert sich die Kirche in der Pastoralkonstitution des Konzils als relationale Wirklichkeit, als auf die Welt verwiesen und im Dienst an der Welt und ihren Hoffnungen und Ängsten stehend. Kirche ist Sakrament, das die Einheit mit Gott und die Einheit der Menschheit bezeichnen soll und dazu beitragen muss, diese zu verwirklichen. Kirche steht im Dienst des Reiches Gottes, das Christus verkündet hat und das in seinem Wort und seinem Werk in dieser Welt schon angebrochen ist. Ein Dienst bestimmt sich immer von dem her, dem er gilt. Und so definiert sich Kirche im Konzil von der Welt und der Menschheit her, nicht unabhängig von ihr und ihren Veränderungen enthoben.

Die Welt, das ist im Konzil eine vielgestaltige Realität. Sicher war im Konzil selbst die Kirche Europas und Nordamerikas noch führend, zahlenmäßig ebenso wie durch ihre Theologen und ihre Bischöfe. Aber es zeichnete sich schon deutlich ab, dass sich dies bald ändern würde. Und es hat sich geändert! Das sogenannte christliche Abendland ist nicht mehr der Schwerpunkt oder Mittelpunkt der Kirche. Schon die Zahlenverhältnisse haben sich massiv verschoben, neue Zentren der Kirche entstanden in Lateinamerika, in Afrika, in Ost- und Südostasien. Wer heute vatikanische Büros besucht, kann sich des Eindrucks nicht erwehren, dass man in Rom die Hoffnung auf die Zukunft der Kirche nicht mehr in Europa sieht, sondern in den jungen Kirchen. Vor allem auf sie richten sich die Erwartungen. Heute müsste die Pastoralkonstitution nicht mehr von der Welt von heute, sondern von den heutigen Welten sprechen, die in ihrer Vielfalt und Unterschiedlichkeit die Herausforderungen darstellen, für die die Kirche ihre Antwort zu formulieren und zu deren Gelingen sie ihren Dienst anzubieten hat.

Die Pastoralkonstitution wendet sich an die Welt von heute: also nicht an eine ideale, theoretisch konstruierte Welt, sondern an die Welt, so wie sie ist, eben, wie der Text sagt, an die Welt in ihrer Freude und Hoffnung, aber auch in ihrer Angst und Not. Man hat, wie schon betont, dem Text manchmal vorgeworfen, er sei allzu sehr zeitbedingt, dem europäischen und nordamerikanischen Denken der 6oer Jahre des vorigen Jahrhunderts verpflichtet, eine Momentaufnahme. Aber vielleicht ist genau das seine Stärke. Er spricht nicht eine überzeitliche Weltordnung an, sondern die ganz konkrete Welt, wie sie sich zur Zeit des Konzils den Konzilsvätern zeigte. In diesem Dokument hat das Konzil versucht, Antworten zu geben auf ganz konkrete, von der damaligen Zeit und den gegebenen Orten her bedingte Fragen und Nöte. Das will nicht überzeitlich und ewig gelten und kann es auch nicht. Dennoch versteht sich dieser Text als Konstitution.

Das kann nur bedeuten, dass wir heute mit dem Mut und der Freiheit, die das Konzil für sich in Anspruch genommen hat, Ekklesiogenese wagen müssen und wagen dürfen. Die Fragen, die uns heute bedrängen, die Herausforderungen, vor denen die Christen in den verschiedenen Regionen unserer Erde heute stehen, bilden den Ausgangspunkt, von dem her Kirche in ihrem Dienst Gestalt gewinnen muss. Auch wenn wir noch nicht die endgültige Antwort haben, auch wenn wir absehen können, dass das, was wir tun, vorläufig bleibt, können und dürfen wir das tun, was wir vermögen und es so gut machen, wie es uns möglich ist. Auch unser Tun steht unter der Verheißung der Vergebung und der göttlichen Barmherzigkeit. Die Botschaft von der Rechtfertigung durch Christus besagt, dass wir auch Fehler machen dürfen. Aber gerade deshalb können wir handeln und werden nicht blockiert durch Unabwägbarkeiten, ungelöste Fragen und nicht absehbare Konsequenzen.

Eines aber ist verlangt, nämlich dass wir im Dialog bleiben mit all denen, die sich ebenso bemühen, neue Wege der Ekklesiogenese zu beschreiten. Wir dürfen darauf hoffen, dass sich in diesem Dialog Einseitigkeiten abschleifen, Mängel ausgleichen, Verhärtungen überwinden lassen. Der Weg wird nicht einfach geradlinig sein, das war er auch in früheren Zeiten der Kirche nicht. Aber er wird gerade dadurch, dass jede und jeder Einzelne eingebunden ist in seine Kirche und dass die Kirchen eingebunden sind in das Netz, das die Ortskirchen bilden und so, jeweils am Ort, die universale Kirche realisieren, auch über Fehler und Einseitigkeiten hinweg das Ziel nicht verfehlen. Das ist die Verheißung, die Christus seiner Kirche gegeben hat, dass er in seinem Geist in ihr bleibt und sie leitet.

Anmerkungen

1 | Die Abbildung stammt aus den Katakomben der Heiligen Petrus und Marzellus. »Seit Klemens von Alexandrien wurde Orpheus als Präfiguration Christi gedeutet und entsprechende Interpretationen finden sich auch bei Eusebius von Caesarea, Kyrill von Alexandria und Augustinus, der ihn einen »poeta theologus« nannte. Sein Abstieg in die Unterwelt wurde mit dem Abstieg Christi in die Totenwelt verglichen; während Orpheus seine Geliebte schließlich zurücklassen musste, zerbrach Christus die Höllenpforte und führte die Gefangenen der Tiefe in den Himmel. Orpheus bezauberte die wilden Tiere – Christus die Sünder. Im 5. Jahrhundert wurde Orpheus denn auch schon als Prophet Christi beschrieben. – So erscheinen auch klassische Orpheus-Motive in der frühchristlichen Kunst, die als Christus-Darstellungen zu sehen sind. Oft sind diese mit dem Motiv des Guten Hirten verbunden und zeigen einen Leierspieler mit Schafen an seiner Seite. – Das christliche Orpheus-Motiv hält sich bis ins späte Mittelalter durch. Mit der Renaissance und der erneuten Beschäftigung mit antiken Motiven sind die Orpheus-Darstellungen etwa ab dem 16. Jahrhundert überwiegend nicht mehr christlich gedacht. (Pressouyre, Leon: Orpheus, in: Lexikon der christlichen Ikonographie, Bd. 2, Freiburg 1971, 356–358.) Zitiert aus: http://de.wikipedia.org/wiki/Orpheus.

2 | »Tod und Leben fochten einen unbändigen Zweikampf. Der Anführer des Lebens, gestorben, herrscht jetzt lebend.«

3 | Johannes vom Kreuz: Die lebendige Liebesflamme. Vollständige Neuübersetzung (Gesammelte Werke 5), hg., übers. und eingel. v. Ulrich Dobhan, Elisabeth Hense und Elisabeth Peeters, Freiburg 2000.

4 | Zerfass, Rolf: Ein Lied vom Leben. Orpheus und das Evangelium, in: Slembek, Edith (Hg.): Miteinander sprechen und handeln (Festschrift für Hellmut Geißner), Frankfurt 1986, 343–350.

5 | Lumen gentium 1.

6 | Gott und den Menschen nahe. Passauer Pastoralplan 2000, hg. v. Seelsorgeamt Passau, Passau 2000, 16. – Zulehner, Paul M.: Aufbrechen oder untergehen. So geht Kirchenentwicklung. Das Beispiel des Passauer Pastoralplans, Ostfildern 2003.

7 | Bresch, Carsten: Evolution. Was bleibt von Gott, Stuttgart 2010.

8 | Ähnlich geht auch der Buddhismus von einer letzten Einheit von allem im Nirwana aus. Anders als im Christentum erweist sich dabei die Individualität des Einzelnen als Illusion.

9 | Bresch, Carsten: Zwischenstufe Leben. Evolution ohne Ziel?, Frankfurt am Main 1983.

10 | Lübbe, Hermann: Die Zivilisationsökumene. Globalisierung kulturell, technisch und politisch, München 2005. – Kaufmann, Franz X.: Globalisierung und Christentum, in: Das II. Vatikanum: christlicher Glaube im Horizont globaler Modernisierung. Einleitungsfragen, hg. v. Peter Hünermann und Bernd J. Hilberath, Freiburg – Basel – Wien 2009. – Ders.: Kirchenkrise. Wie überlebt das Christentum?, Freiburg – Basel – Wien 2011.

11 | In wissenschaftlichen Kreisen wird heute die Theorie von Mulitversen diskutiert, voneinander also unabhängigen »Universen«. Dann wäre unser Universum und darin unsere Erde lediglich eines unter unzählbar vielen, die aber miteinander nichts zu tun haben. Unser Universum zeichne freilich aus, dass (allein) in diesem die Evolution um sich selbst weiß, weil der Mensch mit Bewusstsein ausgestattet ist. Hawking, Stephen W.: Der große Entwurf. Eine neue Erklärung des Universums, Reinbek bei Hamburg 2010.

12 | Rosecrance, Richard: Das globale Dorf. New Economy und das Ende des Nationalstaats, Darmstadt 2001.

13 | Ertl, Armin W.: Das globale Dorf. Ein Überblick über die moderne Kommunikationstechnik, München 1996. – Mosdorf, Siegmar: Das globale Dorf 2000.

14 | Hartnuß, Birger: Ganzheitliche Bildung in Zeiten der Globalisierung. Bürgergesellschaftliche Perspektiven für die Bildungspolitik 2010. – Roberts, Boyd: Educating for global citizenship. A practical guide for schools, Cardiff 2009. – Schlüter, Andreas: Bildung? Bildung! 26 Thesen zur Bildung als Herausforderung im 21. Jahrhundert, Berlin 2009.

15 | Opitz, Peter J.: Der globale Marsch. Flucht und Migration als Weltproblem, München 1997. –

Datta, Asit/Alexander, Neville: Zukunft der transkulturellen Bildung – Zukunft der Migration, Frankfurt a. M. 2010. – Keeley, Brian: Internationale Migration. Die menschliche Seite der Globalisierung, Bonn 2010.

16 | Auch die katholische Kirche lernte erst in der kommunistischen Verfolgung die Religionsfreiheit schätzen. Noch 1864 hatte Pius IX. im Syllabus Religionsfreiheit verworfen. Da waren die Christen in den meisten Ländern mit der politischen Macht eng verbündet.

17 | Zulehner, Paul M.: Verbuntung. Kirchen im weltanschaulichen Pluralismus. Religion im Leben der Menschen 1970–2010, Ostfildern 2011.

18 | Zulehner, Paul M.: Religionen und Kirchen in Ost(Mittel)Europa. Entwicklungen nach der Wende, Ostfildern 2008.

19 | Die französische Religionssoziologin Danièle Hervieu-Léger bezeichnet das Pilgern als die moderne Form von Religion: Hervieu-Léger, Danièle: Le pèlerin et le converti. La religion en mouvement, Paris 2001. – Dazu auch Zulehner, Paul M.: GottesSehnsucht. Spirituelle Suche in säkularer Kultur, Ostfildern 2010.

20 | Max Weber bezeichnete Säkularisierung als »Entzauberung der Welt«. Weber, Max: Gesammelte Aufsätze zur Religionssoziologie, 1920.

21 | Martin, Ariane: Sehnsucht – der Anfang von allem. Dimensionen zeitgenössischer Spiritualität, Aachen 2011.

22 | Teresa de Jesús/Vogelgsang, Fritz: Die innere Burg, Zürich 1989.

23 | Johannes vom Kreuz: Die lebendige Liebesflamme. Vollständige Neuübersetzung (Gesammelte Werke 5), hg., übers. und eingel. v. Ulrich Dobhan, Elisabeth Hense und Elisabeth Peeters, Freiburg 2000. – Swietlicki, Catherine: Spanish Christian Cabala. The works of Luis de León, Santa Teresa de Jesús, and San Juan de la Cruz, Columbia Missouri 1986.

24 | Zuazua, Damasus: Teresa von Avila und Johannes vom Kreuz. Jüdische und islamische Inspirationen 2011. – Ibn-al-'Arabⁱ, Muòhyi-'d-Dⁱin Muòhammad Ibn-'Alⁱi: Sufis of Andalusia, London 1971.

25 | Enomiya-Lassalle, Hugo M.: Zen und christliche Mystik, Freiburg i. Br. 1986.

26 | Rahner, Karl: Über die bleibende Bedeutung des Zweiten Vatikanischen Konzils, in: Ders.: Schriften zur Theologie, Bd. 14, Zürich 1980, 303–318.

27 | Johannes Paul II.: Ecclesia de eucharistia, Rom 2003.

28 | Hildegardis/Heieck, Mechthild: Das Buch vom Wirken Gottes. Liber divinorum operum, Augsburg 1998.

29 | Die Fachwelt ist nicht ganz sicher, ob ihn Paulus selbst geschrieben hat oder ob der Verfasser – wie damals keinesfalls unethisch, sondern üblich – sich mit der Autorität des Apostels Gewicht gegeben hat.

30 | Hoppe, Rudolf: Epheserbrief, Kolosserbrief, Stuttgart 1987. – Zottl, Anton: Das Denkmodell der Gott-Welt Totalität im Christus-Hymnus des Kolosserbriefes. Ein Beitrag zu einer kosmischen Christologie 1971.

31 | Steinmair-Pösel, Petra: Hineinreifen in den kosmischen Christus (Arbeitstitel), Manuskript, Wien 2009.

32 | Diese Formel »auf ihn hin« taucht auch an anderen Stellen der neutestamentlichen Schriften auf: »Denn aus ihm und durch ihn und auf ihn hin ist die ganze Schöpfung. Ihm sei Ehre in Ewigkeit! Amen.« (Röm 11,36) »Und selbst wenn es im Himmel oder auf der Erde sogenannte Götter gibt – und solche Götter und Herren gibt es viele –, so haben doch wir nur einen Gott, den Vater. Von ihm stammt alles und wir leben auf ihn hin. Und einer ist der Herr: Jesus Christus. Durch ihn ist alles, und wir sind durch ihn.« (1 Kor 8,5)

33 | Vgl. Cyprian, Epist. 64, 4: PL 3, 1017; CSEL (Hartel), III B, 720. Hilarius v. Poitiers, In Mt. 23, 6: PL 9, 1047. Augustinus, passim. Cyrill v. Alex., Glaph. in Gen. 2, 10: PG 69, 110 A.

34 | Vgl. Gregor d. Gr., Hom. in Evang. 19, 1: PL 76, 1154 B. Augustinus, Serm. 341, 9, 11: PL 39, 1499 f. Johannes v. Damaskus, Adv. Iconocl. 11: PG 96, 1357.

35 | Dieses Bildwort wird in der heutigen Theologie (sowie in christlich inspirierten spirituellen Schulen) immer mehr verwendet und auch in der Theologiegeschichte entdeckt, so beim Kirchenlehrer Origenes oder dem mittelalterlichen Lehrer Nikolaus von Cues. In jüngerer Zeit haben sich damit befasst: der Theologe Fox, Matthew: Vision vom kosmischen Christus. Aufbruch ins dritte Jahrtausend, Stuttgart 1991 und nicht zuletzt populär ein breitenwirksam der amerikanische Franziskanertheologe Richard Rohr (vgl. dazu seine Vortragsserie aus dem Jahr 2008 in New Mexiko »The cosmic Christ«: http://archive.cacradicalgrace.org/conferences/cosmic-christ/). Auch im interreligiösen Dialog spielt das Bild eine bedeutende Rolle.

36 | So die Epistola pastoralis des Bischofs und späteren Kardinals Josephus Dominicus Lamberg von Passau aus dem Jahre 1726. Nach: Zulehner, Paul M.: Fundamentalpastoral, Düsseldorf 1989.

37 | Bargellini, Piero: Die Werke der Barmherzigkeit, Solothurn/Schweiz 1960. – Goes, Albrecht/ Sandfuchs, Wilhelm: Die leiblichen Werke der Barmherzigkeit, Stuttgart 1958. – Grün, Anselm: Damit die Welt verwandelt wird. Die sieben Werke der Barmherzigkeit, Gütersloh 2008. – Hermens, Oskar: Die Werke der Barmherzigkeit, Barmen 1894. – Hopfer, Nicole: Die leiblichen Werke der Barmherzigkeit in der mittelalterlichen deutschen Literatur und bildenden Kunst 2001. – Kraus, Franz Xaver: Die Werke der leiblichen und geistlichen Barmherzigkeit. Predigt auf das Fest des hl. Martinus geh. in der St. Martinuskirche zu Freiburg i. B[rsg.] am 13.11.1887, Freiburg i. Br. 1887. – Kunze, Konrad: Die Werke der Barmherzigkeit 2006. – Mybes, Fritz: Die Werke der Barmherzigkeit, Göttingen 1998. – Overath, Joseph: Die sieben geistlichen Werke der Barmherzigkeit. Theol.-prakt. Besinnungen, Abensberg 1985. – Riehl, Wilhelm Heinrich: Die Werke der Barmherzigkeit, Berlin 1922. – Roscius, Julius: Die Leibliche vnnd Geistliche Werck der Barmhertzigkeit. Mit vil schönen vnd wolgegründten Exempel vn[n] Gleichnussen, Dilingen 1589. – Roscius, Julius/Cartaro, Mario: Icones operum misericordiae, Rom 1586. – Schulz, Ilse: Christliche und islamische Werke der Barmherzigkeit. Hospitalstiftungen in der Türkei und Deutschland im 13. Jahrhundert [anlässlich der Ausstellung »mehr als nur Gäste«], Ulm 2006. – Schwind, Moritz von: Die sieben Werke der Barmherzigkeit der Heiligen Elisabeth. Wandgemälde auf der Wartburg, Leipzig ca 1917. – van Bühren, Ralf: Die Werke der Barmherzigkeit in der Kunst des 12.–18. Jahrhunderts, Hildesheim 1998. – Wanke, Joachim: Die 7 Werke der Barmherzigkeit. Gedanken, Meditationen, Visionen, Leipzig 2007. – Volker, Ludwig: Die leiblichen Werke der Barmherzigkeit, Freiburg i. Br. 1946. – Ziegenaus, Anton: Die geistigen Werke der Barmherzigkeit, St. Ottilien 2009.

38 | Urs von Balthasar, Hans: Spiritus Creator, Einsiedeln 1967, 159.

39 | Bednarz, Julian: Chrétiens anonymes et évangélisation. Étude du »christianisme anonyme« de Rahner en vue de construire une théologie de la mission, Katowice 1986. – Conway, Eamonn: The anonymous Christian, a relativised Christianity? An evaluation of Hans Urs von Balthasar's criticisms of Karl Rahner's theory of the anonymous Christian, Frankfurt am Main u. a. 1993. – Fredericks, James L.: Faith among faiths. Christian theology and non-Christian religions, New York 1999. – Hübner, Siegfried: Die nichtchristliche Menschheit im Licht christlichen Glaubens, in: Zeitschrift für katholische Theologie 126 (2004) 47–64. – Maloney, G. D.: Le chrétien anonyme dans la théologie de Karl Rahner, Straßburg 1969. – Neuhaus, Gerd: Atheismus oder anonymes Christentum? Ein Versuch transzendentaler Hermeneutik des Gottesglaubens in Auseinandersetzung mit Feuerbach, Marx, Horkheimer und Benjamin, Annweiler 1985. – Pasquini, John J.: Atheism and salvation. Atheism from the perspective of anonymous Christianity in the thought of the revolutionary mystic and theologian Karl Rahner, Lanham 2000. – Röper, Anita: Die anonymen Christen, Mainz 1963. – Shim, Johannes Sang-Tai: Glaube und Heil. Eine Untersuchung zur Theorie von den »anonymen Christen« Karl Rahners, Tübingen 1975. – Tiessen, Terrance L.: Irenaeus on the salvation of the unevangelized, Metuchen NJ, London 1993. – Weingartner, Wolfgang: Der anonyme Christ nach Karl Rahner 1991.

40 | Balthasar, Hans Urs von: Cordula oder der Ernstfall, Einsiedeln ³1988.

41 | Balthasar, Hans Urs von: Spiritus Creator, Einsiedeln 1967, 159.

42 | Laudes am Donnerstag der ersten Woche im Advent.

43 | Mimesis meint Nachahmung. Angenommen wird, dass diese eine Grundeigenschaft jedes Menschen ist. Wir leben selbst immer mit einem Blick auf die anderen und messen uns an diesen. »Sind seine Primärbedürfnisse einmal gestillt – zuweilen sogar schon vorher –, ist der Mensch von intensiven Wünschen beseelt, weiß aber nicht genau, was er wünscht: Er begehrt das Sein – jenes Sein, das ihm seinem Gefühl nach fehlt und von dem ihm scheint, ein anderer besitze es. Das Subjekt erwartet von diesem anderen, dass er ihm sagt, was gewünscht werden muss, um dieses Sein zu erlangen. [ ] Das Modell zeigt dem Subjekt das begehrenswerteste Objekt nicht durch Worte, sondern durch seinen eigenen Wunsch an. [ ] der Wunsch ist wesenhaft mimetisch, er richtet sich nach einem Modell-Wunsch; er erwählt das gleiche Objekt wie dieses Modell.« Girard, René: Das Heilige und die Gewalt. (Original: La violence et le sacré. 1972) Aus dem Französischen von Elisabeth Mainberger-Ruh, Frankfurt 1992, 215.

44 | Girard, René: Ich sah den Satan vom Himmel fallen wie einen Blitz, München 2002.

45 | Renz, Monika: Erlösung aus Prägung. Botschaft und Leben Jesu als Überwindung der menschlichen Angst-, Begehrens- und Machtstruktur, Paderborn 2008.

46 | Auch das Gleichnis vom »verlorenen Sohn« wird von manchen tiefenpsychologisch gedeutet. Jeder Mensch muss das bergende »Vaterhaus« verlassen, um den Weg durch das Leben zu finden: Es gibt letztlich keinen daheim gebliebenen zweiten Sohn. (Lk 15)

47 | Renz, Monika: Erlösung aus Prägung, Paderborn 2008.

48 | Drewermann, Eugen: Strukturen des Bösen. Die jahwistische Urgeschichte in psychoanalytischer Sicht, München 1977 (zwei Bände). – Drewermann stützt sich auf die einschlägigen Werke von Kierkegaard, Søren: Der Begriff Angst, Hamburg 1984. – Zu Kierkegaards Ansatz: Die Angst des modernen Menschen, Zürich 1977. – Künzli, Arnold: Die Angst des modernen Menschen. Søren Kierkegaards Angstexistenz als Spiegel der geistigen Krise unserer Zeit, Zürich 1947. – Ders.: Die Angst als abendländische Krankheit. Dargestellt am Leben und Denken Søren Kierkegaards, Zürich 1948.

49 | Zulehner, Paul M./Denz, Hermann u. a.: Solidarität. Option für die Modernisierungsverlierer, Innsbruck 1996. – Denz, Hermann/Zulehner, Paul M.: Das Hemd ist uns näher als der Fremde, Solidarität 1994–2002, in: Wirtschaftspolitische Blätter 50 (2003) 9–15.

50 | Zulehner, Paul M. unter Mitarbeit von Andreas Heller: Denn du kommst unserem Tun mit deiner Gnade zuvor. Zur Theologie der Seelsorge heute. Paul M. Zulehner im Gespräch mit Karl Rahner, Ostfildern 2002.

51 | Rilke, Rainer M.: Das Stundenbuch, Berlin-Schmargendorf 1899.

52 | Zulehner/Heller: Denn du kommst unserem Tun mit deiner Gnade zuvor.

53 | Paul VI.: Evangelii nuntiandi, Rom 1975.

54 | Béguerie, Philippe: Sur le chemin des hommes. Les sacrements, Paris 1974.

55 | Zimmermann, Dietrich: Die Erneuerung des Katechumenats in Frankreich und seine Bedeutung für Deutschland 1973.

56 | Sakramentar aus Köln (1004, Paris, Bibliotheque Royale).

57 | Egbert-Kodex, 980 (Trier, Stadtbibliothek).

58 | Evangeliar Echternach 1040 (Nürnberg, Germanisches Museum).

59 | In dieser Zeit entstand 1774 der weltälteste Lehrstuhl für Pastoraltheologie in Wien mit dem Auftrag, die staatlichen »Religionsdiener« gut auszubilden.

60 | Ratzinger, Joseph: Salz der Erde. Christentum und katholische Kirche an der Jahrtausendwende. Ein Gespräch mit Peter Seewald, Stuttgart 1996.

61 | Bahnbrechend in dieser Thematik waren Drewermann, Eugen: Wort des Heils – Wort der Heilung. Von der befreienden Kraft des Glaubens. Gespräche und Interviews, hg. v. Bernd Marz, Düsseldorf 1989 (³1990). – Baumgartner, Isidor: Pastoralpsychologie. Einführung in die Praxis heilender Seelsorge, Düsseldorf 1990.

62 | Beranek, Markus: Gemeinde als Heil-Land. Erfahrungen heilsamer Gemeindepraxis im Rahmen der Studie »Gemeinde als Heil-Land« und theologisch-spirituelle Perspektiven, Wien 2002.

63 | Grom, Bernhard: Ekklesiogene Neurosen?, in: Stimmen der Zeit 223 (2005) 289–290.

64 | Evangeliar von Echternach, 1040. Das Blatt befindet sich heute in der Bibliothek Royale in Brüssel.

65 | Zu diesen »Lebensheiligtümern«: Schmidtchen, Gerhard: Was den Deutschen heilig ist. Religiöse und politische Strömungen in der Bundesrepublik Deutschland, München 1979. – Zulehner, Paul M.: Religion im Leben der Österreicher. Dokumentation einer Umfrage, Wien 1981. – Diese Urwünsche nach einem Namen, nach Macht und Heimat, also nach Wurzeln und Wachsen, sind der Stoff vieler Mythen und Märchen, nicht zuletzt aber der drei evangelischen Räte Jesu: Zulehner, Paul M.: Leibhaftig glauben. Lebenskultur nach dem Evangelium, Freiburg i. Br. 1989.

66 | So der Titel des unter Bischof Franz X. Eder für das Bistum Passau in Kraft gesetzten Pastoralplans.

67 | Zulehner, Paul M.: Auferweckung schon jetzt. Skizze zu einer europäischen »Befreiungstheologie«, Meitingen 1984.

68 | Zulehner, Paul M.: Kirche – Anwalt des Menschen. Wer keinen Mut zum Träumen hat, hat keine Kraft zum Kämpfen, Wien 1981.

69 | Benedikt XVI.: Licht der Welt, 76.

70 | Enzensberger, Hans Magnus: Die große Wanderung. Dreiunddreißig Markierungen. Mit einer Fußnote »Über einige Besonderheiten bei der Menschenjagd«, Frankfurt am Main 1992.

71 | Dass es Jesus um die Völker geht, dazu der lateinamerikanische Bibelwissenschaftler Brown, Robert McAfee: Die Bibel neu gelesen. Anstöße aus der Dritten Welt, Düsseldorf 1988.

72 | Ignatius von Antiochien.

73 | Berger, Peter L./Luckmann, Thomas: The Social Construction of Reality, New York 1979.

74 | Christus als barmherziger Samariter, Codex Rossanensis, Syrien um 550.

75 | »Denn derjenige, der da ewig lebt, unterzieht sich nicht des Lebens wegen der leiblichen Geburt, sondern um uns durch den Tod ins Leben zurückzurufen. Da nun die Rückkehr aus dem Tode unserer ganzen Natur zuteilwerden sollte, so wollte er, indem er dem Daliegenden die Hand reichte und sich gleichsam zu unserem Leichnam niederbückte, dem Tode soweit sich nahen, daß er die Sterblichkeit austrank und an seinem eigenen Leibe die Auferstehung der Menschheit einleitete, indem er durch seine Macht das ganze Menschengeschlecht mit auferweckte. Denn da jenes die Gottheit beherbergende Fleisch, welches in der Auferstehung zugleich mit der Gottheit erhöht wurde, nirgends anderswoher stammte, als aus der Masse, aus der wir bestehen, so muss, wie bei unserem Leibe die Tätigkeit eines einzelnen Sinneswerkzeuges allen übrigen mit ihm verbundenen Organen eine Mitempfindung verschafft, in ähnlicher Weise die Auferstehung des Teiles, wie wenn die ganze Menschheit nur eine Person wäre, auch auf das Ganze übergehen, indem sie kraft des engen Zusammenhanges unserer Natur von dem Teil auf das Ganze sich fortpflanzt. Was lernen wir also Unwahrscheinliches in unserem Glaubensgeheimnis, wenn der Stehende zu dem Gestürzten sich niederbeugt, um den Daliegenden aufzurichten?« Gregor von Nyssa: Große Katechese, in: Bibliothek der Kirchenväter, Bd. 56, München 1927, 63.

76 | Babylonischer Talmud: Traktat Avoda zara (Vom Götzendienst) 3b; zit. n. Goldschmidt, L.: Der Babylonische Talmud VII, Berlin 1925, 801.

77 | Siehe das Bild aus dem Choros-Kloster in Konstantinopel.

78 | Kontakion vom Sonntag des 5. Tons.

79 | Gregor von Nyssa: Große Katechese, in: Bibliothek der Kirchenväter, Bd. 56, München 1927, 73.

80 | Alfeyev, Hilarion: Christ the Conqueror of Hell. The Descent of Christ into Hades in Eastern and Western Theological Tradition. A lecture delivered at St Mary's Cathedral, Minneapolis, USA, on 5 November 2002, aus: http://orthodoxeurope.org/page/11/1/5.aspx.

81 | »So stand es also [nach dem Sündenfall] mit den Menschen. Die dem Verdammungsurteil unterworfene Gesamtheit des Menschengeschlechtes lag, ja wälzte sich förmlich im Bösen und stürzte von Bösem in Böses; so büßte sie für ihren gottlosen Abfall samt jenen Engeln, die gesündigt hatten. Und diese Strafe war ganz gerecht; denn der gerechte Zorn Gottes fordert alles heraus, was die Bösen in ihrer blinden und ungezügelten Begierlichkeit freiwillig tun, und auf ihn ist alles zurückzuführen, was sie, wenn auch wider ihren Willen, an offenbaren und verborgenen Strafen erdulden müssen. Dabei spendet aber die Güte des Schöpfers doch auch den bösen Engeln unaufhörlich Leben und Lebenskraft, ohne deren aufrecht erhaltende Macht sie zugrunde gehen würden, und gibt den Menschen, die doch aus krankhaftem und verworfenem Stamm entsprießen, Samen und belebt sie, ordnet ihren Gliederbau, gibt ihren Sinnen Kraft zur Betätigung in Zeit und Raum und gewährt ihnen Unterhalt. Denn Gott hielt es für besser, selbst aus dem Bösen Gutes zu schaffen, als überhaupt nichts Böses zuzulassen. Aber selbst wenn er gar nicht gewollt hätte, daß sich der Mensch zum Bessern umwandle, so wie es ja auch keine Besserung der gottlosen Engel mehr gibt, würde dann nicht trotzdem das ganze Menschengeschlecht mit vollem Recht auf ewig von ihm verstoßen? Und würde es nicht wirklich eine ewige Strafe verdienen? Dieses Menschengeschlecht verließ ja Gott, trat in Missbrauch seiner Macht [des freien Willens] das Gebot seines Schöpfers, das es doch ganz leicht hätte halten können, achtlos mit Füßen, entstellte in sich das Bild seines Schöpfers, von dessen Licht es sich hartnäckig abwandte, und riss sich unter Missbrauch seines freien Willens von Gottes Gesetzen und der heilsamen Unterordnung unter dieselben los. Und Gott hätte sicher so [gerecht] gehandelt, wenn er nur gerecht und nicht auch barmherzig wäre und wenn er nicht lieber seine frei gespendete Barmherzigkeit in der Rettung Unwürdiger umso augenscheinlicher strahlen lassen wollte.« Augustinus: De fide, spe et caritate, 27.

82 | Rahner, Karl: Über die bleibende Bedeutung des Zweiten Vatikanischen Konzils, in: Ders.: Schriften zur Theologie, Bd. 14, Zürich 1980, 303–318.

83 | Mehr dazu im Gespräch zur Theologie der Seelsorge heute mit Karl Rahner: Zulehner/Heller: Denn du kommst unserem Tun mit deiner Gnade zuvor.

234

84| Franz Xaver (1506–1552), Jesuit und Gefährte des Ignatius von Loyola, gilt als Apostel Indiens und Japans, des Fernen Ostens und Begründer der Jesuitenmission.

85| Peter Chanel (1803–1841), Maristenpater und Missionar in der Südsee, wo er von Eingeborenen umgebracht wurde.

86| Vgl. Bühlmann, Walter: Wenn Gott zu allen Menschen geht. Für eine neue Erfahrung der Auserwählung, Freiburg 1981, 97 ff.

87| Vgl. Karrer, Otto: Compelle intrare, in: Lexikon für Theologie und Kirche, Bd. 3 (Freiburg ²1959), 27–28.

88| Rutz, Oswin: Obrigkeitliche Seelsorge. Die Pastoral im Bistum Passau von 1800 bis 1918, Passau 1984. – Zeeden, Ernst Walter: Die Entstehung der Konfessionen. Grundlagen und Formen der Konfessionsbildung im Zeitalter der Glaubenskämpfe, München – Wien 1965, 32.

89| Semmelroth, Otto: Vom Sinn der Sakramente, Frankfurt 1963, 87 f.

90| Extra ecclesiam nulla salus – außerhalb der Kirche kein Heil. Ein von der kirchlichen Tradition formuliertes Prinzip, das nicht heilsexklusivistisch missverstanden werden darf. Zur Rechtfertigung wird dem Einzelnen die Gnade durch die Selbstmitteilung Gottes in seinem Sohn mitgeteilt. In Geschichte und Gesellschaft bleibt sie sichtbar und greifbar im Modus des Angebots in der Kirche präsent. Außerhalb der Kirche bleibt diese Gnade in ihrer inneren Dynamik immer noch darauf ausgerichtet, in der Kirche ausdrücklich zu werden. Vgl. Kern, Walter: Außerhalb der Kirche kein Heil?, Freiburg 1979.

91| Brosseder, Hubert: Das Priesterbild in der Predigt. Eine Untersuchung zur kirchlichen Praxisgeschichte am Beispiel der Zeitschrift »Prediger und Katechet« von 1850 bis zur Gegenwart, München 1978, 219.

92| Steeman, Theodore M.: The Priest as a Socioreligious Leader, in: Clergy in Church and Society, Rom 1967, 179.

93| Scherer, R. v.: Clerus, in: Wetzer und Welte's Kirchenlexikon oder Encyclopädie der katholischen Theologie und ihrer Hülfswissenschaften 3, 2. neubearb. Aufl. Freiburg 1884, 537–547, 546.

94| 1 Petr 2,5.9: »Lasst euch als lebendige Steine zu einem geistigen Haus aufbauen, zu einer heiligen Priesterschaft ... (9) Ihr aber seid ein auserwähltes Geschlecht, eine königliche Priesterschaft, ein heiliger Stamm, ein Volk, das sein besonderes Eigentum wurde, damit ihr die großen Taten dessen verkündet, der euch aus der Finsternis in sein wunderbares Licht gerufen hat.«

95| Vgl. Die pastoralen Dienste in der Gemeinde, in: Gemeinsame Synode der Bistümer in der Bundesrepublik Deutschland. Beschlüsse der Vollversammlung. Offizielle Gesamtausgabe I, hg. v. Ludwig Bertsch u. a., Freiburg ⁶1982, 597–636, hier 602.

96| Vgl. Gregor d. Gr., Hom. in Evang. 19, 1: PL 76, 1154 B. Augustinus, Serm. 341, 9, 11: PL 39, 1499 f. Johannes v. Damaskus, Adv. Iconocl. 11: PG 96, 1357.

97| So Merklein, Helmut: Jesu Botschaft von der Gottesherrschaft, Stuttgart ²1989.

98| Siehe hierzu Loisy, Alfred: Evangelium und Kirche, München 1902; Neuner, Peter: Der Streit um den katholischen Modernismus, Frankfurt – Leipzig 2009.

99| Zu den kirchenstiftenden Akten Jesu siehe Fries, Heinrich: Fundamentaltheologie, Graz – Wien – Köln ²1985.

100| Siehe hierzu Neuner, Peter: Ekklesiologie – Die Lehre von der Kirche, in: Beinert, Wolfgang (Hg.): Glaubenszugänge. Lehrbuch der katholischen Dogmatik, Bd. 2, Paderborn u. a. 1995, 412–423.

101| Zum ganzen Abschnitt siehe Gnilka, Joachim: Was heißt ›Kirche‹ nach den synoptischen Evangelien? In: Althaus Heinz: Kirche. Ursprung und Gegenwart, Freiburg – Basel – Wien 1984, 11–38.

102| Hainz, Joseph: KOINONIA. ›Kirche‹ als Gemeinschaft bei Paulus, Regensburg 1982.

103| Brox, Norbert: Die Pastoralbriefe, Regensburg ⁴1969.

104| Vgl. Schillebeeckx, Edward, Das kirchliche Amt, Düsseldorf 1981.

105| Texte zur Theologie D5/I, Nr. 26.

106| Hierzu Neuner, Peter: Ökumenische Theologie, Darmstadt 1997.

107| Neuner, Peter: Die heilige Kirche der sündigen Christen, Regensburg 2002.

108| Gemeinsame Synode der Bistümer in der Bundesrepublik Deutschland. Gesamtausgabe, Freiburg 1976, 101.

109| Ratzinger, Joseph, Die pastoralen Implikationen der Lehre von der Kollegialität der Bischöfe, in: Ders.: Künder des Wortes und Diener der Freude. Theologie und Spiritualität des

Weihesakramentes (Joseph Ratzinger Gesammelte Schriften 12), Freiburg 2010, 233–261, 250.

110 | Siehe hierzu Fries, Heinrich: Wandel des Kirchenbildes und dogmengeschichtliche Entfaltung, in: Mysterium Salutis IV/1, 223–285.

111 | Die Bekenntnisschriften der Evangelisch Lutherischen Kirche, 459.

112 | Confessio Augustana VII, in: Die Bekenntnisschriften der Evangelisch Lutherischen Kirche, 61.

113 | Die dogmatische Konstitution über die Kirche »Lumen gentium« (= LG), in: Rahner, Karl/Vorgrimler, Herbert (Hg.): Kleines Konzilskompendium. Sämtliche Texte des Zweiten Vatikanischen Konzils, Freiburg ^{35}2008, 123–200.

114 | Vgl. Die Erklärung über das Verhältnis der Kirche zu den nichtchristlichen Religionen »Nostra aetate« (= NA), in: Rahner, Karl/Vorgrimler, Herbert (Hg.): Kleines Konzilskompendium. Sämtliche Texte des Vatikanischen Konzils, Freiburg ^{35}2008, 355–359.

115 | Zulehner, Paul M./Lobinger, Fritz/Neuner, Peter: Leutepriester in lebendigen Gemeinden. Ein Plädoyer für gemeindliche Presbyterien, Ostfildern 2003.

116 | Die pastorale Konstitution über die Kirche in der Welt von heute »Gaudium et spes« (= GS), in: Rahner, Karl/Vorgrimler, Herbert (Hg.): Kleines Konzilskompendium. Sämtliche Texte des Vatikanischen Konzils, Freiburg ^{35}2008, 449–552.

117 | Zur Problematik der Laien in der Kirche vgl. auch Neuner, Peter: Der Laie und das Gottesvolk, Frankfurt 1988.

118 | Ratzinger, Joseph: Die christliche Brüderlichkeit, in: Ders.: Kirche – Zeichen unter den Völkern. Schriften zur Ekklesiologie und Ökumene. Erster Teilband (Gesammelte Schriften 8/1), Freiburg – Basel – Wien 2010, 37–101, 54.

119 | Dölger, Franz Joseph: Art. Brüderlichkeit der Fürsten, in: Reallexikon für Antike und Christentum II, Stuttgart 1954, 641–646, 644.

120 | Ratzinger, Die christliche Brüderlichkeit, 65.

121 | Ratzinger, Joseph: Demokratisierung in der Kirche?, in: Ders.: Künder des Wortes und Diener eurer Freude. Theologie und Spiritualität des Weihesakraments (Gesammelte Schriften 12), Freiburg – Basel – Wien 2010, 159–186, 184.

122 | Ekklesiologie I. Von den Anfängen bis zum Mittelalter (Texte zur Theologie. Dogmatik 5 I,1), bearb. v. Peter Neuner, Graz 1994, Nr. 78, 106.

123 | Zit. n: Klostermann, Ferdinand: Das christliche Apostolat, Innsbruck 1962, 607.

124 | Diese wichtige Aussage wird auch zitiert in der Kirchenkonstitution Lumen gentium, Nr. 32.

125 | Das Dekret über den Ökumenismus »Unitatis redintegratio« (= UR), in: Rahner, Karl/Vorgrimler, Herbert (Hg.): Kleines Konzilskompendium. Sämtliche Texte des Vatikanischen Konzils, Freiburg ^{35}2008, 229–250.

126 | Das Dekret über Dienst und Leben der Priester »Presbyterorum ordinis« (= PO), in: Rahner, Karl/Vorgrimler, Herbert (Hg.): Kleines Konzilskompendium. Sämtliche Texte des Vatikanischen Konzils, Freiburg ^{35}2008, 561–598.

127 | Zulehner, Paul M.: Priester im Modernisierungsstress. Forschungsbericht der Studie Priester 2000, Ostfildern 2001.

128 | Siehe hierzu Schillebeeckx, Ewald: Das kirchliche Amt, Düsseldorf 1981.

129 | Vgl. hierzu: Neuner: Ekklesiologie, 548. – So in dem ökumenischen Dokument: Das geistliche Amt in der Kirche, Paderborn – Frankfurt 1981, Nr. 21.

130 | Zulehner, Paul M./Patzelt, Elke: Samariter – Prophet – Levit. Diakone im deutschsprachigen Raum. Eine empirische Studie, Ostfildern 2003.

131 | Zulehner, Paul M./Renner, Katharina: Ortsuche. Umfrage unter Pastoralreferentinnen und Pastoralreferenten im deutschsprachigen Raum, Ostfildern 2006.

132 | Zulehner, Paul M.: Der Reichtum der Kirche sind ihre Menschen. Pfarrgemeinderäte beleben die Kirchengemeinden. Bericht über eine Umfrage, Ostfildern 2010.

133 | Zulehner, Paul M. u.a.: Fundamentalpastoral. Kirche zwischen Auftrag und Erwartung, Düsseldorf 1989.

134 | Daher heißt es in der Matthäusgemeinde von Jerusalem im Kontext der Spielregeln zur Bearbeitung von Konflikten: »Hört er aber nicht auf dich, dann nimm einen oder zwei Männer mit, denn jede Sache muss durch die Aussage von zwei oder drei Zeugen entschieden werden.« (Mt 18,16 nach Dtn 19,15)

135 | In seiner Enzyklika »Pacem in terris« aus dem Jahre 1963 identifiziert er drei »Zeichen der Zeit« (Nr. 39–45): den wirtschaftlich-sozialen Aufstieg der Arbeiterklasse (40), die allge-

mein bekannte Tatsache, dass die Frau am öffentlichen Leben teilnimmt sowie (mit Blick auf die Befreiungsbewegungen in den kolonialisierten Völkern) die Auffassung, dass alle Menschen in der Würde ihrer Natur unter sich gleich sind (41). Wörtlich zur Emanzipation der Frauen: »41. An zweiter Stelle steht die allgemein bekannte Tatsache, daß die Frau am öffentlichen Leben teilnimmt, was vielleicht rascher geschieht bei den christlichen Völkern und langsamer, aber in aller Breite, bei den Völkern, welche als Erben anderer Überlieferungen auch andere Lebensformen und Sitten haben. Die Frau, die sich ihrer Menschenwürde heutzutage immer mehr bewusst wird, ist weit davon entfernt, sich als seelenlose Sache oder als bloßes Werkzeug einschätzen zu lassen; sie nimmt vielmehr sowohl im häuslichen Leben wie im Staat jene Rechte und Pflichten in Anspruch, die der Würde der menschlichen Person entsprechen.« Vgl. dazu: Maier, Martin: Zeichen der Zeit, in: Stimmen der Zeit 218 (2000) 649 f.

136 | Zulehner, Paul M./Steinmair-Pösel, Petra: Typisch Frau? Wie Frauen leben und glauben, Linz 2011.

137 | Walf, Knut: Gemeinsame Bezugspunkte für synodale Strukturen und Rechte?, in: Puza, Richard/Kustermann, Abraham Peter: Synodalrecht und Synodalstrukturen. Konkretionen und Entwicklungen der »Synodalität« in der katholischen Kirche, Fribourg 1996, 87–99. – Im Kirchenrecht (can. 119, 3 des CIC 1983) wird dieses Prinzip aufgenommen und lautet: »Quod autem omnes uti singulos tangit, ab omnibus approbari debet.« Das »uti singulos« bedeutet allerdings nur, dass ein Beschluss eines Gremiums, der in die Individualrechte jeden Mitglieds eingreift, der Einstimmigkeit bedarf.

138 | Mussner, Franz: Welt. In der Schrift, in: Lexikon für Theologie und Kirche, Bd. 10 (Freiburg ²1965), 1021 f. – Erlacher, Norbert: Das Verhältnis von Kirche und Welt nach dem Johannesevangelium, Wien 1977. – Onuki, Takashi: Gemeinde und Welt im Johannesevangelium. Ein Beitrag zur Frage nach der theologischen und pragmatischen Funktion des johanneischen »Dualismus«, Neukirchen-Vluyn 1984.

139 | Benedikt XVI.: Ansprache in Freiburg 2011: Der Papst könnte freilich in dieser Rede vor dem Zentralkomitee der Deutschen Katholiken vor allem die organisatorische Seite der deutschen Kirche gemeint haben.

140 | Benedikt XVI.: Licht der Welt. Der Papst, die Kirche und die Zeichen der Zeit. Ein Gespräch mit Peter Seewald, Freiburg 2010, 36.

141 | Ebd., 76.

142 | Dieses inkarnatorische Geschehen kann sich an der Selbstentäußerung Gottes in der Menschwerdung orientieren (Phil 2,6–11) und deshalb »kenotische Inkarnation« genannt werden.

143 | Zulehner, Paul M.: Kirchenreform, Graz – Wien 1998.

144 | Paul VI.: Predigt bei der Abschlussfeier des Heiligen Jahres (25. Dezember 1975), in: AAS 68 (1976) 145.

145 | Ausführlich: Johannes Paul II.: Brief an die Familien, Rom 1994, Nr. 6–17, bes. 13.

146 | Johannes Paul II.: Centesimus annus, Rom 1991, 23.

147 | Gesellschaftspolitische Verbände zeigen eine Art »Pastoral des Anlasses«: Sobald in der Gesellschaft akute, meist soziale Herausforderungen entstehen, schließen sich Christen zusammen, um auf diese Challenges angemessen reagieren zu können. Christen haben in Europa sogar versucht, sich in eigenen Gewerkschaften und Parteien zu organisieren. Heute hingegen verteilen sich die Christen auf unterschiedliche gesellschaftspolitische Gruppen. Das hat auch damit zu tun, dass keine Partei oder Gewerkschaft den Ansprüchen des Evangeliums voll entspricht und dass aus dem Evangelium nicht direkt auf gesellschaftspolitisches Handeln geschlossen werden kann. Das Evangelium ist beispielsweise zwar nicht gänzlich neutral gegenüber Formen des Wirtschaftens, dennoch lässt sich aus diesem nicht eine bestimmte Wirtschaftsform deduzieren. Das Zweite Vatikanische Konzil spricht ausdrücklich von einer »Autonomie der irdischen Wirklichkeiten« (GS 36).

148 | Zu diesem Dreifachprogramm haben sich die christlichen Kirchen weltweit zusammengeschlossen; ihr Programm wurde in großen ökumenischen »konziliaren« Versammlungen (1989 in Basel, 1990 in Seoul, 1994 in Graz) erarbeitet und beschlossen. Vgl. Boer, Hermann de: Gemeinsam auf dem Weg zu Gerechtigkeit, Frieden, Bewahrung der Schöpfung. Eine Positionsbestimmung im konziliaren Prozess, Hannover 2010.

149 | Papst Pius X. hat in seiner Enzyklika Il fermo proposito (1905) sowie in seinem Apostolischen Schreiben Notre Charge Apostolique (1910) die Prinzipien und die Ziele der Katholischen Aktion als weltlichem Arm der Bischöfe festgelegt. Sein Nachfolger Pius XI. hat ihr kirchen-

rechtlichen Status verliehen (Ubi arcano Dei, 1922). – Klostermann, Ferdinand: Katholische Aktion nach Vatikanum II, in: Der Seelsorger. Zweimonatsschrift für Praxis und Theorie des kirchlichen Dienstes 36 (1966) H. 5.

150 | Das ist nicht in allen Regionen der katholischen Weltkirche in gleicher Weise der Fall. Besonders wichtig ist die Katholische Aktion in Italien, auch in Brasilien oder Österreich, weniger in Deutschland – hier haben die »Verbände«, die schon vor der Katholischen Aktion entstanden sind, eine größere Bedeutung behalten.

151 | Benedikt XVI.: Deus caritas est, Rom 2005, Nr. 31a.

152 | Saarinen, Martin F.: The Life Cycle of a congregation, Washington 1989.

153 | Es sind vornehmlich protestantisch gefärbte Kulturen atheistisch geworden.

154 | Tomka, Miklós/Zulehner, Paul M.: Religion in den Reformländern Ost(Mittel)Europas, Ostfildern 1999. – Zulehner, Paul M./Tomka, Miklós/Naletova, Inna: Religionen und Kirchen in Ost(Mittel)Europa. Entwicklungen nach der Wende, Ostfildern 2008. – Tomka, Miklós: Expanding religion. Religious revival in post-communist Central and Eastern Europe, Berlin 2011.

155 | Zerfaß, Rolf: Wenn Gott aufscheint in unseren Taten, in: Zulehner, Paul M.: Das Gottesgerücht. Bausteine für eine Kirche der Zukunft, Düsseldorf 1987, 95–106.

156 | Salvian von Marseille: Des Timotheus vier Bücher an die Kirche, in: Texte zur Theologie, Bd. Ekklesiologie I, hg. v. Peter Neuner, Nr. 65.

157 | Zulehner: Verbuntung.

158 | Neuner: Der Laie und das Gottesvolk.

159 | Audet, Paul: Priester und Laie in der christlichen Gemeinde. Der Weg in die gegenseitige Entfremdung, in: Der priesterliche Dienst I: Ursprung und Frühgeschichte (QD 46), Freiburg i. Br. 1970, 115–175. – Weß, Paul: Ihr alle seid Geschwister. Priester und Gemeinde, Mainz 1983. – Zulehner, Paul M.: Gemeindepastoral. Orte christlicher Praxis, Düsseldorf 1991.

160 | Feine, Hans Erich u. a. (Hg.): Forschungen zur kirchlichen Rechtsgeschichte und zum Kirchenrecht, Graz 1957, 402 ff. – Künstle, Franz Xaver: Die deutsche Pfarrei und ihr Recht zu Ausgang des Mittelalters, Amsterdam 1963.

161 | Texte zur Theologie, 157.

162 | Implosion (Prom »Welte spiral« – September 1962), translated by Bodo Capeller, 1986. – Reiter, Robert: »Ihr bewegt falsch ...« Viktor Schauberger und die Entdeckung der Implosion, in: Visionäre bewegen die Welt. Ein Lesebuch durch das Salzkammergut, Salzburg 2005, 172–179. – Coats, Callum: Naturenergien verstehen und nutzen. Viktor Schaubergers geniale Entdeckungen, Düsseldorf 1999.

163 | Sölle, Dorothee: Ein Volk ohne Vision geht zugrunde. Anmerkungen zur deutschen Gegenwart und zur nationalen Identität, Wuppertal 1986.

164 | Die Benediktsregel, lateinisch – deutsch. Mit der Übers. der Salzburger Äbtekonferenz hg. v. Ulrich Faust, Stuttgart 2009. – Delatte, Paul: Kommentar zur Regel des hl. Benedikt, Sankt Ottilien 2011.

165 | Über die Wichtigkeit der Unterbrechung für religiöse Vorgänge: Metz, Johann Baptist: Glaube in Geschichte und Gesellschaft. Studien zu einer praktischen Fundamentaltheologie, Mainz 1992, 150. – Kroth, Jürgen: Unterbrechung. Religion als Kritik der Religion, in: Theologisch-politische Vergewisserungen, hg. v. Polednitschek, Thomas/Rainer, Michael J./Zamora, José Antonio, Berlin 2009, 210–219.

166 | Kurs meint hier nicht eine Lehrveranstaltung, sondern ein gemeinsames Laufen (lat. currere) und damit gemeinsames Suchen. Wenn es ein »Laufen« hinunter auf den tragenden Grund der Kirche ist, dann ist es durchaus möglich, dass bei Menschen, die dergestalt »Auf den Grund gehen«, manches auch »zugrunde geht« – etwa falsche oder einseitige Bilder von der Kirche.

167 | Wörtlich lautet der Text: »Eine Kirche, die um sich selbst kreist und dabei Gott vergisst, wird leidunempfindlich. Wer hingegen in Gott eintaucht, taucht neben dem Menschen auf. Dabei kann der Weg auch in der anderen Richtung verlaufen: Wer den Menschen begegnet, findet in diesen auch Gott (vgl. Mt.25).« Gott und den Menschen nahe. Passauer Pastoralplan 2000, Passau 2000, 16.

168 | Furger, Franz: Christliche Existenz im Spannungsfeld von Mystik und Politik, Herzogenrath 1991. – Metz, Johann Baptist: Zeit der Orden? Zur Mystik und Politik der Nachfolge, Freiburg – Basel – Wien 1978. – Schillebeeckx, Edward: Mystik und Politik. Theologie im Ringen um Geschichte und Gesellschaft. Johann Baptist Metz zu Ehren, Mainz 1988. –

Sölle, Dorothee: Mystik und Widerstand. »Du stilles Geschrei«, München – Zürich 2003. – Schutz, Roger: Kampf und Kontemplation. Auf der Suche nach Gemeinschaft mit allen, Freiburg i. Br. – Wien u. a. 1974.

169 | Böhme, Jakob: Schriften, Amsterdam 1682. – Böhme, Jakob: Werke. Text und Kommentar, Frankfurt am Main 2009.

170 | So kreisen die Theologien der Befreiung um Befreiung der Menschen aus den vielfältigen »Unterdrückungen«, ringen die Kirchen in den modernen Gesellschaften um die Freiheit des Menschen, war den Kirchen in den totalitären Gesellschaften Ost(Mittel)europas die Wahrheit das Tor hinein in den Reichtum der biblisch gestützten Tradition (vgl. Havel, Václav: Versuch, in der Wahrheit zu leben, Reinbek bei Hamburg 1993). Dazu: Zulehner, Paul M.: Fundamentalpastoral. Kirche zwischen Auftrag und Erwartung, Düsseldorf 1989.

171 | Beschlüsse der Diözesan-Synode Rottenburg-Stuttgart 1985/86. Weitergabe des Glaubens an die kommende Generation, hg. v. Gabriele Miller, Ostfildern 1986.

172 | Gott und den Menschen nahe. Passauer Pastoralplan 2000, Passau 2000, 16.

173 | Eine biblische Szene, welche diese Doppelbewegung in einer Vielfalt von Aspekten darstellt, haben wir weiter oben bereits anhand einer mittelalterlichen Buchmalerei anmeditiert. Die Szene, die sich auf Mt 8,1–4 stützt, zeigt die Bewegung Jesu »vom Berg herab«, auf dem er nächtens dem Vater nahe war, hin »zum Aussätzigen«, zum Menschen, vor allem zu jenen, die am Rand des Lebens und der Gesellschaft waren.

174 | Brüderlichkeit galt in der jungen Kirche als eines der Erkennungsmerkmale der Kirche Jesu Christi: vgl. Ratzinger, Joseph: Die christliche Brüderlichkeit, München 2006.

175 | Marti, Kurt: Abendland, Darmstadt – Neuwied 1980, 84.

176 | Teresa von Àvila: Seelen-Burg oder die sieben inneren Wohnungen der Seele, 1832.

177 | Knobloch, Stefan: Mystagogische Seelsorge. Eine lebensgeschichtlich orientierte Pastoral, Mainz 1991. – Zulehner/Heller: Denn du kommst unserem Tun mit deiner Gnade zuvor. – Dieser Neuausgabe aus dem Jahr 2002 ist eine Einführung in Seelsorge als Mystagogie vorangestellt.

178 | Teresa von Àvila: Wohnungen der Inneren Burg, hg., übers. und eingeleit. v. Ulrich Dobhan und Elisabeth Peeters, Freiburg 2005, 159 f.

179 | Benedikt XVI.: Rede auf dem Flughafen Riem bei München 2006.

180 | Rahner, Karl: Strukturwandel der Kirche als Aufgabe und Chance, Freiburg i. Br. 1972, 75.

181 | Rahner, Karl: Frömmigkeit heute und morgen, in: Geist und Leben 39 (1966) 326–342, 335; ebenso im Vortragsentwurf Frömmigkeit früher und heute, in: Ders.: Schriften zur Theologie, Bd. 7, Einsiedeln 1966, 11–31.

182 | Hier sind nicht die halbamtlichen kirchlichen Berufe für Laien gemeint. Vielmehr geht es darum, dass alle, die Gott seiner Kirche einfügt, mit dieser Berufung auch eine Verantwortung für das Leben und Wirken der Kirche in sich tragen. Diese alltägliche Berufung zum »Mitwirken«, zur »Mitarbeit«, kann sich gegebenenfalls beruflich verdichten; dann entstehen kirchliche Dienste neben und um das kirchliche Amt herum.

183 | Berger, Peter L./Zijderveld, Anton C.: Lob des Zweifels. Was ein überzeugender Glaube braucht, Freiburg i. Br. 2010. – Berger, Peter L.: Der Zwang zur Häresie. Religion in der pluralistischen Gesellschaft, Freiburg i. Br. – Wien u. a. 1992.

184 | Zulehner: Verbuntung.

185 | Zulehner, Paul M./Fischer, Josef/Huber, Max: »Sie werden mein Volk sein«. Grundkurs gemeindlichen Glaubens, Düsseldorf 1986. – Zulehner, Paul M.: Grundkurs gemeindlichen Glaubens. Ein Arbeitsbuch, Düsseldorf 1992.

186 | Feiter, Reinhard/Müller, Hadwig: Was wird jetzt aus uns, Herr Bischof? Ermutigende Erfahrungen der Gemeindebildung in Poitiers, Ostfildern 2011.

187 | Feiter/Müller: Was wird jetzt aus uns, Herr Bischof?

188 | »Koinos« bedeutet im Griechischen gemeinsam; das lateinische Fachwort zu Koinonia ist communio. Diese beiden Begriffe sind zentral für das Zweite Vatikanische Konzil, aber auch für das Ökumenische Ringen. Dazu: Cordes, Paul Josef: Communio – Utopie oder Programm?, Freiburg – Basel – Wien 1993. – Kehl, Medard: Die Kirche. Eine katholische Ekklesiologie, Dettelbach 2009 (Neuausgabe).

189 | »Diakonein« heißt griechisch dienen. – Pock, Johann: Verkündigung und Diakonie, in: Diakonia 39 (2008) 270–275.

190 | Kritisch dazu: Lohfink, Gerhard: Wie hat Jesus Gemeinde gewollt?, Freiburg – Basel – Wien 1993.

191 | Im katholischen Raum hat sich in dieser Hinsicht der Wiener Pastoraltheologe Ferdinand

Klostermann einen Namen gemacht. Klostermann, Ferdinand: Prinzip Gemeinde. Gemeinde als Prinzip des kirchlichen Lebens und der Pastoraltheologie als der Theologie dieses Lebens, Wien 1965. – Zulehner Paul M.: Orte christlicher Praxis. Pastoraltheologie, Bd. 2, Düsseldorf 1991.

192 | Anschließen meint freilich nicht in jedem Fall, mitzuziehen und präsent zu sein. Wir übersehen nicht, dass nicht alle in der Jüngergemeinde mit Jesus mitzogen. Manche (Geheilte) schickte er in ihre Lebenswelt heim. Es gibt also auch ein loses, nicht gemeindliches Verhältnis von Jesusanhängern zu Jesus und seiner Bewegung.

193 | Lohfink: Wie hat Jesus Gemeinde gewollt?

194 | Funke, Dieter: Im Glauben erwachsen werden. Psychische Voraussetzungen der religiösen Reifung, München 1986.

195 | »Denn obwohl ihr der Zeit nach schon Lehrer sein müsstet, braucht ihr von neuem einen, der euch die Anfangsgründe der Lehre von der Offenbarung Gottes beibringt; Milch habt ihr nötig, nicht feste Speise.« (Hebr 5,13)

196 | Benedikt XVI. (Ratzinger, Joseph): Die christliche Brüderlichkeit.

197 | CIC can. 208. Dieser Kanon des katholischen Kirchenrechts stützt sich auf Lumen gentium 32: »Wenn auch einige nach Gottes Willen als Lehrer, Ausspender der Geheimnisse und Hirten für die anderen bestellt sind, so waltet doch unter allen eine wahre Gleichheit in der allen Gläubigen gemeinsamen Würde und Tätigkeit zum Aufbau des Leibes Christi.«

198 | Lefebvre, Marcel: Ich klage das Konzil an!, Martigny 1977.

199 | »...Christgläubigen, die, durch die Taufe Christus einverleibt, zum Volk Gottes gemacht und des priesterlichen, prophetischen und königlichen Amtes Christi auf ihre Weise teilhaftig ...« (Lumen gentium 31).

200 | Schmidtchen, Gerhard: Was den Deutschen heilig ist. Religiöse und politische Strömungen in der Bundesrepublik Deutschland, München 1979. – Schell, Ursula: Zwischen Lust und Frust – Frauen in ehrenamtlichen kirchlichen Leitungsfunktionen. Symbolische, biographische und institutionell-strukturelle Eckpunkte, Ostfildern 2011.

201 | Zu diesen Aspekten einer zeitgemäßen Kultur des Ehrenamtes in der Kirche: Zulehner, Paul M./Hennersperger, Anna: Damit die Kirche nicht rat-los wird. Pfarrgemeinderäte für zukunftsfähige Gemeinden, Ostfildern 2010. – Zulehner, Paul M.: Der Reichtum der Kirche sind ihre Menschen. Pfarrgemeinderäte beleben die Kirchengemeinden. Bericht über eine Umfrage, Ostfildern 2009.

202 | Nach viertägigem Konklave wurde Pius X. am 4. August 1903 im siebten Wahlgang zum Nachfolger von Papst Leo XIII. gewählt. Noch zu Beginn des Konklaves hatte der Kardinalstaatssekretär Mariano Rampolla del Tindaro als aussichtsreichster Kandidat gegolten. Tatsächlich erhielt Kardinal Rampolla in den ersten drei Wahlgängen auch jeweils die meisten Stimmen, aber keine ausreichende Mehrheit. Nach dem zweiten Wahlgang machte Kaiser Franz Joseph I. von seinem Recht der Exklusive Gebrauch und ließ durch den Bischof von Krakau, Kardinal Jan Puzyna de Kosielsko, ein Veto Österreichs gegen eine etwaige Wahl Rampollas erklären. Vgl. Eisler, Alexander: Das Veto der katholischen Staaten bei der Papstwahl seit dem Ende des 16. Jahrhunderts. Mit Benützung von unpublizierten Akten aus römischen Archiven und dem k. u. k. Haus-, Hof- und Staatsarchiv in Wien, Wien 1907. – Trincia, Luciano: Conclave e potere politico. Il veto a Rampolla nel sistema delle potenze europee (1887–1904), Rom 2004.

203 | Aichinger, Georg: Johann Michael Sailer, Bischof von Regensburg. Ein biographischer Versuch, Freiburg i. Br. 1865. – Baumgartner, Konrad: Johann Michael Sailer. Leben und Werk, Kevelaer 2011. – Schwaiger, Georg: Johann Michael Sailer. Der bayerische Kirchenvater, München 1982.

204 | Zulehner: Der Reichtum der Kirche sind ihre Menschen.

205 | Dazu vom Altmeister der Konflikttheorie für Organisationen: Glasl, Friedrich: Confronting conflict. A first-aid kit for handling conflict, Stroud 2002. – Glasl, Friedrich: Konflikt, Krise, Katharsis und die Verwandlung des Doppelgängers, Stuttgart 2007. – Glasl, Friedrich: Konfliktmanagement. Ein Handbuch für Führungskräfte, Beraterinnen und Berater, Bern 2011. – Glasl, Friedrich: Selbsthilfe in Konflikten. Konzepte – Übungen – Praktische Methoden, Stuttgart 2011.

206 | Zerfaß, Rolf: Wenn Gott aufleuchtet in unseren Taten, in: Zulehner, Paul M.: Das Gottesgerücht. Bausteine für eine Kirche der Zukunft, Düsseldorf 1987, 95–106.

207 | Johannes Paul II.: Sollicitudo rei socialis, Rom 1987, 36.

208 | Paul VI.: Octogesimo adveniens, Rom 1971.

209 | Beschlüsse der Diözesan-Synode Rottenburg-Stuttgart 1985/86. Weitergabe des Glaubens an die kommende Generation, hg. v. Gabriele Miller, Ostfildern 1986.

210 | Die Formel »Werden was ich bin« von Meister Eckhart umreist eine tiefe schöpfungstheologische Einsicht. Vgl. Zulehner, Paul M.: Werden, was ich bin. Ein spirituelles Lesebuch, Ostfildern 2008.

211 | Boff, Leonardo: Unser Haus, die Erde. Den Schrei der Unterdrückten hören, Düsseldorf 1996. – Boff, Leonardo/Goldstein, Horst: Schrei der Erde – Schrei der Armen, Düsseldorf 2002.

212 | Katechismus der Katholischen Kirche, München – Wien 1993, Nr. 1867.

213 | Boff, Clodovis/Pixley, Jorge: Die Option für die Armen, Düsseldorf 1987 – Gutiérrez, Gustavo: Nachfolge Jesu und Option für die Armen. Beiträge zur Theologie der Befreiung im Zeitalter der Globalisierung, Fribourg 2009. – Knauer, Peter: Glaube befreit zur Option für die Armen, in: Eine vorrangige Option für die Armen im 21. Jahrhundert?, Innsbruck 2005. – Lohfink, Norbert: Option for the poor. The basic principle of liberation theology in the light of the Bible. The Bailey lectures March 31 – April 2 1986, Berkeley 1987. – Mette, Norbert: Option für die Armen – Lernschritte zur Umkehr. Theologische Orientierungen und sozialpastorale Perspektiven im Kontext einer Wohlstandsgesellschaft, Herzogenrath 1993. – Sedmak, Clemens: Option für die Armen. Die Entmarginalisierung des Armutsbegriffs in den Wissenschaften, Freiburg i. Br. 2005.

214 | Mehr dazu in: Zulehner, Paul M. u. a.: Pastorale Futurologie. Kirche auf dem Weg ins gesellschaftliche Morgen, Düsseldorf 1990. – Zulehner, Paul M.: Christen in der Arbeitswelt, Wien 2011.

215 | »Berufliche Kompetenz ist eine erste, grundlegende Notwendigkeit, aber sie allein genügt nicht. Es geht ja um Menschen, und Menschen brauchen immer mehr als eine bloß technisch richtige Behandlung. Sie brauchen Menschlichkeit. Sie brauchen die Zuwendung des Herzens. Für alle, die in den karitativen Organisationen der Kirche tätig sind, muss es kennzeichnend sein, dass sie nicht bloß auf gekonnte Weise das jetzt Anstehende tun, sondern sich dem andern mit dem Herzen zuwenden, so dass dieser ihre menschliche Güte zu spüren bekommt. Deswegen brauchen diese Helfer neben und mit der beruflichen Bildung vor allem Herzensbildung.« Benedikt XVI.: Deus caritas est, Rom 2006, Nr. 31a.

216 | Ein gutes pastorales Projekt konkretisiert eine Vision des Handelns einer Gruppe, eines Teams. Dabei ist es wichtig, dass Ziel und Zeitraum überprüfbar bestimmt werden: »In einem Jahr wird erreicht sein, dass ...«. Dann braucht es fähige Personen (und deren Aus- und Fortbildung), die einen Auftrag erhalten, sowie die erforderlichen Finanzmittel. Nach Abschluss des evaluierten Projekts erhalten die Akteure Anerkennung durch die Gemeinschaft.

217 | Lumen gentium, 14. – Zulehner, Paul M./Patzelt, Elke: Samariter – Prophet – Levit. Diakone im deutschsprachigen Raum. Eine empirische Studie, Ostfildern 2003. – Zulehner, Paul M.: Dienende Männer – Anstifter zur Solidarität. Diakone in Westeuropa, Ostfildern 2003. – Zulehner, Paul M.: Dienende Männer, in: Diakonia 34 (2003) 361–368.

218 | Hünermann, Peter u. a. (Hg.): Diakonat. Ein Amt für Frauen in der Kirche – ein frauengerechtes Amt?, Ostfildern 1997. – Jensen, Anne: Diakonat und Diakonie in frühchristlicher und ostkirchlicher Tradition, Graz 2008.

219 | »Darum zeigt sich die Eucharistie als Quelle und Höhepunkt aller Evangelisation: die Katechumenen werden allmählich zur Teilnahme an der Eucharistie vorbereitet, die schon Getauften und Gefirmten durch den Empfang der Eucharistie ganz dem Leib Christi eingegliedert.« Presbyterorum ordinis, 5. – »Dennoch ist die Liturgie der Höhepunkt, dem das Tun der Kirche zustrebt, und zugleich die Quelle, aus der all ihre Kraft strömt.« Sacrosanctum Concilium, 10. – »In der Teilnahme am eucharistischen Opfer, der Quelle und dem Höhepunkt des ganzen christlichen Lebens, bringen sie das göttliche Opferlamm Gott dar und sich selbst mit ihm.« Lumen gentium 11.

220 | Das beigefügte Bild stammt aus dem Perikopenbuch Heinrichs II., um das Jahr 1007 und befindet sich heute in der Bayerischen Staatsbibliothek in München.

221 | Die Anrufung des Heiligen Geistes im Abendmahl. 4. Theologisches Gespräch zwischen dem Ökumenischen Patriarchat und der Evangelischen Kirche in Deutschland vom 6.–9. Oktober 1975 in der Evangelischen Sozialakademie Friedewald, Frankfurt a. M. 1977. – Gamber, Klaus: Das Eucharistiegebet als Epiklese und ein Zitat bei Irenäus, Würzburg 1980. – Gamber, Klaus: Die Epiklese im abendländischen Eucharistiegebet, Regensburg 1988. – Goldammer, Kurt: Die eucharistische Epiklese in der mittelalterlichen abendländi-

schen Frömmigkeit, Marburg 1941. – Kennedy, David: Eucharistic sacramentality in an ecumenical context. The anglican epiclesis, Aldershot u. a. 2008. – Myers, Susan E.: Spirit epiclesis in the acts of Thomas, Tübingen 2010.

222 | Metz, Johann Baptist: Glaube in Geschichte und Gesellschaft. Studien zu einer praktischen Fundamentaltheologie, Mainz 1977. – Metz, Johann Baptist/Reikerstorfer, Johann: Memoria passionis. Ein provozierendes Gedächtnis in pluralistischer Gesellschaft, Freiburg 2011.

223 | Zulehner, Paul M.: Kirchenvisionen, Ostfildern 2012.

224 | Hammes, Érico Joao/Kern, Bruno: Steine zu Brot – warum nicht?, in: Concilium 41 (2005) 137–146.

225 | Teilhard de Chardin, Pierre: Hymne de l'univers. La messe sur le monde. Trois histoires comme Benson. La puissance spirituelle dela matière. Pensées choisies par Fernande Tardivel, Paris 1966; dt.: Teilhard de Chardin, Pierre: Lobgesang des Alls. Die Messe über die Welt. Christus in der Materie. Die geistige Potenz der Materie, Olten 1981. – Marthé, Peter Jan (Hg.): Die heilige Messe. [kultisch, szenisch, sinnlich, mystisch], Würzburg 2011.

226 | Es sind die aus der Siebenzahl der Sakramente herausragenden Kernsakramente. Martin Luther und mit ihm der Protestantismus bis heute hat sich auf diese beiden konzentriert. Vgl. Sattler, Dorothea/Wenz, Gunther (Hg.): Sakramente ökumenisch feiern. Vorüberlegungen für die Erfüllung einer Hoffnung. Für Theodor Schneider, Mainz 2005.

227 | »Nonne et laici sacerdotes sumus? scriptum est: regnum quoque nos et sacerdotes deo et patri suo fecit. differentiam inter ordinem et plebem constituit ecclesiae auctoritas et honor per ordinis consessum sancitifcatus a deo. ubi ecclesiastici ordinis non est consessus, et offers et tinguis et sacerdos es tibi solus; scilicet ubi tres, ecclesia est, licet laici.« Tertullian: De exhortatione castitatis, 7,3. – Literatur dazu: Legrand, Hervé M.: The Presidency of the Eucharist According to the Ancient Tradition, in: Worship 53 (1979) 413–438. – Faivre, Alexandre: Les laics aux origines de l'Église, Paris 1984. – Beneden, Pierre van: Haben Laien ohne Ordinierte die Eucharistie gefeiert? Zu Tertullians »De exhortatione castitatis« 7,3, in: Archiv für Liturgiewissenschaft 29 (1987) 31–46. – »De exhortatione castitatis«, anders als im LThK (Freiburg 8 [1964], 1371 eingereiht (Altaner, Berthold/Stuiber, Alfred: Patrologie. Leben, Schriften und Lehre der Kirchenväter, Freiburg ⁸1978, 158), stammt aus der vormontanistischen Zeit. – Darüber berichtet neben Tertullian auch der Kirchengeschichtsschreiber Theodoret von Cyrus (393 bis vermutlich 466): Kirchengeschichte 1,23,5, zit. n. Texte zur Theologie, 43. – Tertullian schreibt diesen Text im Rahmen einer eher moralischen Frage: ob denn nicht auch Laien, wenn sie verheiratet sind und den Partner/die Partnerin durch Tod verlieren, wieder heiraten dürfen. Den Priestern ist das in der ostkirchlichen Tradition untersagt. Den Diakonen in der Westkirche auch. Tertullian begründet das Wiederheiratsverbot mit dem Hinweis darauf, dass doch alle priesterliche sind und beruft sich dann auf die offenbar selbstverständliche Praxis, dass, wenn kein ordinierter Priester der Gemeinde hinzugefügt wurde, sie eben einen aus ihrer Mitte nehmen, der priesterlich handelt, ohne dadurch Priester zu werden. Bei der Taufe ist das bis heute selbstverständlich möglich.

228 | So betont Walter Kasper: »Eine Kommunität ohne Priester ist ein Widerspruch in sich, und eine Feier der Eucharistie ohne priesterliches Amt ist eine unmögliche Sache ... Das gilt auch für die Situationen von äußerster Not. Diese Regel gilt umso mehr für unsere Situation eines relativen Priestermangels, d. h. dass Priester nur von Priestern ersetzt werden können.« Kasper, Walter: Sakrament der Einheit. Eucharistie und Kirche, Freiburg 2004. – Die dogmatische Konstitution über die Kirche sagt ausdrücklich, »jede legitime Eucharistiefeier wird vom Bischof geleitet« (Lumen gentium 26).

229 | Von einem »Recht der Gemeinde auf Eucharistie« ist die Rede in: Schmid, Peter: Das Recht der Gemeinde auf Eucharistie, München (Lizentiatsarbeit) 1995.

230 | Koran, Sure 24,10.14.20.

231 | Babylonischer Talmud, Traktat Avoda zara (Vom Götzendienst) 3b, zit. n. Goldschmidt, L.: Der Babylonische Talmud, VII, Berlin 1925, 801.

232 | Kremer, Jacob: Lukasevangelium, Würzburg 1988.

233 | Holl, Adolf: Jesus in schlechter Gesellschaft, München 1972.

234 | Gemeinsame Erklärung zur Rechtfertigungslehre, Nr. 18.

235 | Das kommt auch in der Gleichnisrede Jesu vom erbarmungslosen Schuldner zum Ausdruck: Mt 18,23–35.

236 | Johannes Paul II.: Familiaris consortio, Rom 1981. – Krätzl, Helmut: Seelsorge an wiederverheirateten Geschiedenen. Derzeitiger Stand der Diskussion. Überarbeitetes Referat, gehalten vor dem Wiener Priesterrat am 15.11.1978. – Erklärung der österreichischen Bischöfe zum

Abschluss der Bischofssynode, zit. n. Veröffentlichungen der Erzdiözese Salzburg 11 (1980). – Gemeinsames Hirtenschreiben der Bischöfe der Oberrheinischen Kirchenprovinz zur Pastoral mit Geschiedenen und Wiederverheirateten Geschiedenen, 1994. – Kongregation für die Glaubenslehre: Schreiben an die Bischöfe der Katholischen Kirche über den Kommunionempfang von wiederverheirateten geschiedenen Gläubigen, Rom 1994.

237 | Zulehner, Paul M.: Gott ist größer als unser Herz (1 Joh 3,20). Eine Pastoral des Erbarmens, Ostfildern 2006.

238 | Enzensberger, Hans Magnus: Die große Wanderung. Dreiunddreißig Markierungen, mit einer Fußnote »Über einige Besonderheiten bei der Menschenjagd«, Frankfurt a. M. 1994.

239 | Wohlgenannt, Lieselotte/Büchele, Herwig: Den öko-sozialen Umbau beginnen: Grundeinkommen, Wien 1990.

240 | Nouwen, Henri J. M.: Nimm sein Bild in dein Herz. Geistliche Deutung eines Gemäldes von Rembrandt, Freiburg 1999.

241 | Cordes, Paul Josef: Der Geist weht, wo er will. Zur Bedeutung der neuen geistlichen Bewegungen, in: Pauly, Stephan/Weizsäcker, Richard von: Kirche in unserer Zeit, Stuttgart 1999, 109–123.

242 | Lobinger, Fritz: Like his brothers and sisters. Ordaining community leaders, New York 1999. – Zulehner, Paul M./Lobinger, Fritz: Um der Menschen und der Gemeinden willen. Plädoyer zur Entlastung von Priestern. Weitere Folgerungen aus der Studie Priester 2000, Ostfildern 2002. – Zulehner/Lobinger/Neuner: Leutepriester in lebendigen Gemeinden. – Lobinger, Fritz: Team of Elders. Moving beyond ›viri probati‹, Quezon City 2007. – Ders.: Equipos de ministros ordenados. Una solución para la eucharistia en las communidades, Barcelona 2010.

243 | Zulehner, Paul M.: Priester im Modernisierungsstress. Forschungsbericht der Studie Priester 2000, Ostfildern 2001. – Zulehner, Paul M./Hennersperger, Anna: »Sie gehen und werden nicht matt« (Jes 40,31). Priester in heutiger Kultur. Ergebnisse der Studie Priester 2000, Ostfildern 2001.

244 | Birmelin, Rolf: Struktur – Prozess – Vertrauen. Skizzen einer Organisationsentwicklung, in: Erfahrungen lebendigen Lernens. Grundlagen und Arbeitsfelder des TZI Aspekte themenzentrierter Interaktion, hg. v. Rolf Birmelin u. a., Mainz 1985, 118–128.

245 | Der Pastoraltheologie wird ein solches zeitsensibles Wächteramt zugeeignet: Rudolf, Karl (Hg.): Custos, quid de nocte? Österreichisches Geistesleben seit der Jahrhundertwende (Festschrift Michael Pfliegler), Wien 1961.

246 | Fachleute vermuten, dass die »alten Orden« (Benediktiner, Franziskaner, Jesuiten, Dominikaner) auch die heutige Krise der Orden in Europa überstehen werden.

247 | Máté-Tóth, András/Mikluščák, Pavel: Nicht wie Milch und Honig. Unterwegs zu einer Pastoraltheologie Ost(Mittel) Europas, hg. v. Zulehner, Paul M./Tomka, Miklós/Toš, Niko, Ostfildern 2000.

248 | Vgl. Delumeau, Jean: Stirbt das Christentum?, Olten 1978. – Auch: Taylor, Charles: Ein säkulares Zeitalter, Frankfurt am Main 2009.

249 | Vgl. Rudolf: Custos, quid de nocte?

ANMERKUNGEN

Literaturhinweise

Miggelbrink, Ralf: Einführung in die Lehre von der Kirche, Darmstadt 2003.
Als Einführung gibt das Buch einen Überblick über die Fragen, was Kirche ist und wie sie in unterschiedlichen Bildern umschrieben wird, was ihre wesentlichen Eigenschaften Einheit, Heiligkeit, Katholizität und Apostolizität besagen und wie sie als Volk Gottes und in ihren Ämtern konkrete Gestalt gewinnt.

244

Neuner, Peter: Ekklesiologie – Die Lehre von der Kirche, in: Glaubenszugänge. Lehrbuch der katholischen Dogmatik, Bd. 2, hg. v. Wolfgang Beinert, Paderborn u. a. 1995, 399–578.
Dogmengeschichtlich und systematisch orientierte Darstellung katholischer Ekklesiologie im Rahmen eines Gesamtentwurfs von Dogmatik. Die ökumenische Fragestellung und die Möglichkeiten einer gegenseitigen Anerkennung von Kirche sind durchgängige Motive.

Neuner, Peter: Die heilige Kirche der sündigen Christen, Regensburg 2002.
Kurzfassung des vorgenannten Werks. Besonderer Wert wird auf die Kirchenerfahrung in heutiger Zeit und deren Bedeutung für eine theologische Ekklesiologie gelegt.

Werbick, Jürgen: Grundfragen der Ekklesiologie, Freiburg – Basel – Wien 2009.
Das Werk ist ein kompaktes und zugleich differenziertes Lehrbuch, das sich den zentralen Fragen nach der Identität der Kirche stellt. Es ist ein Standardwerk dogmatischer Ekklesiologie, das ebenso durch seine sorgfältige systematische Darstellung wie durch die Öffnung auf die Fragen der Pastoral und der Existenz des Christen in der Gemeinschaft der Glaubenden besticht.

Zulehner, Paul M.: Pastoraltheologie, 4 Bde., Düsseldorf 1989–1991 (italienische Ausgabe: Teologia pastorale, 4 Bde., Brescia 1992).
In vier Bänden werden wichtige Fragen einer zeitgenössischen Pastoraltheologie diskutiert. Der Band 1 (»Fundamentalpastoral. Kirche zwischen Auftrag und Erwartung«, 1989.) erschließt die Grundfragen: Ist die Kirche jesusgemäß (»Kri-

tieriologie«), situationsgerecht (»Kairologie«), wie kann ihre Praxis und Sozialgestalt meliorisiert werden (»Praxeologie). Der Band 2 widmet sich in erster Linie den christlichen Gemeinden (»Gemeindepastoral. Orte christlicher Praxis, 1989.). Im Band 3 werden die Übergänge des Lebens Heirat, Geburt und Tod bedacht (»Übergänge. Pastoral zu den Lebenswenden«, 1990). Schließlich wird im Band 4 der Weg der Kirche in die Zukunft futurologisch reflektiert (»Pastorale Futurologie. Kirche auf dem Weg ins gesellschaftliche Morgen«, 1990.)

Zulehner, Paul M. *unter Mitarbeit von Andreas Heller*: Denn du kommst unserem Tun mit deiner Gnade zuvor. Zur Theologie der Seelsorge heute. Paul M. Zulehner im Gespräch mit Karl Rahner, Düsseldorf 1984 (erweiterte Neuausgabe: Ostfildern 2002).
Mit dem Konzilstheologen Karl Rahner wurde von Paul M. Zulehner und Andreas Heller 1984 ein Gespräch zur Theologie der Seelsorge heute geführt. Es positioniert das Tun der Kirche im Rahmen der Heilsgeschichte.

Zulehner, Paul M.: Kirchenvisionen. Orientierung in Zeiten des Kirchenumbaus, Ostfildern 2012.
Mit alten Bildern und Erzählungen wird eine Vision für die Kirche von heute entworfen.

Hinweise zu den Abbildungen

Abb. 1/Abb. 2: Orpheus, Griechische Vasenmalerei, 2.–3. Jahrhundert

Abb. 3: Christus als Orpheus. Mauergemälde in den Katakomben von Sankt Marcellino e Pietro, Rom, 4. Jahrhundert

Abb. 4: Hildegard von Bingen, Der kosmische Mensch. Illustration zur 2. Schau im *Liber divinorum operum*, Codex Latinus, 12. Jahrhundert

Abb. 5: Christus mit den Wundmalen, Center for Action and Contemplation (Richard Rohr)

Abb. 6: Verkündigung an Maria, Sakramentar aus St. Gereon, Köln, um 1000

Abb. 7: Himmelfahrt Christi, Egbert-Kodex, 980

Abb. 8: Die wunderbare Brotvermehrung, Evangeliar von Echternach, um 1040

Abb. 9: Jesus und der Aussätzige, Evangeliar von Echternach, um 1040

Abb. 10: Jesus als barmherziger Samariter

Abb. 11: Hadesfahrt Christi (Auferstehung) aus dem Chorakloster, Istanbul, byzantinisches Fresko, 14. Jahrhundert

Abb. 12: Edward Burne-Jones: Der junge Prophet Samuel und der Priester Eli. Vyner Glasfenster in der Kathedrale von Oxford, um 1872

Abb. 13: Abendmahl und Fußwaschung, Perikopenbuch Heinrichs II., 1007–1012

Abb. 14: Buddha des Erbarmens. Tempel in Kumbum in Gyantse (Tibet)

Abb. 15: Rembrandt Harmensz van Rijn, »Rückkehr des verlorenen Sohnes«, Ölgemälde, 1669 (Eremitage, St. Petersburg)

Abkürzungen

Dokumente des Zweiten Vatikanischen Konzils (1962–1965):

SC   Konstitution über die heilige Liturgie »Sacrosanctum Concilium«

LG   Dogmatische Konstitution über die Kirche »Lumen gentium«

UR   Dekret über den Ökumenismus »Unitatis redintegratio«

NA   Erklärung über das Verhältnis der Kirche zu den nichtchristlichen Religionen »Nostra aetate«

AA   Dekret über das Laienapostolat »Apostolicam actuositatem«

GS   Pastorale Konstitution über die Kirche in der Welt von heute »Gaudium et spes«

Die Texte sind leicht zugänglich in: Karl Rahner/Herbert Vorgrimler (Hg.): Kleines Konzilskompendium. Sämtliche Texte des Zweiten Vatikanischen Konzils, Freiburg–Basel–Wien ³⁵2008.

Weitere Abkürzungen:

CIC   Codex Iuris Canonici. Kodex des kanonischen Rechtes. Lateinisch-deutsch, Kevelaer 1984.

DH   Heinrich Denzinger: Enchiridion symbolorum, definitionum et declarationum de rebus fidei et morum. Kompendium der Glaubensbekenntnisse und kirchlichen Lehrentscheidungen. Lateinisch-deutsch, übers. u. hg. v. Peter Hünermann, Freiburg–Basel–Wien ⁴³2010.